格力模式

THE GREE WAY

张振刚 著

机械工业出版社
CHINA MACHINE PRESS

图书在版编目（CIP）数据

格力模式 / 张振刚著 . —北京：机械工业出版社，2019.1（2025.6 重印）

ISBN 978-7-111-61700-6

I. 格… II. 张… III. 家电企业 – 工业企业管理 – 经验 – 珠海 IV. F426.619

中国版本图书馆 CIP 数据核字（2018）第 288797 号

格力模式

出版发行：机械工业出版社（北京市西城区百万庄大街 22 号　邮政编码：100037）	
责任编辑：冯小妹	责任校对：李秋荣
印　　刷：北京建宏印刷有限公司	版　　次：2025 年 6 月第 1 版第 5 次印刷
开　　本：170mm×230mm　1/16	印　　张：22
书　　号：ISBN 978-7-111-61700-6	定　　价：99.00 元

客服电话：（010）88361066　68326294

版权所有 · 侵权必究
封底无防伪标均为盗版

THE GREE WAY

　　格力模式是格力以缔造全球先进工业集团、成就格力百年世界品牌为愿景，坚定改变掌控未来、奋斗永无止境的信念，坚守专注主义，倡导三公三讲，遵循八严方针，以掌握核心科技、锻造完美质量为双轮驱动，通过独特的营销模式传递和提升价值，坚持自主育人、自主创新、自主生产，使命驱动价值创造，让世界爱上中国造的经营之道。

2018.11.23

《格力模式》课题研究由广东省重点智库"华南理工大学科技革命与技术预见智库"承担

《格力模式》研究课题组

组　　长　张振刚

副组长　沈　鹤

成　员

李云健	余传鹏	尚　钰	林春培	盛　勇
姚　聪	陈一华	付斯洋	许明伦	王华岭
黄洁明	朱莉莉	高晓波	陈雪瑶	张璇子

前言

改革开放 40 年以来,伴随着中国经济社会的持续高速发展,珠海格力电器有限公司(简称格力)从名不见经传的小厂逐步发展成为千亿规模的世界级企业,在过去近 30 年间创造了众多奇迹,这些成就既得益于改革开放波澜壮阔的时代浪潮,又归功于格力独特的发展模式和路径:20 世纪 90 年代初,在国内商品供不应求的年代,格力却下大力气强化质量管理,停产 3 个月开展质量整改活动,投入巨资设立行业唯一的筛选分厂保障物料采购质量等。90 年代末,在国内同行企业进军汽车等新领域、寻求多元化发展的时候,格力却选择专注于单一空调领域,进行深耕细作。21 世纪初,在国内很多制造企业仍在强调"引进国外技术"进行模仿复制时,格力已经意识到核心技术是买不到的,开始走向坚持自主创新、掌握核心科技的道路。

格力的成功是有目共睹的。提到格力,"好空调,格力造""格力,掌握核心科技""让天空更蓝,大地更绿""让世界爱上中国造"等耳熟能详的广告语早已深入人心，刻画着格力专注匠心制造，自主创新，不断增强竞争优势，勇担社会责任、心怀家国，创造出巨大的社会价值、环境价值和经济价值的特质。多年来格力坚守空调领域，于2012年首次实现销售收入突破1000亿元，并逐步开展企业多元化布局，在智能家居、智能制造、数控机床、新能源等领域拓展新业务，将企业发展更加密切地同国家发展、社会责任、科技进步相结合，力争再创新的辉煌。

那么，格力的成功密码是什么？新时代背景下，中国在众多领域取得了长足进步，中国领先企业纷纷迈入"无人区"，逐渐从创新追赶发展到了创新领跑的新阶段，面临着新的机遇和挑战。为积极响应习近平总书记提出的"中国制造向中国创造转变、中国速度向中国质量转变、中国产品向中国品牌转变"的"三个转变"重要论述，本书作者希望通过深度还原格力坚持自主创新，创新营销模式，对员工负责、为国家担当、给社会造福的经营实践，总结格力的成功经验，从而深入剖析格力发展的成功密码，为中国企业的进步提供可资借鉴的方法和经验。

应格力的邀请，我同团队于2013年就和格力展开了项目合作。在与格力合作的多个项目过程中，我们团队走进格力、学习格力、研究格力、致敬格力。我们发现，作为中国代表性的制造企业，格力的企业管理模式有着很多独到之处，不仅在方法上具有先进性和独创性，更是在实践应用中取得了显著成效，具有积极的示范意义。对其进行科学规范的总结、提炼和升华，无疑是对管理理论创新的一大贡献。

为此，2015年11月，我们开始针对格力成功的管理模式进行系统性的归纳总结和提炼升华，着手《格力模式》一书的创作，从管理理论上解读格力的成功密码,探索具有时代特征、中国特色、格力特点的企业经营模式。在与董明珠董事长的会谈中,她与我们共同探讨,对本书进行三个功能定位:一是传承。打造格力的"传家宝",对格力的先进管理实践进行总结、归纳和理论升华,形成独具格力特色的管理思想体系,用于员工的培训和学习,使格力精神代代传承下去,成为格力持续经营的动力所在。二是示范。格力的发展与中国改革开放的大环境息息相关,格力模式在很大程度上体现了中国企业管理实践的共性。以著作形式将格力先进的发展理念、科学的管理方法、成功的经营经验系统总结出来,并传递给中国其他企业,以期对中国制造形成积极示范效应。三是传播。致力于提升中国企业的世界影响力,向世界宣扬新时代下中国企业的管理经验与模式,传播格力的企业精神和价值追求,"让世界爱上中国造"。

从2016年年初开始至2018年9月,在格力的安排下,我组织团队开展了40多次调研活动,多次深度访谈了董明珠董事长兼总裁、黄辉执行总裁、方祥建助理总裁、望靖东副总裁、谭建明副总裁兼总工程师、庄培副总裁、刘俊副总裁、陈伟才总裁助理等十多名高管、近百名中层干部和技术骨干、众多基层干部和一线员工,反复到格力研发机构和生产基地实地调研,与格力的领导和员工认真讨论什么是格力模式。

写好格力模式,于我而言,不仅仅是一份荣幸,更是一个使命。格力模式是一个宏大的思想宝库,是一座雄伟的行业高峰,对格力模式感兴趣的读者,一定充满许多期盼。在格力模式中,人们或许希望看到照亮内心的思想光辉,感受到理论凝练的逻辑力量,阅读到格力人追求卓越的鲜活事例,体会到对格力真挚情感的抒发。如果说格力模式是一片浩瀚的森林,人们不仅想要看到它壮阔、美丽的全貌,还想要见到森林里一棵棵参天大树，借助透过森林照射进来的一缕缕阳光，看见壮硕的树干，看见翠绿的树叶，看见含苞欲放的花蕾，看见枝繁叶茂，看见鲜花盛开，感受到由此迸发的勃勃生机。如果说格力模式是一条壮阔的江河，人们不仅想要看到壮美的岸线、奔腾的河水、翻滚的波涛，还要听到浪涛拍击河岸，久久地回荡在江河两岸上空的旋律及和声。如果说格力模式是一座雄伟的思想大厦，人们不仅想要看到它有力的线条和优美的建构，看到它坚实的基础和台阶，看到它壮实而富于节奏的柱廊，看到它雄奇的屋顶，还要见到大厦之内，格力人勇于创新，坚守信念，履行使命创造价值的感人故事！三年来，我们一直朝着这样一个美好的愿景奋力前行：虽不能至，然心向往之。

什么是格力模式？格力模式是格力以缔造全球先进工业集团、成就格力百年世界品牌为愿景，坚定改变掌控未来、奋斗永无止境的信念，坚守专注主义，倡导三公三讲，遵循八严方针，以掌握核心科技、锻造完美质量为双轮驱动，通过独特的营销模式传递和提升价值，坚持自主育人、自主创新、自主生产，使命驱动价值创造，让世界爱上中国造的经营之道。

1. 使命驱动价值创造，创新世界成就未来

是什么力量驱使格力朝着正确的方向，有序地开展各种价值活动，不断实现新的跨越呢？是创新的使命。格力认为，只有勇于承担社会责任，履行使命，才能创造价值、塑造品牌、基业长青。在"缔造全球先进工业集团，成就格力百年世界品牌"愿景的引领下，格力以"弘扬工业精神，追求完美质量，提供专业服务，创造舒适环境"为使命并将其转化为具体的行动。"好空调，格力造"——为消费者提供优质、安全、可靠的产品；

"格力，掌握核心科技"——打破国外产品的市场垄断和国外企业的技术封锁，为消费者生产价廉物美、性能卓越的产品；"让天空更蓝，大地更绿"——承担社会责任，研发和生产出节能环保的产品，保护我们的绿色家园；"格力，让世界爱上中国造"——带动行业发展，提升中国品牌的美誉度和知名度。格力这四个耳熟能详的广告语，向社会昭告他们的坚定信念和雄心壮志，也在宣告他们为国家、为社会、为消费者创造社会价值、环境价值和经济价值的责任与担当。

使命驱动创造价值，既是一个"顶天"的哲学命题，也是一个"立地"的实践命题，它既根植于格力人日常学习、工作和生活的现实世界，也依托于格力人自己建构的精神、知识和创意的理性世界。格力人开展价值创造活动，物质条件来自于现实世界，精神动力源自于理性世界，它们所构成的创新世界，有六个维度。

（1）勇于挑战困难的精神世界。勇于挑战困难，弘扬工匠精神，追求完美质量，是格力人坚守的信念和价值追求。2007年，我的一位友人，在寄给我的新年贺卡中写道："信念源自于崇高的追求，迸发出无穷的力量，是战胜和克服困难的良药。"用这句话写照格力人，再合适不过了。格力人坚定的信念和远大的追求，不是说在嘴上，而是干在实践之中。格力的党员干部在价值创造过程中发挥模范带头作用。格力工业设计中心主任告诉我，当年他们开发U型空调的时候，为了攻克模具开模和锁模的重大结构难题，研究人员吃住在车间，工作在车间，党员干部率先垂范，夜以继日，克服了常人难以想象的困难，在最后的关头，头脑灵光乍现，终于找到了解决难题的方案。这位主任很自豪地告诉我，他们创造的这个高技术难度的模具机构，即便是其友商拿去模仿，也不可能做出来。后来这款 U 型空调在市场上广受欢迎，为格力创造了巨大的经济效益。格力人正是以这种精神挑战困难，创造了 24 项国际领先的关键技术。

（2）善于探索未知的知识世界。董明珠说，改变掌控未来。改变，不仅需要勇气，还需要掌握新理论，创造新知识。格力人热爱学习，善于学习，努力学习新知识，掌握新方法，在干中学，在学中干，不断开拓自己的知识世界。过去几年来，格力开始多元化转型，成功地在智能装备、数控机床和新能源领域取得了新的成就，人民日报等媒体多次报道。格力助理总裁方祥建先生陪同我一整天，参观了格力的新产业。我惊讶于格力人在这么短的时间，取得了这么大的成就。格力人不断丰富自己的知识世界，得益于格力有一套鼓励创新、支持员工学习的制度建设。2016 年、2017 年格力连续两年发明专利位于全国企业第 7 名，由此可以看到格力人探索未来的勇气和努力学习的精神。

（3）乐于爱岗敬业的工作世界。奥地利心理学家阿德勒认为，人生有四个必须完成的工作任务：职业发展、信仰坚定、社会支持、自我完善。这四个要素构成了格力人的工作世界。格力重视每年通过仪式感很强的军训，来深化员工对格力文化的学习和理解，强化他们敬业爱岗的精神。我在格力调研的过程中，能够明显地感受到格力人对工作的热爱和满意。他们常常会对我讲格力的文化，讲格力的成功故事，讲他们合作开展科技攻关的感人经历，讲他们取得的骄人业绩。有一次，一位中层干部向我讲述了"格力电器创造良机"与"好空调，格力造"的区别。两个广告语虽然都寓意造出好产品，但前者有着另外一份特殊的意义。在格力创业的早期，格力就开始努力为员工营造和谐的工作环境，创造良好的发展机会。例如，大幅调高科研人员的薪酬，提供三通道发展机会等，由此提高人才的归属感。

（4）激发智慧释放潜能的创意世界。创意世界的本质是鼓励创新、激发创意的物理环境。格力努力营造鼓励创新的文化，建立问题解决方案以及研发人员共享知识的机制，其核心是企业运用有效的策略广泛开拓与利用内外部创新源，激发各创新主体的创意，并将隐性知识转化为显性知识。格力通过顾客、员工、中介、供应商和高校科研机构"五方提问"，获得市场信息和科研发展情报，通过学习型组织建设，同时充分发挥党支部的战斗堡垒作用，激发团队的创造活力。格力的一位高管告诉我，他们正在建立一个开放式的创新生态圈，以此来激发集体智慧，推动企业的创新。

（5）预测未来联系实际的技术世界。技术世界的本质是技术研发、创造产品的技术队伍、工作流程、研发条件、创新投入、激励机制、设施设备等要素的集合。技术是将创意转化为有价值的产品的手段。如果说知识的创造可以由个体来完成，那么通过技术改变生活，创造价值，一定是团队协作的结果。格力建立了一套包括计划体系、研发体系和中试体系在内的技术与产品开发体系。这个体系将格力所有的技术资源、生产资源和行政资源集成起来，通过矩阵式跨部门设立的功能团队，决定做什么产品（创意），努力做出产品（技术）和保障做出好产品（工艺），将创意和技术转化成优质的产品。

（6）奉献社会、诚信共赢的商业世界。格力商业世界的特征是合理利用资源，创新商业模式，实现创新的商业价值、社会价值和环境价值。格力的商业世界，通过营销和服务创新双向传递和提升价值。走动式服务、即时响应服务提高了产品的附加值，服务、市场、网络、渠道四统一，先款后货、淡季返利，经销商持股等创新的营销模式，促进了价值的双向传递：将产品迅速交付到顾客手中，将良好的价值传递到顾客心中，及时将货款资金回笼，促进企业良性发展。这为格力营造了一个和谐共创、诚信共赢的商业世界。

格力创造的这六个维度的创新世界，前三个维度是个体的，后三个维度是集体的。它们都蕴含着一个字：爱。对工作的热爱，对同事的友爱，对企业的关爱，对消费者的珍爱，对国家、社会的敬爱。古希腊哲学家柏拉图将爱定义为一种渴望，以及为获得渴望对象的努力。爱，就是将所有事物联系在一起，变得更加美好的力量。格力的理念、愿景、使命、制度以及价值创造活动，都蕴含着爱，都体现着爱，都践行着爱。这是格力人向自我实现的更高阶段提升和向完美世界跃升的重要途径，也是格力人让世界爱上中国造的力量源泉。

2. 发展三种智慧，践行企业家精神

企业家精神是引领企业快速、持久发展的重要动力源泉。格力领导人用思想智慧、理论智慧和实践智慧践行企业家精神，带领企业蓬勃发展。思想智慧来源于理论，但高于理论，并引领理论创新；理论智慧根植于实践，其价值在于指导实践。实践的目的在于以问题为导向，运用新方法、新理论开展价值创造活动。

格力领导人的思想智慧，首先体现为他们对企业经营发展的观念和思想，它源自于企业家的灵魂深处，是企业家对企业面临现实和未来挑战最有力的思考，却以一种非常通俗简明的方式呈现。托尔斯泰在《战争与和平》里说，伟大的思想一般是简明的。思想就像黑夜里的一道闪电，能够

穿越人们的心灵并引起高度的共鸣。一个优秀的企业家，往往也是企业的精神领袖，在很大程度上是靠思想，而不是用威权来领导企业的。董明珠提出的"完美质量是斗争出来的"，深刻地影响着格力的制度建设和质量管理。在格力的生产车间，我们看到墙上依然镶嵌着朱江洪题写的大字"向科技要成本，向管理要效益"，体现了他对科技创新和管理创新的理解。其次，格力领导人的思想智慧还体现在他们拥有远大的理想、清晰的愿景、坚定的信念、崇高的使命，体现在他们积极认真学习和贯彻党的方针政策。走进格力，我们看到许多宣传党的方针政策的标语，充满了正能量。董明珠提出"让世界爱上中国造"，并向员工说："要记住自己的使命，让中国制造在世界上落地有声。"她不仅是这样说的，也是这样带领格力人去努力奋斗的。

格力领导人的理论智慧，在于他们不断学习专业理论，掌握科学方法。无论是朱江洪、董明珠共同提出的"新问题、新方法、新成绩"三新导向，"现时、现地、现人"三现原则，"观察、灵感、试验"三个步骤的创新三部曲，还是董明珠提出的 D-CTFP 质量管理四重奏，都可以看到他们在干中学，在学中干，努力学习新知识，面对新挑战，掌握新方法，发展新理论。

格力领导人的实践智慧表现在五个方面：一是他们拥有顽强的意志力和高强的抗压能力；二是他们对未来充满好奇心，具有敢于挑战的精神和非凡的勇气；三是他们在员工中拥有很强的感召力和威望；四是他们关心和爱护员工；五是他们在社会上拥有很大的影响力。董明珠说，一个领导人，需要拥有奉献精神、责任意识和大公无私的思想。有了这些，他们就能够带领员工，朝着企业的宏大愿景，勇往直前，奋斗不止。

格力的成功，是企业家精神的成功。格力领导人胸怀理想，肩负共同的使命和责任，面对各种挑战，他们用思想智慧、理论智慧和实践智慧，善于引进新理念，敢于承担风险，勇于开拓新领域，乐于采纳新技术，他们带领格力攀越了一座又一座高峰。

3. 弘扬工匠精神，坚守专注主义

董明珠在多个场合强调：格力的成功是因为专注和坚守。专注和坚守，构成了专注主义和工匠精神的核心内容，它已经成为格力人的性格特征、思想情怀和建设制造业强国的行动自觉。格力的专注主义，可以阐释为敬业、乐业和专业。敬业体现为一种思想境界和行为规范，乐业呈现为一种身心状态和工作态度，专业表现为一种技术水平和创新创造能力。只有敬业没有专业，犹如无本之木，无源之水，敬业的理念和目标就如空中楼阁，工作起来就会力不从心，效果就会很有限。只有专业而没有敬业，犹如一艘即将远航的轮船没有罗盘，一列整装待发的火车没有轨道，专业就不能很好地发挥作用。只有专业和敬业，而没有乐业，犹如一部机器没有润滑剂，机器的各部件不能协调互动，运行起来就没有韵律和节奏，就不能高效持久地开展工作。它们相互依存，相互作用，相得益彰，构成了专注主义的基本内涵。

（1）敬业，是尊崇自己的职业，对工作、企业和社会承担责任，以尊敬、虔诚的心灵去对待自己所从事的工作。首先，敬业表现出一种崇高的使命感和神圣感。德国哲学家康德在他的《实践理性批判》中说："有两样东西，我对它们的思考越是深沉和持久，它们在我心灵中唤起的惊奇和敬畏就越日新月异，不断增长，这就是我头上的浩瀚星空和心中的道德定

律。"一个人对事业怀有敬畏之情,就能够视自己的职业为天职,把自己的生命理想与工作紧密地联系在一起。其次,敬业源自于道德和信念的坚守。信念和道德能够使人迸发出无穷的力量去克服和战胜困难。董明珠多次强调员工要具有奉献精神、担当勇气和责任意识。在她提出的"三公三讲"原则中,"讲真话,干实事;讲原则,办好事;讲奉献,成大事",就是在倡导一种敬业精神,也是一种道德约束。格力人无论是开发太阳能光伏空调,还是研发先进的五轴数控机床,都遇到了许多难以想象的困难,但是,格力人坚守信念,迎难而上,取得了最后的成功。最后,敬业的精神使格力人养成了对工作严谨负责、一丝不苟,不断学习、勇于创新的良好习惯:一是表现为一种工作状态,专注极致,他们大力弘扬工匠精神,强调将每一件事做到极致,以零缺陷为目标,加强质量管控,铸就了格力产品的优良品质,获得了一系列国际、国内质量奖励;二是表现为一种学习方式,他们不断学习新知识,勇于发展新技术,创造新产品,推进持续改善,促进效率和效益的提升。2016年,格力的人均生产效率在行业名列前茅。

(2)乐业,是热爱工作,把追求事业进步当作生命的成长来体验,当作一种幸福来感受。首先,格力注重文化熏陶,通过员工入职教育、师傅带徒弟、常规的学习教育培训等方式,培养员工对企业和事业的热爱之情。在格力的文化里,员工对企业的忠诚放在首要位置。因为忠诚,就会专注情感,所以热爱;因为热爱,就会倾注大量的热情、时间和精力于工作之上,所以专注;因为专注,就会不断地积累知识和经验,不断地迎接挑战、克服困难,所以成功。其次,格力建立了组织承诺和激励机制,激励员工对职业身份的确认和承诺,进而建立和拥有对职业发展忠诚可靠的力量和持久的动机。在格力，哪怕员工给企业提了一个小建议，也会获得奖励。有了激励的力量和成长的动机，格力员工就能够满怀对工作的热情，带着热爱去工作，从而用勇气和热忱去面对挑战、战胜困难，在克服困难的过程中享受成长之乐。这或如班杜拉所说的，个体不断获得自我效能感的提升而增强其信心；或如马斯洛所说的，个体获得不断的巅峰体验而得到自我实现的满足。这些高层次需求的满足，将激励格力员工处于一种董明珠所提倡的状态：改变掌控未来，奋斗永无止境。

（3）专业，表现为格力人掌握核心科技，勇于创新的能力、水平和机制。首先，格力人重视方法创新，他们自主开发了包括创新三部曲和质控四重奏在内的58种独创的科技创新、工艺创新、管理创新和营销创新等方面的方法，促进了格力的进步和发展。其次，格力以研发投入无上限的机制，不断发展支持科技创新的环境和条件，努力掌握核心科技。最后，格力多年来专注空调产业，2005年至今格力家用空调产销量已连续13年领跑全球，成为全球空调行业的领先企业。

但是，专注并不意味着墨守成规，故步自封。如何与时俱进，由一个传统的专注空调制造的电器企业，转型为一个更加多元化的工业企业，一个更加国际化的跨国电气工业集团，格力一直在努力探索。

4. 运用科学方法论，善于开展创新实践

善于创新，为格力进步和发展注入了强大的活力。从思想上，格力重视创新。"一个没有创新的企业是没有灵魂的企业，一个没有核心技术的企业是没有脊梁的企业，一个没有精品的企业是没有未来的企业。"这句话镌刻在格力的大厅。从制度上，格力以"研发投入无上限"的制度支持

创新，以每年召开的公司级的科技进步奖颁奖大会激励创新。从方法上，格力重视方法创新，创造了创新驱动源方法和质量管控源方法等一系列创新方法。从体系上，格力构建了"一心二链三基四有"的自主创新工程体系和"一核四纵五横"的质量控制体系，为创新提供了坚实的基础和保障。从流程上，格力构建了一套完善的价值创造的四步流程：研究开发、物流采购、生产制造和营销服务，让创新为企业和社会创造巨大的经济价值、环境价值和社会价值。

格力的创新，得益于采用科学的方法论。方法论是关于人们认识世界、改造世界的方法。换言之，方法论是我们提出问题、分析问题和解决问题的理论或方法。在组织管理中，运用方法论对问题进行系统思考和分析并提出解决方案，已经变得越来越重要。

在研究格力的过程中，我反复在想：格力这样一个成功的大型企业，取得如此成就，是否也存在其独特的企业管理的思想方法论呢？在调研的过程中，我们发现，格力确实有两个比较重要的方法论：创新三部曲和质控四重奏，它们指导格力开展科技创新和质量管控的工作。

关于格力的创新三部曲，我是从董明珠和朱江洪那里听到的。2014年，在我们对董明珠的几次访谈中，董明珠对于企业技术创新提出了她的见解和思考。董明珠强调，创新要以问题为导向，要提出新方法，获得新成绩，要以为企业和社会创造价值为目标；在问题解决的过程中，干部要注重深入现场、及时解决问题。2015年，朱江洪到华南理工大学举行公开演讲。在朱江洪的报告会现场，我聆听了他关于技术创新方法的论述。朱江洪认为，技术创新有三个步骤：观察、灵感和试验。朱江洪还提出，干部要深入生产一线，深入基层开展工作。基于此，一个关于格力人开展创新活动的概念框架逐渐在我们的脑海中清晰呈现："面对矛盾和困难的时候，要以'提出新问题、采用新方法、取得新成绩'三新为价值导向，以现实相关人员要现时深入现场解决问题的'现人、现时、现地'三现原则为工作态度，以'观察、灵感和试验'三个步骤为工作路径"，这不就是格力的创新系统方法论——创新三部曲吗？！

关于格力的"质控四重奏"（质量技术创新循环 D-CTFP）——质量管控系统方法论，是董明珠于 2016 年在韩国举办的全球制造和质量创新大会上首次公开提出来的，这是一个解决质量管理问题的闭环管理方法。格力将顾客与结果导向的倒逼思想应用到质量管理的实践中，建立了顾客需求引领、检测技术驱动、失效机理研究、过程系统优化的质量问题闭环管理的方法，在从源头预防、问题发现、分析研究到解决方案落实四个环节的循环反馈中，推动质量问题得到持续改善。该方法在大会上引起了积极的反响，也在格力的研发和生产实践中得到了成功的应用。D-CTFP 质量技术创新循环方法也正在转化为国家标准。

格力这两种方法论从现实世界（生产实践）面对的问题出发，上升到理性世界对问题进行理论思考，提出解决方案，再回到现实世界指导生产和社会实践。格力这两种方法是基于辩证唯物主义认识论的基本观点，是将价值观、行为态度和工作方法结合在一起，立足于中国改革开放的大好环境，根植于格力近 30 年来成功的创新实践而提炼出来的大型企业创新和质量管理方法论。

5. 科学设立制度，严格执行规定

制度是人为设计的、经过一定程序设立的、为大多数人所认同的、规

范人们互动关系的约束。格力制度建设的科学性呈现在制度的科学系统设计当中，也体现在制度的严格执行之中，如此珠联璧合，相得益彰。

（1）科学制定制度。格力的制度建设的科学性，主要在于两点：一是"言"之成理；二是实事求是。董明珠倡导的"公平公正、公开透明、公私分明，讲奉献、讲真话、讲原则"，蕴含了推进组织科学管理的两个辩证关系和三个协同关系。

第一，它体现了格力科学管理的两个辩证关系：一是过程导向与结果导向统一。公平公正是管理的目标，它体现为员工内心感知的一种结果，而公开透明和公私分明是一种制度约束，体现为管理的过程。没有公开透明、公私分明的制度约束的过程正义，就没有公平公正的结果正义。没有公平公正的目标导向，就不可能有与时俱进的公开透明、公私分明的制度建设。

二是组织承诺与个体承诺的统一。如果说公平公正、公开透明、公私分明是格力对所有员工许下的庄严组织承诺，那讲奉献、讲真话、讲原则就是员工对格力许下的郑重承诺。在管理实践中，格力对员工有下行的三个要求：讲奉献体现为精神文化层面的共识，讲真话体现为道德标准层面的规范，讲原则体现为规制层面的准则。同样，员工对格力也有上行的三个期望：有公私分明的环境，有公开透明的制度，有公平公正的结果。这三个要求和三个期望互为前提，互相依存，互相制约。没有格力庄严的"三公"组织承诺以及有效实践，就没有全体员工真心实意的"三讲"个体承诺。只有组织承诺与个体承诺有机地结合在一起，这个组织的成员才能凝聚在一起，才能形成共同的文化共识，才能迸发出集体的活力。

第二，它体现了格力科学管理的三个协同关系：一是协调格力员工与员工之间的关系。讲真话，使得人们在工作中真诚相待，在共同的奋斗中建立起纯洁的友谊；讲原则，使得员工在日常的工作中养成遵守规矩、遵守纪律的习惯；讲奉献，使得员工之间形成文化共识，齐心协力，为企业的发展贡献力量。公开透明，格力首先从干部的办公室透明做起。我们在考察参观时发现，格力绝大多数部门、研究院、工厂、分公司的领导办公室都是透明的。

二是协调格力员工与组织的关系。讲真话，使得人们在工作中对企业组织负责，对党组织忠诚老实；讲奉献，强化员工的责任担当意识，从思想上坚定对组织的承诺，从行动上努力为企业创造价值；讲原则，公私分明，使得人们在工作中廉洁奉公，忠于职守。董明珠强调员工必须对企业具有忠诚、责任和担当意识，这是衡量一个员工的重要标准。

三是协调部门与部门之间的关系。讲真话，使格力内部各部门之间坦诚相待，互相理解；讲原则，公开透明，使得各部门之间既互相制约，又能够有效开展平行沟通，分工合作，互相支持，互相配合，协同有效地开展工作。格力在制度建设上，从研究开发的五方提问、三层论证、四道评审，到物料采购的三权结构、四项协议，从生产制造的落地反冲、定额领料、齐套排产，到市场营销的四统一，都体现了格力致力于在各部门之间建立起讲真话、讲原则、公开透明的相互制约、相互协作的关系。

巴纳德说，组织的协同效率高，不仅是专业分工，更重要的是制度建设。董明珠所倡导的"三公三讲"，是一种制度建设的系统思考，促进了格力制度建设的科学化和有效实践。

（2）严格执行规定。格力强调制度先行、严格管理、令行禁止。早在20世纪90年代，朱江洪便提出"八严方针"，即以"严格的制度、严谨的设计、严肃的工艺、严厉的标准、严密的服务、严明的教育、严正的考核、严重的处罚"来规范格力人的行为。"八严方针"对格力的制度化建设，提供了方向性的指导。

首先，制度内容必须具体细化，具有操作性，且能被严格执行，具有权威性，在执行之前要进行沟通和解读。朱江洪和董明珠分别于1995年9月22日和2003年6月4日签署总经理令。朱江洪和董明珠都要求，在执行禁令以前，必须组织员工进行一系列的学习与培训，务必让每一位员工都清楚熟知这些禁令的内容以及操作方法，还明确提出了违反该操作将对质量造成何种影响，以及违反者将受到什么处罚等。也就是说，执行禁令前，员工就应该对这些条例的具体操作细节了如指掌，并且应按要求严格执行。

其次，制度执行要令行禁止，切实有效。我们团队在翻阅格力的档案时，看到两份有点发黄的文件，第一份是朱江洪于1995年9月22日签署的《格力电器总经理令（第一号）》："为严肃工艺纪律，确保产品质量，维护消费者的利益，现公布12条禁令。一、真空度不够时，严禁强行灌注。二、严禁违反充氮焊接规定。三、严禁擅自改变调整专用工具，检测仪器。四、严禁弄虚作假，编造质量记录。五、严禁擅自减少工序或改变工艺……十二、严禁在工作场地追逐打闹。违犯禁令之一者一律予以除名。"在那个空调市场供不应求的年代，格力的这个"总经理令"非常严厉，一名在禁令颁布的几天前刚获得先进工作者称号的员工，因为违反了其中一条禁令被"无情"地除名了。

第二份是董明珠于 2003 年 6 月 4 日签署颁布的《格力电器总经理令（第三号）》。这个总经理令比起上一总经理令，有了三个变化。第一，由原来的 12 条增加至 14 条，内容更为丰富，增加了严禁撕毁不合格标示、严禁因质量问题威胁监督检验人员等内容。第二，要求更为严格。原来违禁者只是除名，董明珠签署的总经理令规定：违反禁令之一者一律予以辞退或开除。格力的这两个总经理令，虽然最长的一条只有 16 个字，但言简意赅，切中要害，要求严苛，犹如一根定海神针，为格力卓越的质量管理起到了保驾护航的作用。第三，禁令于 2003 年 6 月 4 日公布，2003 年 6 月 6 日起执行。之前的总经理令从颁布到执行，有 10 来天的过渡期，而新的总经理令，只有两天的学习时间，雷厉风行。

格力模式，苟日新，日日新，又日新。2018 年，我带领团队成员又 12 次深入格力总部调研，在一次与格力总工程师、副总裁谭建明为首的格力全体高层技术干部座谈会上，他们说：格力的发展史，是一部与时俱进、适应时代发展的创新史，过去几年来，格力的发展可以用"以先进的理念引领发展，用健全的机制保障创新，履行使命创造价值，坚定信念勇往直前，历经三个显著转变，实现三个重要跨越"来概括——以三公三讲、诚信共赢、自主发展、专注极致引领创新；用制度、平台、方法和标准所构建的机制保障创新；经历由应用研究到基础研究和应用研究并举，由专注空调产业到全面布局空调、智能装备制造和新能源产业，由完全自主创新到建立完全自主可控的开放式创新生态圈的显著转变；实现由多点突破到全面提升、由追赶并跑到超越领先、由格力电器到格力电气的三个重要跨越。

格力模式，是一个研究不完的课题。格力模式的基因、原则和方法，每一个都是格力人实践和智慧的结晶。这些单个的基因、原则、方法，用科学严格的制度有机地组合在一起，经过格力"实干、担当、奉献、创新、诚信"的企业文化的融合发酵，就会爆发出巨大的能量，产生"1+1+1=111"的效果。

什么是格力模式？在本书即将付梓之前，我再次向自己提问。而此时，一幅宏伟的图景清晰地呈现在我眼前：仰视而观，格力模式是一座体现了中国特色、时代特征和格力特质的大型制造业企业管理理论的巍峨大厦；极目眺望，格力模式是一条汇聚了格力人价值追求、思想智慧和伟大实践的壮阔江河。巍巍乎，泱泱乎！

董明珠在2018年格力干部大会上发表以"改变掌控未来，奋斗永无止境"为题的讲话。这是一种信念，信念源自于崇高的追求，是战胜和克服一切困难的良药。我们相信，格力人将紧跟新时代的节奏和步伐，像壮阔的江河一样，奔腾不息，勇往直前，开创新的未来。

写到这里，我想用萧伯纳《长生》里的一句话为这次《格力模式》探索之旅画上一个"逗号"：

你看见一样东西就会问"为什么"，而我会梦想，那些还未出现的东西，并且问"为什么不？"

张振刚

2018年10月于华南理工大学

目录

前言

第1章 绪论：使命驱动价值创造的格力模式 / 001

每一个基因，每一项原则，每一个方法，都经历了实践的反复检验，如同一颗颗耐得住岁月打磨的珍珠，经过格力模式的连接，连成一串珠宝，美轮美奂。

格力的创新发展之路 / 001
格力模式内涵 / 007
格力管理屋 / 008
格力模式全貌 / 016

第2章 理念引领 / 022

格力管理模式的顶层是发展理念，凝聚着格力人的精神向往、价值追求，折射出他们在发展过程中的集体智慧，指引着格力的前进方向，决定着格力人为人处世的基本思维方式。

原则1 履行使命，创造价值 / 024

原则2　坚持自主发展，重视开放合作　/ 040

原则3　坚守专注主义，开展多元拓展　/ 052

原则4　立足当下，着眼长远　/ 066

第3章　制度规范　/ 075

制度规范是格力的上层建筑，是保障格力有序运行的体制基础和活力之源，是格力人近30年实践的智慧结晶。

原则5　遵循"三公三讲"原则，制度建设讲求科学性　/ 077

原则6　落实"八严方针"，制度化管理严字当头　/ 092

第4章　队伍建设　/ 107

格力将"以人为本"视作自己最重要的使命之一，通过创新人才培养机制，将认同企业文化、适应企业发展的优秀人才选拔出来，建立一支高素质、高水平、高效率、团结协作的队伍，为企业的快速成长和高效运作提供人才保障。

原则7　打造德才兼备的干部队伍　/ 109

原则8　自主建设人才队伍　/ 120

原则9　鼓励员工在为企业做贡献中实现个人价值　/ 128

原则10　打造学习型组织，增强团队合作能力　/ 142

第5章　双核驱动　/ 156

格力以双核驱动企业价值创造过程，即创新和质量为企业价值创造活动的开展提供持续动力。

原则11　遵循科学的方法开展创新实践和质量控制　/ 158

原则12　坚持自主创新，掌握核心科技　/ 172

原则13　建设质控体系，追求完美质量　/ 187

第6章　价值创造　/ 208

企业存在的意义是创造价值，持续地进行价值创造才是保持企业基业长青的根本。格力致力于将创新链与价值链相融合，并将其贯穿于研究开发、物料采购、生产制造和营销服务等基本活动中，驱动企业价值创造的持续开展。

原则14　周全规划、科学管理研发活动　/ 210
原则15　严格管控采购流程，并与供应商长期共创发展　/ 223
原则16　持续改善生产流程，消除浪费，严格控制成本　/ 234
原则17　创新营销和服务模式，双向传递并提升价值　/ 251

第7章　组织保障　/ 267

以组织架构、标准体系和信息系统为核心元素的基础层是格力模式成功运行的根基，为格力进行价值创造活动提供有力支撑。

原则18　优化职能式组织结构，增强决策力和执行力　/ 269
原则19　以标准化战略推动持续改善、提高经营管理水平　/ 283
原则20　以全面信息化促进企业管理的及时、精准和高效　/ 299

结语　变革时代下继往开来的格力　/ 314

在大变革的时代，一个企业的坚守变得非常重要。对格力而言，市场永远在变，不变的是对消费者、对员工乃至对国家和社会的责任与担当。格力正是因为拥有做强中国制造业企业的初心，才能在这样一个许多人都想着赚快钱的年代，耐住寂寞，专注于自主创新，紧握时代脉搏，塑造世界品牌，探索出具有时代特征、中国特色和格力特质的大型制造企业发展模式。

后记　/ 324

第1章

绪论：
使命驱动价值创造的格力模式

格力的创新发展之路

1991年11月，珠海经济特区的海利空调器厂和冠雄塑胶有限公司合并，成立了"格力空调器厂"，标志着珠海格力电器股份有限公司——一个将在中国企业发展历史中大放异彩的企业诞生了。那一刻，全体格力人都不会料到自己当时所处的这么一个名不见经传的小厂会发展成为中国代表性制造企业之一。

1996年开春的某一天，格力内部宣布了一桩重大喜讯："统计数据显示，格力空调1995年度首次以微弱的优势超过了昔日中国空调业的老大——春兰，当年家用空调销量排名国内第一！"仅用近5年时间，格力便从一个组建时只有一条年产量不到2万台窗式空调生产线的名不见经传的小厂，发展成为国内家用空调领域的冠军，缔造了中国家电产业发展史上的一个奇迹。在朱江洪的支持以及董明珠带领的格力营销团队的不懈努力下，格力创造出"淡季返利""区域销售公司""先款后货"等一系列营销手段，不断开拓市场，提高市场份额。随后，格力在国内家用空调行业销售排名第一的位置一坐就是23年。

2005年，格力家用空调销量首次突破1000万台套，销售收入同比增长30%以上，一举超越LG，问鼎世界空调行业销售冠军，并且随后连续13年在家用空调产销量上排名世界第一。2017年，格力生产出20个大类、400多个系列、12 700多种规格的产品，远销160多个国家和地区，全球用户超过4亿。格力所取得的显著成就以及世界一流的产品品质令世人瞩目。

- 格力成立之初，在空调市场尚处于供不应求的情况下，便开始关注产品创新。1992年，格力开发研制出大圆弧面板、流线型结构的KC-18型窗式空调，一举获得6项国家专利，成为当时国产空调器中获国家专利最多的产品。1993年，格力研制出的节能型分体机"空调王"，是当时世界上制冷效果最好的空调器，能效比超过3.3（当时的国家标准是2.3）。"格力电器创造良机"，凭借过硬的产品质量和强劲的制冷性能，逐渐赢得消费者青睐。

- 从20世纪90年代中期开始，国内家电行业竞争日益激烈，利润日趋稀薄，众多家电企业纷纷进军地产、汽车等新领域。格力坚持专业化的发展道路，推行"精品战略"，建立并不断完善质量管理体系。"好空调，格力造"的品牌形象逐渐深入人心。

- 2002年，格力到日本购买"多联机"技术受阻之后，开始走上自主创新之路，投入大量的人力、物力、财力开展自主研发，寻求创新突破，最终成功研制出多联式空调机组，打破日本企业对这一核心技术的垄断。2005年8月，格力成功研发出中国家电行业首台拥有完全自主知识产权的大型离心式压缩机，打破了美国企业对这一核心技术的垄断。

- 2006 年，格力电器获得国家质检总局和中国名牌战略推进委员会所共同授予的"中国世界名牌产品"称号，成为中国空调行业第一个世界名牌产品。

- 2012 年，格力电器的《变频空调关键技术的研究及应用》项目荣获 **2011 年度"国家科学技术进步奖"**。

- 2012 年，格力电器全年实现营业总收入 1001.1 亿元，成为千亿级企业。

- 2014 年，格力电器与东南大学联合申报的《夏热冬冷地区建筑冷热湿一体化高效处理技术与装备》项目荣获 **2013 年度"国家技术发明奖"**。

- 2015 年，格力电器《基于掌握核心科技的自主创新工程体系建设》项目荣获 **2014 年度"国家科学技术进步奖"**。厚积薄发，格力四年三获国家级科技奖项，再次证明了其深厚的技术底蕴，彰显其在空调家电行业中的领先地位。

- 2015 年，格力电器凭借"T9 全面质量控制模式的构建与实施"项目获得 2014 年度中国质量协会质量技术奖一等奖。

- 2015 年，格力电器双级高效永磁同步变频离心式冷水机组研究、国家标准低环境温度空气源多联式热泵（空调）机组的制定两个项目分别荣获第七届中国制冷学会科学技术进步奖一等奖和二等奖。该奖项是经国家科学技术奖励工作办公室批准、我国制冷行业科学技术研究成果的最高奖励。

- 2016 年起，格力电器在智能装备领域取得越来越多的成果。2017

年，格力智能装备产品已经覆盖了10多个领域，全年累计销售智能装备3136台套，实现营业收入21亿元。

- 2017年12月，格力电器凭借"格力自主创新发展模式的探索与实践"成果荣获中国企业改革发展优秀成果奖一等奖。

- 2017年，格力电器凭借1273件发明专利授权量继2016年后再次成为唯一一家进入全国年发明专利授权量排名前十位的家电企业，在全国企业中名列第七。

- 2017年，格力电器的"让世界爱上中国造"格力"完美质量"管理模式成果获得第三届中国质量奖。格力以"让世界爱上中国造"为企业使命，坚持"追求完美质量"的质量管理理念，以"零缺陷"和"无需售后服务才是最好的服务"为质量目标，创新性提出"质量预防五步法"和"质量技术创新循环D-CTFP"方法，不断推动格力全面质量管控体系持续改进。

格力的成功源自其领先的核心科技和卓越的质量水平，更源自格力使命驱动价值创造的成功实践。董明珠常说："作为一个制造业企业，要坚持自主创新、掌握核心技术，要追求卓越质量、打造每一个精品，同时要牢记所要承担的社会责任，成为一个有信仰、有担当、有使命的企业。"格力始终秉承"消费者的每一件小事都是格力的大事"这一服务理念，专注打造完美产品，满足消费者需求。2017年中国空调市场品牌关注度调查中，格力位居榜首，连续七年获空调类产品满意度第一；2017年，格力在A股3000多家上市公司中脱颖而出，成功入选"2017 CCTV中国十佳上市公司"。

格力近几年的营业收入和净利润稳步上升，如图1-1和图1-2所示，近6年的营业总收入均超过1000亿元，近5年的净利润均超过100亿元。格力始终坚持履行社会责任，为社会发展和进步贡献力所能及的力量。截至2017年，格力累计纳税总额达到963.53亿元，已经连续16年位居中国家电行业企业纳税额排行的首位（如图1-3所示）。

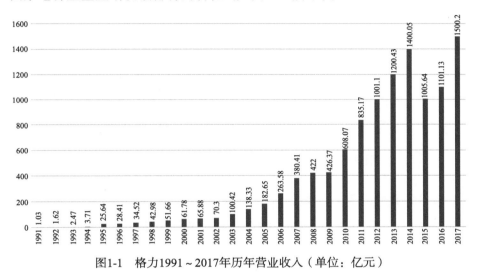

图1-1　格力1991~2017年历年营业收入（单位：亿元）

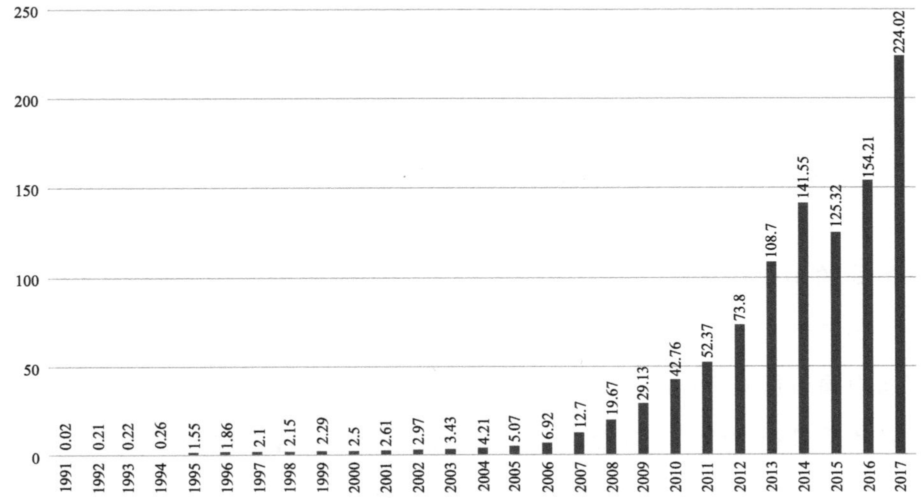

图1-2　格力1991~2017年历年净利润（单位：亿元）

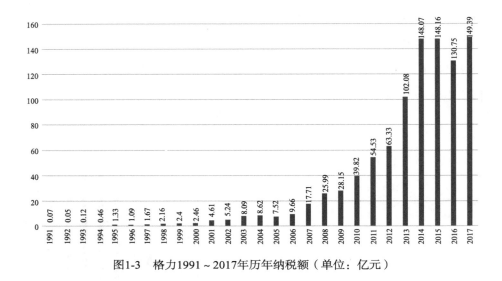

图1-3 格力1991~2017年历年纳税额（单位：亿元）

技术创新硕果累累。2017年，格力申请技术专利7698项，平均每天有超过20项专利申请。截至2017年，格力累计申请技术专利35 209项，累计获得国家科学技术进步二等奖2项、国家技术发明二等奖1项，33项成果列入国家科技项目。

近几年来，格力强调在技术创新管理、质量管理等领域的体系化建设。目前，格力已构建了"一心二链三基四有"的自主创新工程体系以及"一核四纵五横"的全面质量管理体系。"基于掌握核心科技的自主创新工程体系建设"项目获得2014年度国家科学技术进步奖，"T9全面质量控制模式的构建与实施"项目获得2014年度中国质量协会质量技术奖一等奖。2017年，"让世界爱上中国造"格力"完美质量"管理模式成果获得第三届中国质量奖，这代表着格力已经建立起具有国内领先水平的技术创新体系和质量管理体系。如今，格力从专注于空调主业转向全面布局智能家居、智能制造和新能源产业等领域，致力于打造一个格力电气工业体系。

格力模式内涵

格力取得如此辉煌成就的背后，是格力人筚路蓝缕、砥砺前行的创业历程。格力在发展过程中牢牢抓住改革开放带来的巨大历史机遇，克服种种特殊的困难和挑战，取得了辉煌的成就，其发展路径必定具有独到之处。格力始终坚持"摸着石头过河"的实践主义经营哲学，坚持问题导向，以斗争精神克服发展过程中的种种困难，在经营实践中探索出一套独具时代特征、中国特色、格力特点的管理模式。

要回答何为格力模式，首先要明确什么是模式。从字面上解读，模式是事物的标准形式或样式。基于认识论视角，模式是从生产生活经验中经过抽象和升华提炼出来的核心知识体系，是从不断重复出现的事件中发现、总结和抽象出的规律。基于方法论视角，模式是用来解决某一类问题的系统性方法论。综上所述，模式是在重复实践中总结提炼出来的知识体系，用于解决某类问题的系统性方法论，具有科学性、标准性和通则性。作为一家制造业企业的模式，其核心内容应当包括理念、制度、方法和实践等内容。基于此，我们将格力模式定义为：

格力模式是格力以缔造全球先进工业集团、成就格力百年世界品牌为愿景，坚定改变掌控未来、奋斗永无止境的信念，坚守专注主义，倡导三公三讲，遵循八严方针，以掌握核心科技、锻造完美质量为双轮驱动，通过独特的营销模式传递和提升价值，坚持自主育人、自主创新、自主生产，使命驱动价值创造，让世界爱上中国造的经营之道。

格力模式的定义可以分为五个层面来阐释：

一是理念，包括"缔造全球先进工业集团、成就格力百年世界品牌"的企业愿景及其所蕴含的企业使命，"改变掌控未来、奋斗永无止境"的企业家精神,"专注主义"的价值导向等。

二是道德,包括格力领导人所倡导的"公平公正、公开透明、公私分明,讲真话、干实事,讲原则、办好事,讲奉献、成大事"等一系列行为规范和道德标准。

三是规制,格力以严格著称,其贯彻的制度建设八严方针:"严格的制度、严谨的设计、严肃的工艺、严厉的标准、严密的服务、严明的教育、严正的考核、严重的处罚",成为企业的制度内核。

四是实践,掌握核心科技、锻造完美质量为双轮驱动,通过独特的营销模式传递和提升价值,是格力的特色,也是其优势。值得说明的是,格力的营销模式传递和提升价值是双向的。一方面,格力在努力将优质产品和专业服务送到消费者手中的时候,也努力把美好的体验送到他们心上,进而提升格力品牌在消费者心中的价值。另一方面,格力通过营销模式创新将其创造的价值变现,及时收回资金,使得企业能够良性循环运行。自主育人、自主创新、自主生产,使得格力不断赢取竞争优势,立足行业前沿。格力的实践,是立足于中国国情,紧紧把握时代发展趋势的成功实践。

五是承诺,格力人不满足现状,他们高举履行使命,为国家、社会和消费者创造经济价值、环境价值和社会价值,让世界爱上中国造的旗帜,体现了格力人的使命、责任和担当,也是他们向社会的坚定承诺。

格力管理屋

格力管理屋可以阐释为五大基因组合,其理论架构包括理念(用先进的理念引领发展)、制度(用科学的制度严格要求)、队伍(用优秀的队伍通力合作)、创新(用持续的创新赢得优势)和组织(用健全的组织保障发展）。发展理念凝聚了格力人的精神向往、价值追求与集体智慧，对企业的发展起到引领全局的作用。从先进发展理念出发，格力制定了一套科学严谨的制度规范体系，约束和激励格力人的日常行为。格力以人为主体，建立了强大的人才队伍。在理念引领和制度约束激励下，在技术创新和质量控制两个驱动力的推动下，各类人才通力合作，共同开展企业价值创造活动，具体包括研发、采购、制造、营销四个环节，以一种循环往复，由低级到高级、由简单到复杂，不断发展、不断演化的形式持续创造经济价值、环境价值和社会价值。组织架构、标准体系和信息系统则为上述价值创造活动提供组织保障和基础支撑。具象化来看，由五大基因组合构成的格力模式理论框架可以由"格力管理屋"来表示，如图1-4所示。

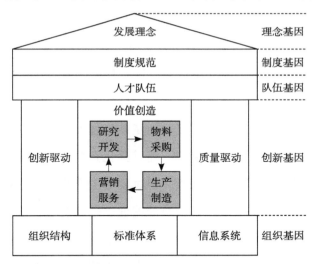

图1-4　格力模式的理论框架：格力管理屋

1. 发展理念

格力管理屋的"屋顶"是企业的发展理念。从矛盾论出发看这个世界，世界是由普遍存在的矛盾关系构成的，世界的进步与发展就是不断化解矛盾的过程。矛盾即对立统一，企业管理实践中同样面临着多种对立统一关系。在管理实践中正确权衡对立统一关系，处理好矛盾关系，是企业取得成功、走向卓越的关键。企业确立经营理念的过程，就是企业在经营管理实践中，树立问题意识，坚持问题导向，把握住企业经营发展过程中的主要矛盾，并推动矛盾关系中的消极面向积极面转化，不断解决问题，实现持续改善的过程。格力发展理念重在强调平衡好以下四对矛盾关系，包括：企业利益与社会责任之间的关系、自主发展与开放合作之间的关系、专注主义与多元拓展之间的关系以及立足当下与着眼长远之间的关系。

第一，在追求企业利益和承担社会责任的关系上，格力坚信企业的发展必须要同社会的进步和国家民族的命运相结合，通过履行使命，创造价值，努力为消费者提供优质产品和专业服务，以弘扬工业精神、创造舒适环境为己任，助力环保事业发展，致力于"让天空更蓝，大地更绿"，在为企业创造经济效益的同时，也积极为社会创造环境效益和社会效益。

第二，格力注重在"独立自主"和"对外开放"之间把握好度。独立自主是指从自身实际出发，依靠自身力量获得发展。在企业经营中强调独立自主，获得对关键资源的控制权，能够强化企业的内部核心能力，避免企业过度依赖外部资源而受制于人。但过度自主意味着企业难以紧跟时代发展趋势，无法以较低的成本、较快的速度、较高的水平获取必要的外部资源以促进企业快速发展壮大。格力在坚持走自主发展道路中，既强调对内外部关键资源的绝对控制，充分发挥企业内部的自主性和创造性，开展自主创新、自主生产、自主营销、自主人才培养，从而避免受制于人，又坚持与时俱进，开展以我为主的开放式创新。目前，格力与4000余家供应商、经销商、同行企业以及科研机构和高等学校保持长期合作关系。

第三，格力既坚守专注主义，也注重多元拓展。专注主义是格力人在集体实践中形成的一种对工作敬畏的精神信仰、热爱工作的身心状态和从事工作的专业能力。格力人立足实践，追求卓越，将专注主义贯穿到企业打造极致精品、追求完美质量和掌握核心科技的全过程。但是，专注并不意味着格力人只会埋头苦干，在新的经济环境、技术趋势和消费特征下，格力人把握发展机遇，抓住战略重点，开展多元化拓展。从2012年开始，格力开始由专注空调产业向全面布局智能家居、智能制造和新能源产业等领域转变，依托自身在制造业近30年的市场深耕和技术沉淀，开展多元化转型，力争实现从"格力电器"向"格力电气"的转变，逐步自主建立起电气工业体系。

第四，格力强调短期利益和长期发展之间的平衡。是囿于眼前利益还是着眼长期发展，这从根本上决定了企业的思维方式和做事原则。在发展过程中，格力认为既不能目光短浅，也不可好高骛远，而是要基于辩证唯物主义和历史唯物主义哲学的观点从实践中做出选择。格力在日常经营中，既立足当下，脚踏实地，在质量管控、科技创新和制度建设方面夯实基础；又着眼长远，未雨绸缪，始终坚持把握正确的发展方向，哪怕会导致短期利益减少，发展速度放缓，也要坚持做好眼下重要的工作。例如，格力成立初期，朱江洪在总装分厂放了一柄大铁锤，产品要是质量不达标，就由产品负责人当众用铁锤一一砸碎，并对负责人重罚，这就是格力"一把铁锤"的故事。与此同时，格力停产三个月，开展质量整顿工作。在那个商品供不应求、残次商品都能迅速卖出的年代，格力立足当下，坚守本心，把格力长远的品牌口碑看得很重，坚持严格把控质量关，即使牺牲短期利益也在所不惜，这才有了格力近30年来的成就与辉煌。

2. 制度规范和人才队伍

格力管理屋的"屋梁""柱廊"是制度规范和人才队伍。首先，制度规范是人为设计的、经过一定程序确立的、为大多数人所认同的、规范人们互动关系的约束框架体系。在企业发展理念引领下，格力开展制度化管理，追求制度设置的科学性、制度实施的严格性、制度落实的有效性，以"八严方针"等规制性制度对员工行为进行严格要求，以"三公三讲"等规范性制度在员工内心形成道德约束，以"缔造全球先进工业集团、成就格力百年世界品牌"的愿景、"改变掌控未来、奋斗永无止境"的信念等认知性制度使员工产生思想认同，从而实现对员工行为的规范和思想的引导。

其次，人才队伍位于整个格力管理屋的中间，意味着人是企业管理活动的核心主体，通过制度和文化的融合，人们凝成一股有组织的力量，而成为队伍。格力强调个人价值实现和企业价值创造之间的统一，一方面强调员工对企业积极付出和奉献，培育全体员工对企业讲奉献的忠诚感和干部队伍讲担当的责任感；另一方面，又强调自主培育人才，建设学习型组织，帮助员工实现个体价值最大化，奉行"先奉献后回报，有奉献必回报"，从而在个人价值和企业价值之间实现平衡和共赢。格力人在规制性、规范性和认知性三类企业制度的约束和引导下，开展以双核驱动为核心的价值创造活动，实现个人的全面发展，促进企业的基业长青。

3. 创新驱动

格力管理屋的"屋身"是创新，由技术创新和质量管控体系等"屋身"及"屋内"一系列价值创造活动的流程组成。在价值创造过程中，格力坚持以创新为驱动力，以质量为着力点，将创新活动和质量活动贯穿到价值创造的全过程。格力作为制造企业，其价值创造过程可以分为四个阶段：研究开发、物料采购、生产制造和营销服务，从而形成一个四阶段的价值创造循环。格力以市场需求为导向，对研发活动流程进行周密规划；在严格管控采购活动的同时，强调对供应商的指导、帮扶和合作；持续改善制造流程，完善生产工艺，消除浪费，严控成本，提高效率和质量；以自主管控强化渠道建设，进行营销创新，从而不断创造价值，传递价值，获取持久竞争优势。

格力的价值创造及传递过程如图 1-5 的"双喇叭筒"模型所示，其中，左侧喇叭为创意来源过程，是格力获取外部信息、技术、创意等外部资源的过滤器和吸纳器；右侧喇叭为价值提升过程，是格力价值流程的放大器和变现器；连接两边喇叭的"筒身"为格力内部理性的价值创造过程，代表着格力产品从概念提出、开发测试、中间试制到大规模生产制造的价值生成器和转化器。创意来源过程是指格力从顾客、中介组织、员工、供应商和高校与科研院所"五方"获取关于产品研发的创意和需求，开展产学研合作、供应链合作和顾客参与创新。理性创造过程是指格力在创新驱动和质量驱动下，通过"三层论证"和"四道评审"将创意转化为产品概念，开展研究开发、采购物流、生产制造、营销服务等价值创造活动，形成产品，创造价值，并将价值传递给消费者。价值提升过程是指格力通过影响客户的感性认知，将理性创造过程形成的价值向市场传播、扩散，通过格力独特的营销模式放大格力的社会影响力，实现产品价值的商业化、规模化和大众化。

此外，格力还非常强调通过平衡过程导向和结果导向，不断完善企业的价值创造过程。过程导向指的是企业将重点放在过程设计和对过程的监控上，认为只要保证过程不出问题，结果必然是好的。结果导向则将重点放在对结果的重视和追求上，只求达到目的，而不在意取得结果的过程。过度以结果为导向，而不关注过程控制，会导致出现问题后难以及时纠偏，也不利于事后的追根溯源和反向追责。过程导向和结果导向没有对错

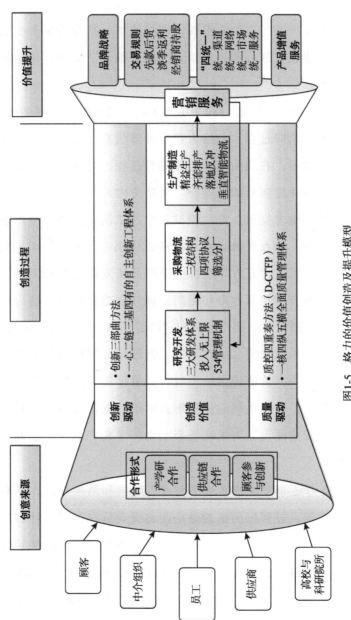

图1-5 格力的价值创造及提升模型

之分，关键在于如何在合适的事务上采取更为合适的视角。格力在重视结果导向的前提下，强调对过程的严格管控。例如，格力在质量控制上，强调对产品价值创造的全过程实行全时监控，强化质量过程管理，这样做有利于及时对质量问题纠偏，以及对质量事故开展失效分析和反向追责，这样更加有利于质量问题的持续改善。

4. 组织支撑

组织支撑条件则是格力管理屋的"台基"，包括信息系统、标准体系和组织架构等要素，为价值创造活动提供坚实的保障基础，是格力取得成功的根基。格力始终把基础建设作为发展要务，以全面信息化不断促进企业管理的及时、精准和高效；以标准化战略推动持续改善，提高经营管理水平；不断优化组织架构，从而增强高层的决策力和基层的执行力，提升整个企业的运作效率。

在组织建设过程中，格力关注平衡好集权与分权的关系。集权是把企业经营管理权限较多集中在企业上层的一种组织形式，此种组织形式有利于高层集中领导、协调各部门的活动，保证高层决策的执行力和有效性，能够实现政令畅通，实现对整个组织的有效管控。分权是把企业的经营管理权适当分散在企业中下层的一种组织形式，能够发挥各个部门的积极性和能动性。格力充分发挥党组织的政治保障作用和党员干部的模范带头作用。格力是一种职能式的组织架构，在这种架构下，格力建立起了自上而下、层层授权的组织权力分配体系，强调下级对上级的服从和执行，保证企业具有极强的执行力。

格力模式全貌

格力模式是格力人在过去近30年的企业经营管理实践中所探索出来的一套方法论体系，由5大基因、20项管理原则（如图1-6所示）和4大类58种方法组成。由此，格力的管理模式可以表述为5大基因组合、20项管理原则和58种方法，简称为"5258"法则。在经营实践中，格力自主创造了58种管理方法，这是格力人在企业经营管理中，为了解决各个工作领域所面临的实际问题而探索实践并总结的管理方法，具体又可分为四类：

（1）源方法，是指导价值创造活动的基本方法论。例如，格力提出的指导创新活动的"三新导向、三现原则、三个步骤"的创新三部曲、开展质控活动的质量技术创新循环"D-CTFP"质控四重奏和质量预防五步法、深入现场解决问题的持续改善八步法等。

（2）准则类，是规范格力人的日常行为的约束体系，具体表现为格力所提倡的"三公三讲""八严方针""先奉献后回报，有奉献必回报"等准则。

（3）机制类，是格力处理日常事务的制度化流程与组织形态。例如，格力建立由物资采购中心、企管部和筛选分厂构成的三权结构体系，确保采购活动能够"按质、按价、按时、按量"开展，包含"五方提出""三层论证"以及"四道评审"的研发管理流程，用以科学有序地管理研发活动等。

（4）技术类，是指格力内部运用智能化、信息化、自动化等手段开发研制的，用于解决某一类技术问题的系统工具，具有操作性。例如，通过自主建立齐套排产、定额领料和落地反冲系统，实现生产物流的定额管理，从而消除物料浪费等。

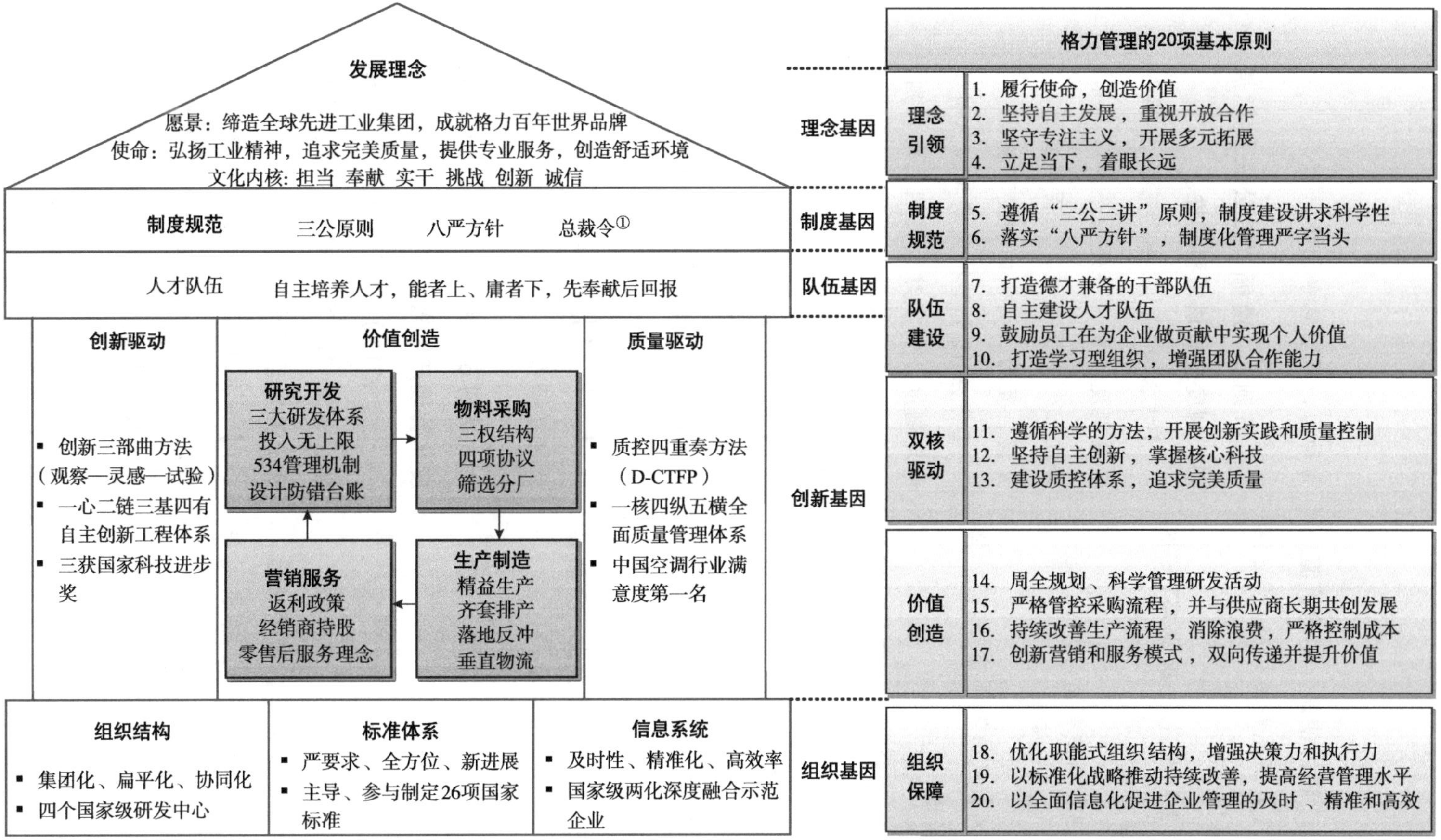

图1-6　格力管理屋的5大基因、20项管理原则

① 2005年6月2日，格力发文将总经理这一职位改为总裁，各子公司高层叫总经理（子公司的总经理与总部的中层干部同一级别）。2007年1月17日，格力颁布第四号《总裁令》，沿用至今。

原则 1　履行使命，创造价值。

【方法 1】实施精品战略，"好空调，格力造"。

【方法 2】推进创新战略，"格力，掌握核心科技"。

【方法 3】创造舒适环境，"让天空更蓝，大地更绿"。

【方法 4】秉持家国情怀，"让世界爱上中国造"。

原则 2　坚持自主发展，重视开放合作。

【方法 5】坚持自主发展，掌握自我命运。

【方法 6】重视开放合作，发挥协同效应。

原则 3　坚守专注主义，开展多元拓展。

【方法 7】坚守专注主义，追求完美极致。

【方法 8】适应时代发展，开展多元布局。

原则 4　立足当下，着眼长远。

【方法 9】立足当下，追求完美质量，夯实发展基础。

【方法 10】着眼长远，以创新作为动力，赢取竞争优势。

原则 5　遵循"三公三讲"原则，制度建设讲求科学性。

【方法 11】坚持"三公三讲"，开展制度建设。善处两个辩证关系，建立三个协同关系，从而建立严明、互信、互助、共创的制度环境。

【方法 12】坚持问题导向，科学制定制度。制度建设按照问题识别、分析论证、方案制订、评估优化四个步骤开展。

【方法 13】强化民主参与，重视集思广益。制度建设遵循自上而下、自下而上两个路径，既要科学决策，又要民主参与。

【方法 14】制度设计体系化，有章可循操作化。

原则 6　落实"八严方针"，制度化管理严字当头。

【方法 15】"八严方针"，从严管理。坚持"八严方针"，为严格管理企业奠定坚实的制度基础。

【方法 16】严格执行，狠抓落实。营造严肃的制度氛围；建立监督检查机制，强化制度执行的过程管控；奖罚严明，明确员工行为的"高压线"。

原则 7　打造德才兼备的干部队伍。

【方法 17】加强干部思想作风建设。做到深入现场、敢于担当、廉洁奉公。

【方法 18】培养干部运用四个思维开展工作。

【方法 19】以德为先，赛马选才。

【方法 20】建立"能者上，庸者下"的绩效考核机制。

原则 8　自主建设人才队伍。

【方法 21】科学规划，实现定岗定编。

【方法 22】自主招聘，促进人企匹配。

【方法 23】自建体系，让人才培养格力化。建立"三自主"员工培养体系，健全员工入职培训机制，对员工进行分类指导。

原则 9　鼓励员工在为企业做贡献中实现个人价值。

【方法 24】培养员工的主人翁意识。在引导员工树立主人翁意识的同时，满足员工的基本需求以保障职业稳定，加强企业关怀以提升员工的归属感。

【方法 25】增强员工的责任感和奉献精神。既要强化文化认同，也要健全机制，激发员工的奉献精神。

【方法 26】激励员工在为企业做贡献中实现个人价值。

原则 10　打造学习型组织，增强团队合作能力。

【方法 27】开展组织学习，强化团队建设。

【方法 28】提供机制保障，促进组织学习。搭建知识库，健全学习机制，提供平台和制度保障。

原则 11　遵循科学的方法开展创新实践和质量控制。

【方法 29】创新三部曲：三新导向、三现原则、三项步骤。

【方法 30】质控四重奏：质量技术创新循环 D-CTFP。

原则 12　坚持自主创新，掌握核心科技。

【方法 31】构建全面、开放、持续的基于掌握核心科技的自主创新工程体系，有序开展创新活动。

【方法32】掌握核心科技，赢得发展主动权。

【方法33】强化知识产权保护，优化知识产权管理。通过制定知识产权战略、搭建知识产权平台，提高知识产权保护意识，营造良好的产权环境。

原则13　建设质控体系，追求完美质量。

【方法34】坚持三大质量管理理念（"追求完美质量""人人都是质检员""完美质量是斗争出来的"）。

【方法35】严控四大价值创造流程（研究开发、物料采购、生产制造、营销服务）。

【方法36】夯实五大质量管理基石（质量管理制度、质量技术基础、质量标准建设、质量信息系统和质量组织体系）。

原则14　周全规划、科学管理研发活动。

【方法37】制定"534"法则，管控研发流程。

【方法38】构建三大技术创新子体系（产品规划子体系、研究开发子体系、中间试验子体系），提升产品研发效率。

原则15　严格管控采购流程，并与供应商长期共创发展。

【方法39】严格管控供应商，保证采购质量。

【方法40】帮扶激励供应商，实现共同成长。

【方法41】关键零部件自制，提升产品品质。

原则16　持续改善生产流程，消除浪费，严格控制成本。

【方法42】"一张纸一滴水"，成本控制从细节做起。

【方法43】定额管理，消除物料浪费。

【方法44】持续改善，解决生产问题。

【方法45】因地制宜，优化生产流程。

原则17　创新营销和服务模式，双向传递并提升价值。

【方法46】创新营销模式，推进价值双向传递。

【方法47】全面提高服务水平，

持续提升服务价值。

原则 18　优化职能式组织结构，增强决策力和执行力。

【方法 48】强化部门专业性，提高工作水平。

【方法 49】完善组织建设，增强组织协同。完善职能式结构，精简管理层级，推动信息上通下达；增强内部顾客意识，建立重量级、轻量级以及自主型跨职能团队，加强横向沟通与协作；优化生产组织职权，推进生产管理扁平化。

【方法 50】优化权力结构，提高权力运行效率。

原则 19　以标准化战略推动持续改善，提高经营管理水平。

【方法 51】建立"严、全、新"的企业技术标准。

【方法 52】基于通用化、模块化、平台化理念实现降本增效。

【方法 53】制定具有科学性和适应性的管理标准。

【方法 54】实施技术标准和管理标准输出策略，引领行业发展。

原则 20　以全面信息化实现企业管理的及时、精准和高效。

【方法 55】闭环控制三步法（数据动态集成、决策量化制定、过程在线控制）实现精准管控。

【方法 56】研发数字化，提升研发设计效率：推进设计—工艺—制造全流程数据集成，加强数据模块化与条目化管理以及智能化推送，支持平台化设计以及协同设计，强化设计仿真优化，提升设计效率和质量。

【方法 57】全流程协同智能制造，实现提质增效：基于自动化，不断引进智能化解决方案，推动信息平台集成化，建立车间工业互联网，实现全流程协同智能制造，提升生产效率和质量。

【方法 58】以全方位服务提升用户体验：打造客户协同平台，深度挖掘消费者数据，提升产品智能化水平，提升服务水平和服务质量。

第2章
理念引领

格力管理模式的顶层是发展理念，凝聚着格力人的精神向往、价值追求，折射出他们在发展过程中的集体智慧，指引着格力的前进方向，决定着格力人为人处世的基本思维方式（如图2-1所示）。基于格力的愿景、使命和文化内核，格力的发展理念可抽象出以下管理原则：

第一，在追求企业利益和承担社会责任的关系上，格力坚信企业的发展必须要同社会的进步和国家民族的复兴相结合，积极响应时代的号召与要求，担负起"让世界爱上中国造"的伟大使命，通过履行使命创造价值。

第二，格力坚持走自主发展道路，并重视开放合作，将对外合作和独立自主相结合，始终强调在各种合作活动中保持自己的相对独立性，从而避免受制于人。

第三，格力坚守专注主义，强调将每一件事做到极致；同时强调适应时代发展，寻求多元拓展。

第四，在处理长期发展和短期利益的关系上，格力强调即使以牺牲短期利益为代价，也要着眼于长期发展，不断夯实当下的发展基础，厚积薄发。

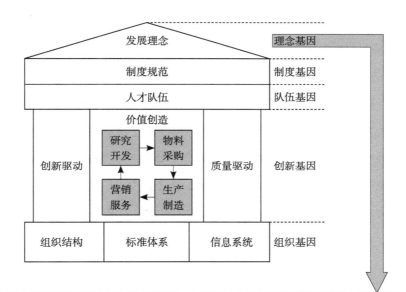

原则1　履行使命，创造价值
【方法1】实施精品战略，"好空调，格力造"
【方法2】推进创新战略，"格力，掌握核心科技"
【方法3】创造舒适环境，"让天空更蓝，大地更绿"
【方法4】秉持家国情怀，"让世界爱上中国造"
原则2　坚持自主发展，重视开放合作
【方法5】坚持自主发展，掌握自我命运
【方法6】重视开放合作，发挥协同效应
原则3　坚守专注主义，开展多元拓展
【方法7】坚守专注主义，追求完美极致
【方法8】适应时代发展，开展多元布局
原则4　立足当下，着眼长远
【方法9】立足当下，追求完美质量，夯实发展基础
【方法10】着眼长远，以创新作为动力，赢取竞争优势

图2-1　格力管理屋之理念基因

原则1　履行使命，创造价值

　　使命，是企业所应担当的长期性角色和责任。坚定不移地履行使命是企业创造价值的不竭动力。在"缔造全球先进工业集团、成就格力百年世界品牌"愿景的引领下，格力将"弘扬工业精神，追求完美质量，提供专业服务，创造舒适环境"作为企业使命。自创立以来，格力将使命的丰富内涵深入贯彻到创造价值的过程当中，并将"使命驱动创造价值"作为经营管理的根本原则。近30年来，格力先后通过实施精品战略、创新战略，贯彻节能环保基本国策和习近平总书记"三个转变"重要指示，不断为国家、社会和消费者创造巨大的经济价值、环境价值和社会价值。

方法1　实施精品战略，"好空调，格力造"

　　"一个没有精品的企业是一个没有未来的企业。"在格力看来，质量是企业长久发展的根基。从最初名不见经传的区域小厂发展为全球型工业集团，格力的成功是近30年如一日狠抓质量的结果。回顾格力的发展历程，在精品战略的指导下，其质量管理经历了从早期自觉萌发质量管理意识，到建立质量管理机制，再到构建质量控制体系的阶梯跃升，不仅质量管理水平得到了大幅提升，其产品也因此实现了质的飞跃，在全球市场极具竞争优势。

　　"精品战略"是朱江洪于1994年的公司大会上提出的，最初是由一次质量事故所推动的。当时，格力第一次打入意大利市场，但首批空调却因一块小小的海绵脱落导致在运行过程中产生较大的噪声，给客户带来不便。这促使格力管理层意识到，质量管理仅仅靠质量整顿"抓大放小"是行不通的，小不改则乱大谋，做产品就得"吹毛求疵"。因此，格力实施精品战略，强调要狠抓产品质量，瞄准国际上最好的空调，把它作为赶超目标，开展科技创新和一系列行之有效的质量活动，把空调"做精、做强、做大"。

1. 加强机制建设，追求产品零缺陷（1991～2011年）

第一，开展质量运动，质量从细节抓起。1991年，朱江洪决定停产整顿三个月，对格力内部生产制造过程中的各个环节进行彻底盘查。为提高质量整顿的工作效率，格力成立了"质量宪兵队"，负责监督全体人员的整顿工作，一旦发现没有严格按照规定落实整顿工作的现象，不论是领导干部还是普通基层员工，严格按照规章制度进行处罚，无一例外。这是格力实施精品战略的前奏。

第二，建立筛选分厂，从源头保证物料采购质量。1995年，因外部采购的不合格电容导致的空调"死机"事件差点引发质量事故，这让格力更深刻领悟到，"质量是企业的生命线，要像修炼生命一样修炼质量。"同年，格力建立了行业内独有的专门负责零部件入厂检验筛选的"筛选分厂"，负责对入厂零部件进行全检筛选，从源头保证产品品质。

第三，加强制度建设，严格管控质量工作。1995～2003年，为确保员工严格遵守质量管理制度，朱江洪和董明珠针对以往生产制造过程中容易忽略却可能导致严重质量问题的细节，先后签署了"总经理12条禁令""总经理14条禁令"，违反者立刻除名、开除⊖。在严厉的禁令面前，格力员工更加自觉严格遵守生产操作准则，生产环节的质量问题得到有效控制。2006年，格力提出了"八严方针"，进一步强化了对质量工作的严

⊖ 朱江洪. 朱江洪自传：我执掌格力的24年[M]. 北京：企业管理出版社，2017.

格管控。

第四，引进先进方法与工具，科学开展质量管理。2001年，为提高企业竞争力、保障企业实现持续改进、保持并不断增强竞争优势，格力推行卓越绩效管理模式。2002年，格力启动了"六西格玛管理工程"，通过过程的持续改进以追求卓越质量、提高顾客满意度、降低成本。为此，格力组建了六西格玛指导委员会，由时任格力董事长朱江洪和时任总经理董明珠分别担任委员会正副主任，全面落实六西格玛管理。

第五，推行标准化管理，强化产品质量控制。董明珠强调，要逐步强化"标准管控"来替代"由人管控"，以标准作为企业质量管控的"法规"。不仅如此，格力还强调"质量管控必须做到标准领先"，始终用高标准严控产品的生产制造。为此，格力实施了"标准严格、全员参与、全面覆盖、实时更新"的标准化战略，并构建了以设计标准通用化、产品标准全面化、工艺标准精细化、检验标准严格化、服务标准优质化为特色的技术标准体系和以管理体系科学化、工作流程规范化为特色的管理标准体系，有力推动了格力与行业内其他企业标准化管理的建设，为中国制造业树立了标准化管理的标杆。

2. 加强体系建设，追求完美质量（2012年至今）

质量的修炼是无止境的。格力在质量管理方面具有极强的变革意识，特别在2012年，董明珠担任格力董事长兼总裁后，进一步推进质量管理变革，重点推动格力的质量管理向体系化方向发展，深化质量强企建设。

第一，构建和实施了格力T9全面质量管理体系。董明珠牵头建立的格力T9全面质量控制模式，从理论层面把格力质量体系划分为理念、活动和支撑体系三个部分，建成了"一核四纵五横"的全面质量管理体系。

该体系是一种以用户需求为导向，以追求完美质量为目标，构建并实施的创新质量控制模式。

第二，首创格力质量管控方法：质量技术创新循环 D-CTFP。 董明珠将顾客与结果导向的倒逼思想应用到质量管理的实践中，提出了质量问题解决的基本方法，建立了包括顾客需求引领、检测技术驱动、失效机理研究、过程系统优化在内的质量问题闭环管理方法（质量技术创新循环 D-CTFP），在从源头预防、问题发现、分析研究到解决方案落实四个环节的循环反馈中，推动产品质量得到持续改善。

第三，全流程质量控制。 格力将质量管控活动贯穿于研发设计、采购物流、生产制造及营销服务等价值创造的全过程，鼓励全体员工开展质量管控，通过加强部门内及部门间的协作共同参与到质量管理活动中来，以实现全过程、全员化的质量管控。在质量管理实践中，董明珠进一步提出"人人都是质检员"，强调在格力人人都要参与各种形式的质量改善活动，共同推动企业的质量管控。

第四，不断丰富质量理念内涵，构建格力完美质量管理模式。 "追求完美质量"的质量方针，"零缺陷"和"无需售后服务才是最好的服务"的质量目标，"质量预防五步法"⊖和"质量技术创新循环 D-CTFP 方法"，共同推动了格力的全面质量管控体系持续优化。从创业初期提出的"零缺陷"质量理念，到如今的完美质量理念，格力质量管理理念的内涵在不断丰富和发展。

通过实施精品战略，格力的质量水平不断提高，先后获得"国家质量管理卓越单位""全国质量奖""全国质量工作先进单位""中国出口质量安全示范企业"等质量荣誉，享有"出口免验"的荣誉资质。优秀产品质量

⊖ 详见原则13。

所奠定的良好口碑大幅提升了格力品牌的知名度，格力先后获得"最具市场竞争力品牌""中国世界名牌产品"等称号。2017年，格力更是获得中国质量领域的最高荣誉——中国质量奖⊖，向世人证明了格力对产品品质的坚守，诠释了"好空调，格力造"的深刻内涵。

方法2　推进创新战略，"格力，掌握核心科技"

"走自主创新之路才有未来，走自主创新的道路，才可能掌握明天。"⊜ 在董明珠看来，坚持走自主创新之路，才能掌握核心技术，才能成为一个真正的创造者。格力的发展史不仅是一部质量管理史，更是一部实现自我超越、掌握核心科技、掌握发展主动权的创新史。从最初的模仿到追赶，再从追赶到领先，格力的创新发展历经了三个发展阶段，实现了两次跨越，每一次成功的跨越，都宣告了格力掌握核心科技的信心与决心，彰显了格力深谋远虑的创新战略定力。

1. 实施创新追随战略，抢占市场份额（1991～2002年）

20世纪90年代初期，我国居民收入水平显著提高，消费市场日渐活跃，带动了空调行业的快速发展。供不应求是当时国内空调市场最基本的特点之一，大量外部机会的存在不仅使中国空调企业增资扩产，也吸引了许多外资品牌进驻中国市场。刚成立不久的格力还是一家默默无闻的电器小厂，空调方面的技术尚不成熟。在当时的环境下，格力只有求得生存，

⊖ 中国质量新闻网. 第三届中国质量奖及提名奖建议名单正在公示[EB/OL]. (2017-12-26) [2018-04-03]. http://www.cqn.com.cn/zggmsb/content/2017-12/26/content_5252098.htm.

⊜ 董明珠自媒体. 董明珠最新演讲：只有我们强大到美国不敢打贸易战，我们就成功了！[EB/OL]. (2018-04-12)[2018-04-12]. http://mp.weixin.qq.com/s/HuWR2tuE9HK91dvgMVn2bw.

才能进一步争取发展。格力为解决生存问题，实施创新追随战略，通过引进国外先进技术，消化、吸收、再创新，开发适销对路的产品，快速抢占市场份额。

为了更好地落实追随战略，格力具体采取了三个措施：

第一，从战略高度重视科技创新。1996年，格力确立了"以技术创新抢占制高点"的产品开发战略，将技术创新上升至企业战略的高度，统一全员思想，并要求各级领导高度重视科技创新工作，为科技人员提供力所能及的支持和帮助。

第二，将资源向科技领域倾斜。格力将人力、物力、财力等资源向科技领域倾斜，采购大批科研实验设备，为科技人员提供良好的研发平台；提高科技人员的工资水平，使科技人员享受到公平合理的薪酬待遇。

第三，加大科研成果的奖励力度。格力建立了技术创新激励机制，推行《科技专家管理办法》《科技进步奖管理办法》等一系列鼓励创新的管理制度，并每年召开科技奖励大会对年度重大科技创新进行表彰和奖励，其中特等奖奖金超过100万元。在此创新阶段，格力取得了一系列成就，例如，格力1996年推出分体空调"冷静王"，1998年推出分体式热泵型变频空调，满足了消费者的需求，赢得了广泛赞誉。

2. 坚持自主创新战略，掌握核心科技（2003～2011年）

2002年，格力远赴日本洽谈多联机技术转让问题被拒，这让格力深刻意识到，模仿只能成为技术上的追随者，无法实现真正的技术突破，也无法掌握核心科技。唯有自主创新才能掌握核心技术，才能更长远地走下去。自此，格力才真正由模仿创新转向走自主创新的道路。

为了落实自主创新战略，格力开展了以下三方面工作：

第一，搭建高水平创新平台。格力早于2003年建立了国内首个具有世界领先水平的专业空调研发中心，不仅涵盖了技术研发部、试制中心和各类研发中心实验室，还专门配置了世界一流的软硬件设施及检测、实验设备。2008年，格力获批组建"国家认定企业技术中心"，为格力的研发工作与国家接轨搭建了桥梁。随后，格力又于2009年获批组建了"国家节能环保制冷设备工程技术研究中心"，保障了研发人员以最大的能力开展研发活动。

第二，严格规范技术研发。为了强化技术标准化管理，格力组建了标准化技术管理委员会，结合国际标准和国家标准建立企业技术标准体系，通过完备的技术标准来严格规范技术研发，并在研发过程中不断优化与提升技术标准体系，逆向驱动格力的技术进步。格力建立机制科学管理研发项目，通过构建产品规划体系、研究开发体系、中间试验体系三大体系确保研发流程高效率、高质量运行；通过"五方提出、三层论证、四道评审"的机制规范开发流程，确保流程运行质量。

第三，为企业开展研发工作提供充足的资金支持。格力于2009年明确提出"研发投入不设上限"，从制度上保障了研发人员有充分的资源开展研发活动。通过开展自主创新，格力取得了许多科技创新成果，例如2010年在国内率先将变频空调的运转频率降低至6赫兹，2011年推出全球首台高效直流变频离心机组等。

3. 实施创新领先者战略，保持竞争优势（2012年至今）

2012年，格力已稳坐全球家用空调销量冠军宝座8年之久，并且通过自主创新战略掌握了多项国际领先技术，拥有强大的研发队伍和研发平台，为保持竞争优势奠定了坚实基础。然而，格力并未满足于已取得的骄人成绩,而是去思考如何保持企业的创新力以达到领先。因此,格力实施创新领先者战略,基于对行业领域发展前景的洞察和对社会责任的主动承担,做出对未来技术发展的提前预判,创造市场需求。

为落实创新领先者战略,格力开展了以下三方面工作:第一,完善了高水平科技创新平台建设。格力于2015年与2016年相继获批建立了"空调设备及系统运行节能国家重点实验室"和"国家级工业设计中心"。其中,国家重点实验室是一个开放式创新平台,一方面,格力通过该实验室承担国家级及省部级科研项目,参与行业重大技术研发,增强自身研发实力;另一方面,该实验室也面向国内外高等院校、科研院所及相关企业征集开放课题,并以招投标的形式进行课题外包,引进外部创新资源,提升创新能力。第二,建立了具有国内领先水平的自主创新工程体系。格力投入大量人力、物力、财力,建立起行业内具有领先水平的技术研发体系。截至2017年年底,格力培养了一支1万多人的研发队伍,先后成立了制冷、机电、家电、自动化、新能源环境等12大企业研究院;建有世界一流的环境模拟实验室、焓差实验室、热平衡实验室、高低温实验室等727个专业实验室;建成了行业内规模最大、测试方法最齐全、获得国家/国际组织认可最多的实验室体系。⊖第三,强化了技术标准与科技研发的良性发展。一方面,格力组建了标准化技术管理委员会,结合国际标准和国家标准建立企业技术标准体系,以高标准推动企业研发升级,不断提高技术水平。另一方面,格力基于研发出的先进技术对企业技术标准体系进行优化与完善,通过标准更新,实现企业技术标准的持续升级。

通过实施创新战略,格力取得了显著成效。格力"基于掌握核心科技的自主创新工程体系"以及"变频空调关键技术的研究及运用"均获得

⊖ 格力展厅"科技创新"板块,2018-03-06.

了国家科学技术进步奖，格力自主研发的多联机、离心式冷水机组、超低温数码热联机组、变频空调、双级增焓变频压缩机、光伏空调等24项核心技术均达到国际领先水平。格力产品已覆盖20个大类、400个系列、12 700多种规格。㊀ 2017年，格力凭借1273件发明专利授权量再次成为唯一一家进入全国前十位的家电企业，在全国企业中名列第七。㊁

方法3　创造舒适环境，"让天空更蓝，大地更绿"

长期以来，党和政府高度重视节能环保工作。国家早于20世纪80年代就将环境保护立为一项基本国策。2005年，《中共中央关于制定国民经济和社会发展第十一个五年规划的建议》中首次提出我国节能减排的目标，倡导建设资源节约型、环境友好型社会。党的十八大报告进一步提出"建设美丽中国"的宏伟蓝图，实施可持续发展战略，致力节能减排、低碳生活、合理利用资源、保护环境。

格力积极贯彻基本国策，于2012年提出"让天空更蓝，大地更绿"的响亮口号，将"改善居住环境、建设生态地球、造福全球人类"列入新的目标要求，致力将企业未来的命运和社会的可持续发展融为一体，为消费者提供更加健康舒适、节能环保的产品，助力我国节能环保事业的发展。诚如董明珠所强调的，"一个企业，不仅要创造利润，促进企业自身发展，更重要的是主动承担培养绿色消费观念、推动低碳经济发展的社会责任。"㊂换言之，企业不仅要追求经济效益，更要讲求社会责任担当，实

㊀ 格力展厅"中国的格力 世界的选择"板块，2018-03-06.
㊁ 同上.
㊂ 凤凰网. 格力电器荣获三项大奖[EB/OL]. (2010-01-22)[2018-04-07]. http://finance.ifeng.com/roll/20100122/1745279.shtml.

现经济价值、环境价值与社会价值的协调统一。身为一家产品质量上乘、技术过硬的制造企业，在质量管控与技术创新上取得长足发展后，格力有了更足的底气承担更多的社会责任。这一时期，格力不断挑战自我，寻求技术突破，逐步向资源节约型、环境友好型企业的目标迈进。

1. 聚焦环境友好型技术，推进产品节能环保化

为向消费者提供节能环保产品，格力积极研发变频、节能、降噪、智能等先进环境友好型技术。早在1993年，格力就已成立节能技术科研小组，旨在通过长期跟踪前沿节能技术，生产绿色环保的新产品。2008年，格力自主研发的智能化霜技术首次使产品具备了冬季智能感应室外机冷凝器的霜量并及时化霜的功效。2016年，为提高环境友好型技术的研发实力与效率，格力进一步组建了新能源环境技术研究院，在资金和平台上支持绿色技术和产品的研究开发，通过技术改进和新产品研发，降低格力产品的耗电量，减少碳排量，节约能源，肩负起环境友好发展的社会责任。目前，格力已经掌握了包括1赫兹变频技术、新冷媒技术、磁悬浮轴承技术、双级直流变频离心热泵技术等一系列空调节能环保核心技术，自主研发了格力光伏中央空调、"用电省一半"的变频变容家庭中央空调等环保产品。值得一提的是，格力变频空调关键技术的研究和应用，又称"1赫兹变频技术"，于2012年荣获中国国家科学技术进步奖。[1]

2. 注重资源回收利用，发展再生资源产业

随着我国家用电子产品报废进入高峰期，各种废弃物急需得到高效安

---

[1] 网易新闻. 格力变频技术荣获国家科学技术进步奖[EB/OL]. (2012-02-24)[2018-04-03]. http://news.163.com/12/0224/03/7R0GRCDB00014AED.html#.

全的处置和回收利用，从而缓解环境压力。自2011年起，格力先后在长沙、郑州、石家庄、芜湖、天津建立再生资源全资子公司，总投入超过10亿元，拥有齐备的"四机一脑"（电视机、冰箱、洗衣机、空调、计算机）报废品处理线，有效缓解了废弃家电对环境带来的污染和对居民健康造成的危害。

2014年9月，联合国开发计划署授予格力董事长董明珠"城市可持续发展项目宣传大使"荣誉⊖，以表彰其一直以来在提高能源利用效率和保护环境等方面做出的努力。在工信部发布的2015年度节能机电设备（产品）推荐及"能效之星"产品清单中，格力成为获选节能产品最多的家电企业。格力在2016年度人民企业社会责任评选活动中荣获"年度企业奖"，这是对格力勇担社会责任的认可与嘉奖，为格力绿色品牌形象添上了浓墨重彩的一笔。董明珠表示，销售额过千亿元的格力是"绿色"的。格力切实践行了"让天空更蓝，大地更绿"的发展理念，并由此积蓄了可持续发展的潜能。

方法4　秉持家国情怀，"让世界爱上中国造"

当前，新工业革命引发的制造业全球化深度竞争已全面拉开帷幕。2013年，德国率先推出"工业4.0"战略，美国继而提出"工业互联网"，均将发展先进制造业上升为国家战略。面对新一轮全球竞争，2014年，习近平总书记提出"三个转变"重要论述，强调要"推动中国制造向中国创造转变、中国速度向中国质量转变、中国产品向中国品牌转变"。2015年，国家发布《中国制造2025》，明确提出要通过创新驱动，发展高端装

⊖　格力展厅"企业荣誉"板块，2018-03-06。

备制造业,加强中国创造,提高中国质量,打造中国品牌,完成由制造大国向制造强国的转变。2016年,国务院办公厅发布文件,将"品牌战略"上升为国家战略,要求发挥品牌的引领作用,助推中国经济"结构性改革"。在此背景下,中央电视台广告经营管理中心依据"国家平台成就国家品牌"的新定位,正式发布"国家品牌计划",寻找、培育、塑造一批国家级品牌。

格力紧抓我国制造强国战略机遇,积极贯彻"三个转变"重要指示精神。2015年9月22日,中国制造业高峰论坛在珠海隆重召开。其间,董明珠发布了格力的新品牌口号——"格力,让世界爱上中国造"[一],表明格力"用中国品牌讲好中国制造业故事"的坚定决心。董明珠在2016年举办的第二届中国品牌论坛上提出了优质品牌的三大要素:第一要有坚实的产品质量,第二要有核心的技术,第三要有独具特色的企业文化。有了这三点做支撑,这个品牌一定长盛不衰。[二]用中国品牌讲好中国制造业故事,格力一步一个脚印地增强自身的实力。基于精品战略,格力严格把控产品质量,做到"好空调,格力造";依托自主创新和领先者战略,格力构建了较为完备的技术体系,实现"格力,掌握核心科技";"勇于担当,敢于负责"的文化驱动格力勇担社会责任,"让天空更蓝,大地更绿"。如今,格力将对家国的责任与担当融入企业的实践当中,追求"让世界爱上中国造",以期和更多中国企业共塑中国造形象,让中国自主品牌真正走向世界。

[一] 珠海格力电器股份有限公司.让世界爱上中国造[N].格力电器报,2015-10-10(9).

[二] 人民网.董明珠:三点支撑企业品牌长盛不衰[EB/OL].(2016-11-08)[2018-04-03]. http://finance.people.com.cn/n1/2016/1108/c1004-28845296.html.

1. 融入国家战略，推进转型升级

为贯彻落实国家战略，格力在智能装备等领域进行了大量的投入，先后成立了智能装备技术研究院、格力智能装备有限公司，建立了格力智能装备制造业产业园，致力于提高中国装备制造业的行业技术水平，推动高端智能装备制造国产化。目前，格力自主研发的自动化产品覆盖了工业机器人、数控机床、自动化设备等10多个领域，拥有超百种规格产品和近百项专利技术㊀，不仅促进了格力自身自动化水平与生产效率的提升，更关键的是面向市场为客户提供定制化的自动化解决方案，工业机器人、数控机床等智能装备产品和服务㊁，带动中国装备制造业技术水平的提升。

此外，格力还积极融入国家"一带一路"战略，加速国际化拓展。基于巴西、巴基斯坦两大海外生产基地，格力积极参与国家"一带一路"建设，先后中标中国老挝铁路项目、缅甸仰光市坎塔亚中心一期空调工程及巴基斯坦瓜达尔港项目等"一带一路"沿线国家标杆性工程，将格力的"诚信共赢"理念与"一带一路"政策的"和平合作、开放包容、互学互鉴、互利共赢"理念相结合，与其他优秀企业一起，用先进技术和优质产品来服务世界，致力于让世界爱上中国造。

2. 挺起民族脊梁，打造自主国际品牌

格力不仅致力于实现自身的国际化拓展，还希望与中国众多制造企业一起，将中国制造的优质产品、核心技术、专业服务传递给全世界的消费者，带动中国制造走出去，打造一批中国自主国际品牌。㊂为此，格力确

㊀ 金羊网. 董明珠：企业家要立志成为创造者[EB/OL]. (2017-09-19)[2018-04-07]. http://news.ycwb.com/2017-09/19/content_25512496.htm.
㊁ 卫杉. 格力电器向中国智造转型[N]. 人民日报，2017-09-12.
㊂ 格力内部材料：市场部品牌建设材料，2016-06-14.

立了"调结构、保增长、树国际品牌"的战略思路,在国际上大力推广自主品牌。为了实现格力品牌在海外市场的本地化,格力通过设立离岸的生产基地、研发中心、销售中心等方式与当地市场接轨,并通过开设专柜、专卖店逐步布局销售渠道,了解当地市场的现状与未来发展趋势,自主建设格力的国际品牌。基于前期所做的积累和努力,格力成功入选首批"国家品牌计划"(2017年度)[一],这是荣耀,更是责任。对此,董明珠表示:"'国家品牌计划'起到了推动作用,让更多优秀的品牌展示出来,同时可以让更多需要注重品牌、提高品质的企业重新定位,共同为中国品牌走向世界而努力。"[二]截至2017年年底,格力的自主品牌已经进入美国、法国、意大利、西班牙、澳大利亚、巴西、俄罗斯、菲律宾等160多个国家和地区。[三]2005年至今,格力家用空调产销量已连续13年领跑全球,格力成为全球空调行业的领先企业。

2016年7月23日,格力成功举办第二届中国制造高峰论坛,主动将责任放在心上,扛在肩上。格力联合国内众多知名企业共同发布《中国制造创新宣言》:坚定自主创新,让中国制造向中国创造跨越;坚守工匠精神,让中国速度向中国质量跨越;坚持核心科技,让中国产品向中国品牌跨越;坚定不移,矢志不渝,让世界爱上中国造!此后不久,格力便牵头成立了中国首个"空调行业知识产权联盟",与众多空调企业并肩作战,致力于让世界爱上中国造(如图2-2所示)。

[一] 搜狐新闻. 格力电器首批入选"新时代品牌强国计划"获"2017年度中国品牌奖"[EB/OL]. (2017-12-25)[2018-04-03]. http://www.sohu.com/a/212559647_620915.
[二] 央视网. 中国需要更多的"国家品牌"[EB/OL]. (2016-12-12)[2018-04-07]. http://news.cctv.com/2016/12/12/ARTIOjR98PVjjNLjyslrcyn9161212.shtml.
[三] 海外区域网点分布图. 珠海格力电器股份有限公司官网[EB/OL]. [2018-04-03]. http://www.gree.com.cn/pczwb/fwzx/yxwl/index.shtml.

1996年 推出分体空调"冷静王"	1998年 推出分体式热泵型变频空调a	1999年 获批组建"广东省空调智能化工程技术开发中心"	2002年 因多联机事件开启自主创新	2003年 建成国内首个具有世界领先水平的专业空调研发中心 2004年 组建标准化技术管理委员会	2005年 研制低温数码热联机组；研发成功大型离心式压缩机	2007年 组建标准管理部 2008年 获批组建国家认定企业技术中心	2009年 提出"研发投入不设上限"；组建"国家节能环保制冷设备工程技术研究中心" 2010年 提出"格力，掌握核心科技"；国家节能环保制冷设备工程技术研究中心加入标准技术小组（中国唯一入选成员）
1991年 停产质量整顿；建立质量宪兵队 1992年 全国布局102个维修点，建立售后服务信息网	1994年 实施"精品战略"	1995年 建立"筛选分厂"；签发"12条禁令"；荣获欧盟认证机构颁发的中国大陆第一份CE审查证书	1997年 提出"好空调，格力造" 1998年 推行"零缺陷"工程	1999年 制定"零缺陷"工程硬指标，设立专项奖励基金	2001年 导入卓越绩效管理模式 2002年 启动"六西格玛管理工程"	2003年 更新"12条禁令"为"14条禁令"	2005年 推出家用空调"六年免费包修"政策 2006年 提出"八严方针"
	1993年 荣获北京国际家用电器产品及技术装备展览会金奖 1994年 名列"中国首届十大国产品牌空调"	1995年 荣获"全国轻工业优秀企业"称号 1996年 荣获"广东省名牌"称号	1997年 荣获"国际最佳品牌奖" 1998年 被评为出口创汇优秀企业	1999年 被评为出口创汇优秀企业并获得奖杯 2000年 用户突破1000万	2001年 "国家免检产品""中国名牌产品"称号 2002年 获2001年度"全国质量效益型先进企业"荣誉称号	2003年 "中国家电最佳上市公司"；获"全国名优产品售后服务先进单位"称号 2004年 "国家质量管理卓越企业"称号；"中国名牌产品"和"国家免检产品"称号；"出口免检企业"称号	2005年 "中国出口名牌"称号 2006年 获"中国世界名牌产品"称号；获"全国质量奖"和"全国质量工作先进集体"

图2-2 格力"履行使命，

让世界爱上中国造

- **2008年** 中标印度电信基站空调项目
- **2010年** 中央空调中标南非世界杯工程（中国中央空调第一次中标世界杯主场馆空调项目）
- **2012年** 格力形象片亮相美国纽约时代广场
- **2014年** 中标俄罗斯索契冬奥会附属配套工程
- **2015年** 提出"让世界爱上中国造"；中标米兰世界博览会中国国家馆空调项目
- **2016年** 联合发布《中国制造创新宣言》；中标巴西里约奥运会空调项目
- **2018年** 中标美国凤凰世贸中心项目；中标巴基斯坦瓜达尔港项目等"一带一路"沿线国家标杆性工程

让天空更蓝，大地更绿

- **2008年** 推出智能化霜科技
- **2010年** 变频空调运转频率降低至6赫兹
- **2011年** 进军再生资源产业；全球首台高效直流变频离心机组
- **2012年** 提出"让天空更蓝，大地更绿"；研制无稀土压缩机
- **2013年** 自主研发推出光伏直驱变频离心机系统
- **2016年** 组建新能源环境技术研究院
- **2017年** 新型家庭能源管理系统——G-IEMS局域能源互联网系统

格力，掌握核心科技

- **2012年** 1赫兹低频技术；"双级增焓变频压缩机的研发及应用"鉴定为"国际领先"；1赫兹变频技术荣获国家科技进步奖
- **2013年** 建设"格力集团化研发及标准化管理平台"；标准管理部划归董事长直接管辖
- **2014年** 研制磁悬浮变频离心式冷水机组；成立智能装备研发部门
- **2015年** 空调设备及系统运行节能国家重点实验室；"基于掌握核心科技的自主创新工程体系"；"百万千瓦级核电水冷变频离心式冷水机组"
- **2016年** 国家级工业设计中心；机器人工程技术研究开发中心；高效永磁同步变频离心式冰箱冷双工况机组
- **2017年** 发明专利授权量连续进入全国前十（第七名）；成立行业首个知识产权联盟

好空调，格力造

- **2008年** 获BRC全球标准–消费品：第二类产品证书
- **2010年** I系列和U系列产品上市
- **2011年** 变频空调一年免费包换
- **2012年** 提出"三公三讲"；变频空调两年免费包换；制定生产自动化发展规划
- **2014年** 家用中央空调6年免费包修
- **2015年** "19全面质量控制模式"；PQAM（完美质量保证模式）；"CCC现场检测实验室证书"
- **2016年** 发布D-CTFP质量管控方法
- **2018年** D-CTFP正在写入国家标准

取得成效

- **2007年** "全国质量工作先进集体"称号；国家AAAA级"标准化良好行为企业"称号
- **2008年** 入选《福布斯》年度亚洲企业50强；入选《财富》（中文版）"年度最受赞赏的中国公司"全明星榜（连续三年）
- **2009年** 被评为"全国服务质量优秀企业"
- **2010年** 获"2009年度广东省政府质量奖"；入选"2010·CCTV中国年度品牌"
- **2011年** 获得Inertek"卫星计划"最高级别资质认可；荣获"全国质量工作先进单位"
- **2012年** 中国家电行业首个获蒙特利尔多边基金的企业；荣获2011年度"国家科学技术进步奖"
- **2013年** 荣获"最具创新改革奖"
- **2014年** 荣获2013年度"国家技术发明二等奖"
- **2015年** 中国质量协会质量技术奖一等奖（第一名）；英国RAC制冷行业大奖——2015年度国际成就大奖；荣获国家科学技术进步奖，挺进全球500强；获"2014年度广东省科学技术奖"
- **2016年** 获IPEEC评选的"双十佳"称号；入选首批"电器电子产品生产者责任延伸试点名单"
- **2017年** 获中国企业改革发展优秀成果奖一等奖；荣获"2017年度中国品牌奖"
- **2018年** 获2017年度中国质量奖

创造价值"的历程

原则2 坚持自主发展，重视开放合作

自主发展，是指企业从自身实际出发，掌控开展经营管理活动所需的关键资源，在竞争中不断增强自我发展的能力，从而掌握自己命运的经营方式。企业通过自主发展能够避免过度依赖外部资源，从而强化内部的核心能力，真正掌握自己的命运。例如，企业从外部引进技术，虽然能够快速提升技术水平，但是过度依赖外部技术引进，也会带来种种局限。首先，领先企业通常不愿意分享其核心技术，还会尽力防止核心知识泄露。追赶中的企业仅仅通过外部技术引进很难实现创新赶超。其次，很多技术诀窍往往是隐性的，这些隐性知识难以通过简单的技术转让实现企业间转移。[1]另外，过度自主可能导致企业信息闭塞，难以紧跟时代潮流，从而陷入故步自封的怪圈。企业仅仅依靠内部的资源进行高成本的创新活动，将难以适应快速变化的市场需求和日益激烈的市场竞争，企业应该借用外部资源和渠道来共同开展创新活动、满足需求、拓展市场。[2]

格力人一直坚定地信奉自主发展的理念，致力于掌握经营管理活动的关键资源，发挥企业内部的主动性和能动性，并在竞争中不断增强自我发展的能力，掌握自己的命运，不受制于人。自主发展体现在格力经营管理过程的方方面面，包括通过自主创新、自主生产、自主营销，掌握价值创造过程中的关键资源，并大力开展人才自主培养，从而为格力的价值创造活动提供人才资源支撑，掌握发展的主动权。

同时，格力在以我为主的基础上重视开放合作，积极寻求同经销商以及高校和科研院所的合作，主动吸收、消化、整合、利用外部有价值的资

---

[1] 傅晓岚. 中国创新之路[M]. 北京：清华大学出版社，2017.

[2] Chesbrough H, Crowther A K. Beyond High Tech: Early Adopters of Open Innovation in Other Industries[J]. R & D Management, 2006, 36(3):229-236.

源，发挥企业内部资源的优势，形成协同效应，不断提升企业的竞争实力，促进企业更快更好地发展。

在格力发展道路上，"自主发展"是核心，"开放合作"是对自主发展道路内涵的丰富和拓展，是格力汲取外部资源、增强自主发展能力的有效途径，二者相辅相成，共同铸就了格力独具特色的经营模式。

方法5　坚持自主发展，掌握自我命运

格力将自主发展理念深入贯彻到其研究开发、生产制造、营销服务等价值创造全过程，以及支撑价值创造的人才队伍的建设过程中，深刻体现为两个驱动、两个保障：一是自主创新，寻求技术突破，掌握核心科技，以创新驱动自主发展；二是自主培养优秀人才，以人才驱动自主发展；三是自主生产，自主把控产品生产过程，以自主生产保障自主发展；四是自建营销渠道，掌握渠道话语权，以自主营销保障自主发展。四者相辅相成，共同铸就了格力自主发展的内涵。

1. 走自主创新之路才有未来

核心技术是引进不来的，单一的技术引进能够为企业带来暂时的技术能力提升，但难以帮助企业实现根本性技术突破。企业只有下决心自主创新，才能真正掌握具有自主知识产权的专有性核心技术，真正提高企业核心竞争力，才能持续发展。2002年朱江洪前往日本购买某空调企业核心技术被拒的遭遇，让格力清楚地意识到，先进的核心技术是买不到、求不到的，别人愿意转让的技术一般都是其非核心的、相对落后的技术；而如果无法掌握先进的核心技术，就无法真正提高市场竞争力，无法引领空

调市场的发展。格力那时已经是国内空调行业的领先者，并立志成为基业长青的百年企业，而一个连命运都无法自己掌握的企业，又何谈基业长青呢？在客观事实与格力主观意愿冲突的背景下，格力下定决心开展自主创新，以创新驱动自主发展。在思想层面上，格力营造创新氛围，通过树标杆，加大奖励力度，增强研发人员的创新自信；在研发活动层面，格力加强研发管理，增强自主创新的持续性，实现自强；在研发的支撑层面，格力打造研发平台体系，为格力的自主创新活动奠定坚实基础，增强自立能力。

（1）营造创新氛围以自信。 思想是行动的指引，自信是开展自主创新的前提。创新是充满不确定性的，失败可能比成功更普遍，企业需要营造鼓励创新、宽容失败的创新氛围，这样才能增强员工的自信心，从而使员工不惧艰难和失败，持续投入精力开展创新活动，最终取得创新成绩。第一，格力坚持"研发按需投入、不设上限"的原则，有计划、有要求地对自主创新活动进行投入：格力每年定期对全年的技术研发方向进行整体规划，对研发资源进行规划配置，促进员工产生方向自信；第二，格力宽容失败，提供充足的资源让员工试错，允许研发人员犯新的错误，但不宽容简单重复地犯错误，让员工产生文化自信，敢于自主创新。第三，格力不断完善研发激励制度，专设了《科技专家管理办法》《科技进步奖管理办法》等一系列奖励措施，并通过内部宣传渠道报道为格力乃至整个行业做出重大贡献的科技人员，告诉格力人无论什么岗位的员工，只要为企业的自主创新做出重大贡献，格力都将从制度上保障对员工的丰厚回报，从而以榜样的力量激发其他科技人员的制度自信。其中，格力的科技进步奖包括科技创新奖、技术工艺奖、管理创新奖3大类12小项，最高奖奖金超过100万元。

（2）建立研发管理机制以自强。健全的研发管理机制是使企业研发活动中的资源要素有机组合的促进手段和有力保障。随着企业规模的扩大和市场竞争日趋激烈，仅靠少数技术骨干"打一枪，换一地"地进行不定时的技术研发，将无法持续地为格力创造新技术和新产品，无法确保格力在激烈的市场竞争中保持稳健的发展。因此，格力需要形成规范的研发管理机制和流程，保障自主创新活动持续而有序地开展，从而确保格力能时刻保持强大的竞争力，降低格力因技术和产品跟不上市场的发展而被淘汰的风险，保障格力的自主发展。为此，格力构建了"规划—研发—中试"一体化的产品研发体系以及独具特色的"534"研发流程管理机制，从方案的提出、论证、评审到产品规划、研发、测试全流程规范研发管理，确保格力自主创新活动持续、高效地开展，实现"自强"。

（3）构建研发平台体系以自立。拥有强大的研发平台有利于企业汇聚创新资源，支撑自主创新活动的开展，是企业不断增强核心竞争力，实现自立、自主的基础。如果缺乏研发平台，企业需要借助外部的实验环境开展研发活动，不利于企业自主掌握研发的方向和进度。因此，格力构建了由集成平台、职能平台、业务平台三大类构成的研发平台体系，集成平台包括空调设备及系统运行节能国家重点实验室、国家节能环保制冷设备工程技术研究中心、国家认定企业技术中心、国家级工业设计中心，职能平台包括知识平台、行政平台、信息平台，业务平台包括基础研究平台、产品开发平台、质量控制平台以及工程平台等，这一系列高水平的研发平台为格力的自主创新活动奠定了坚实的基础。

格力营造创新文化以自信，健全机制保障研发管理以自强，构建平台汇聚创新资源以自立，自信、自强、自立共同构成格力的自主创新理念。目前，格力已经通过自主创新掌握了多项原创性核心技术，主导制定了多项国际标准和国家标准,形成了全方位的产品系列。

2. "两化"结合,自主培养人才

格力一直将人才视为企业最宝贵的财富,物质资源是会枯竭的,而人才的思想、智慧、知识和技能却是可以延续传承的。格力认为自主培养比人才引进更重要,一贯秉承着"自主培养人才"的理念,着眼于自身的人才需要,自主建立人才培养体系,培养并留住最适合、最忠诚于格力的人才,建设与格力高度契合的人才队伍。在自主人才培养过程中,格力注重"格力化、专业化"培养人才,即以格力文化培育人才,锤炼员工品格,通过自建"三自主"培养体系提升员工技能。

(1)以格力文化培养人才,促进人才格力化。 格力文化是格力经营管理的灵魂,是格力人在实现企业目标过程中的思想引领和精神向导。文化培育作为格力人才自主培养的重要内容,有利于格力文化在员工中薪火相传。格力通过文化渗透、感染、熏陶,在格力人心中烙下了深刻的格力烙印,促进格力文化一脉相承。

一是入职培训,当新员工刚加入格力时,格力就通过军训、组织参观格力展厅、讲解格力发展史、邀请各级领导授课等丰富的学习形式不断向新员工渗透格力的文化,逐渐强化新员工对格力文化的认同。

二是领导以身作则,以榜样的力量对员工进行文化感染。领导是一个团队的先锋,也是员工体会公司文化和价值观的直接接触点,领导的行为方式、思维方法甚至喜好都会对团队成员产生影响。因此,党员领导干部严于律己、以身作则,以榜样的力量感染员工,是格力对人才进行文化培育的重要途径。

三是潜移默化,加强日常工作中的文化熏陶。首先,通过标语宣传的

形式，及时学习传播党的方针政策以及社会主义核心价值观。格力还将其融合了社会主义核心价值观的企业文化精神以标语的形式张贴在办公区域、生产车间的显眼位置，时刻对各岗位员工的思想和行为进行教育和熏陶，让员工逐渐深入地理解、接受格力文化。其次，通过奖惩制度加强对格力文化的践行。格力将担当、奉献、创新、挑战、实干的文化融入其奖惩制度中，通过制度的激励、约束作用规范员工的行为，避免员工的思想和行为偏离格力文化精神。比如格力设置了合理化建议奖，只要员工对经营管理过程中存在的问题积极提出有效的改进建议，无论员工职位高低，一律根据改进的效益进行嘉奖，以强化员工的主人翁意识和担当奉献精神；如果个别员工做出欺上瞒下、弄虚作假等不符合格力"实"文化的行为，格力将视情节严重与否对其进行不同程度的处罚。⊖最后，格力通过党支部定期组织学习党的方针政策，加强党员思想教育。同时，在内部不定期评选先进事迹，树立标杆，并借表彰大会、光荣榜、格力电器报等方式对标杆员工进行宣传，加强对员工的文化熏陶，激发员工勇担当、敢奉献、自我挑战、自我超越的精神。

（2）构建"三自主"培养体系，促进人才专业化。文化培育只是人才培养的一个方面，为了使员工的能力足以胜任其岗位的要求，格力还从三个方面搭建人才培养体系，为企业的人才培养工作夯实基础，提升全体员工能力水平。

- 自主开发课程体系。格力培训部结合企业发展需求、自身定位，分解培训目标，自主开发专业类课程、管理类课程、通用类课程，保证培训内容的科学性、合理性和有效性。

⊖ 格力内部资料：员工手册（2015年6月版）。

- 自主培育讲师队伍。格力通过精品讲师培养项目、讲师级别发展项目、讲师评选比赛项目等挖掘和培养精品讲师，锻造了一批精品讲师并激励讲师不断提升授课能力，使优秀人才的成功经验得以传播和复制。
- 自主搭建资源平台，以构建资源共享、员工自主学习的平台，促进人才主动学习、自我提升。格力自主开发一系列的线上线下学习资源和平台，例如格力掌上学习中心、"掌上通"售后技术学习平台等，打造结构化、视觉化、形象化的学习平台，解决一线员工实际工作中的问题。

格力通过自建的培养体系，使得格力人在思想上对格力发展理念高度认同，在行为上与格力文化高度符合，在技能上与岗位要求相互匹配。格力的人才自主培养硕果累累，从一线员工，到技术骨干、中层干部乃至高层领导，大部分都是通过这个体系自主培养起来的。

3. 自主生产，降本提质增效

格力目前在全球建有11大空调生产基地，年产销空调设备近5000万台套，空调生产规模居全球首位。当生产规模达到一定程度的时候，为了控制生产成本，保障产品质量，降低零部件供应以及生产过程中的不确定性，自主生产显得尤为重要。格力不仅根据市场需求建设空调整机生产基地，自主掌控整机的装配，实现迅速地进行生产线切换和生产排产，提高生产效率；还通过逆向整合供应链，实现高度管控关键零部件供给，使产品成本控制更为有效，同时也降低了核心零部件的质量不稳定、供应不及时等不确定风险，为格力的自主发展提供了产能保障。

家用电器类产品的核心零部件在整机总体成本中所占比率非常高，因此，提升核心零部件的自制能力成为整机生产商加强核心零部件自主管控的重要选择。在发展初期，格力主要通过外部采购的方式获取压缩机等空调核心零部件。随着格力空调产量的提高以及对质量要求的不断提升，外部供应商已不能满足格力的要求。因此，格力整合产业链上游，以掌控核心零部件的质量控制和供应能力。2004年，格力先后收购了凌达压缩机、格力电工、新元电子等公司，并于2006年3月完成了对凯邦电机的收购。目前，格力基本实现了空调主要核心零部件的自主生产，解决了以往不能自主生产电机、压缩机导致的质量和供货数量无法保证的难题，将一些关键的核心零部件由公司自己研制和生产，保证了关键零部件的成本和质量控制，提高了生产配套能力，确保了空调生产的自主性和供货的可靠性。核心零部件自制能力的强化，使得格力拥有相对较低的经营成本和经营风险。

4. 自建营销网络，掌控渠道话语权

企业掌握先进的核心技术并不意味就能够取得成功，还需要考虑如何实现先进技术产品的商业化、规模化和大众化，提升产品价值，并将产品价值传递给客户，从而及时将创造的价值"变现"。纵观格力的发展史，我们发现格力取得成功的秘诀之一，就是其重视营销创新，敢于打破传统营销规则，"以我为主"不断进行营销变革，加强营销渠道建设，进行价值传递和提升，为其自主发展提供了渠道保障。格力与经销商共建销售公司，自主掌控营销渠道，避免了经销商之间因为争夺利益而相互压价、互相串货的现象，从而整合区域资源、平衡内部利益，实现"四统一"的管理目标。格力对于渠道的管控使得经营风险显著降低，销量稳步增长，家用空调产销量自1995年连续23年位居中国空调行业第一，自2005年连

续 13 年世界排名第一。

渠道建设是营销的重点，营销渠道是连接企业与市场、沟通产品与顾客的桥梁。没有这个桥梁，也就没有销售。自建营销渠道，成为格力强化渠道管控能力，掌握渠道话语权的关键，也是自主发展的保障之一。格力通过经销商持股模式组建以品牌为旗帜，以共同利益为纽带的区域销售公司，形成自主管控的区域销售网络。格力以这种模式自建营销渠道，避免了经销商跨区交易、囤货、压价等扰乱市场、损害企业形象的行为，同时通过多种返利制度，保障了企业与合作伙伴之间的整体利益，促进了企业的良性发展。格力创建的"区域性销售公司"模式，成为制胜市场的一大法宝，实现了统一渠道、统一网络、统一市场、统一服务的管理目标。

方法6 重视开放合作，发挥协同效应

在科技日新月异的今天，产品生命周期大大缩短，市场竞争越来越激烈。面对剧烈变化的市场环境，企业仅仅依靠自己的能力和资源进行技术、管理创新已经不能适应社会发展的速度，而需要充分利用外部资源，通过优势互补来提高企业的竞争优势。

格力的自主发展并不意味着闭门造车，而是资源整合、兼容并包，以开阔的眼界，在平等互利的基础上建立广泛的战略合作伙伴关系。格力重视开放合作，也不意味着"拿来主义"，而是"以我为主"，充分吸收、整合、利用外部资源，发挥协同效应，为自主发展注入新的活力。

格力在其价值创造、队伍建设等各项企业经营管理活动中，既强调自主发展，也非常重视开放合作，发挥协同效应。一是以我为主开展技术研发合作。通过与高校等科研机构开展产学研合作以及同其他企业开展跨行

业合作等开放式研发合作，有利于格力降低研发成本，降低研发风险，提高技术创新成功率，充分发挥企业内外部资源的协同效应。二是与渠道商深化合作以求共赢。格力通过与大型家电连锁商、电商等营销渠道商开展合作，实现优势互补，获得新资源、新市场，有利于格力集中力量，获得新的竞争优势。

1. 以我为主，开展技术研发合作

格力坚持自主创新，取得压缩机核心技术、制冷技术领域的多项突破，真正掌握了核心科技。但在坚持自主创新的基础上，格力深知技术的发展与进步需要多方推动。格力坚持以我为主的开放式创新，与外部高校、科研机构及企业开展技术研发合作。通过外部合作，格力可以获得基础研究领域、应用研究领域和高新技术领域的研究成果，从而增进企业的技术创新能力，格力取得了包括无稀土电机等多项成果。在外部合作中，格力也在推动着整个制冷行业的进步发展。

一是开展产学研合作。 产学研合作是重要的知识创新模式，可以帮助企业及时掌握科技创新领域最新的信息和技术，不断增强企业自身的市场竞争力。成立产学研示范基地以及构建产学研联盟是格力进行产学研合作的主要形式。格力的产学研示范基地采用"企业＋高校"联合运作模式，立足企业实践，跨高校、跨学科整合优势资源，致力于企业核心技术研究、行业共性技术研究。目前，格力已经与清华大学、上海交通大学、西安交通大学、华中科技大学等高校、科研院所建立了合作关系，发挥科研院所和高校实验手段先进、理论基础扎实的优势，同时结合格力的工程技术开发能力，有利于提高合作各方的自主创新能力。此外，格力还搭建了国际科技合作基地，与马里兰大学等国外高校和研究机构合作，马里兰大

学拥有制冷专业世界一流的实验室，通过各种技术合作项目的实施，双方能够有效地开展技术研发合作。

二是跨行业合作研发。 跨行业合作研发主要是指不同行业的企业间通过签订技术合作协议、组成研发联盟等方式开展合作研发活动，有助于企业学习跨领域新技术、提高研发成功率、促进企业产品升级，是彼此提高自身核心能力的双赢通道。跨行业合作研发的重要作用是将看似无关的问题或是来自不同领域的想法成功关联起来，从而促进知识的流动、整合与创造。格力非常重视同其他制造业企业进行知识交流、技术合作与友好往来，以此激发合作双方的技术研发人员不断产生新的灵感并进行技术创新，同时竭力将科研成果转化为现实生产力。在与外界企业开展跨行业创新时，格力坚持资源共享、互利互惠的原则，创造出众多新技术、新产品。

2016年9月，为履行"让天空更蓝，大地更绿"的社会责任，格力电器和中国航天科技集团公司第一研究院就滤网型空气净化器产品的研发开展技术合作。经过整整80天的共同奋战，由双方合作开发的滤网型空气净化器产品顺利下线，首批下线5000台，并于2016年12月20日正式上市。该产品已通过国家权威机构检测，各项性能指标国际领先。

2. 深化渠道合作，实现共赢发展

营销渠道自主管控不是完全排斥其他营销渠道，而是要在以我为主的前提下，保持与多种营销渠道商的合作以求共赢。除了依靠区域销售公司开展销售工作，格力也紧跟着时代潮流和行业发展变化，加强同其他渠道商的合作。合作对格力而言是至关重要的，只要对企业经营有益的合作，格力都愿意尝试。2014年12月21日，董明珠接受《第一财经日报》关于电商看法的采访时表示："多种形式的营销是必然的。但涉足电商的时

机和销售的比重，由市场说了算。我们不会做不科学的硬性划分，市场需要怎样的渠道模式，我们就会本着对消费者负责的态度，来稳步推进让消费者满意的渠道模式。"

（1）**与电商平台合作开拓线上渠道**。随着互联网技术的飞速发展，越来越多的传统企业开始践行互联网模式思维，格力也积极推动着"互联网＋制造业"，把互联网作为有力渠道，让更多消费者能够爱上格力产品。格力通过与京东商城、天猫两家电商巨头展开深度合作，借助大型电商平台数量庞大的用户资源、低廉的信息传播成本等天然优势，让消费者以更低的价格获得同样甚至更好的服务体验。

（2）**与家电连锁企业再合作以求共赢**。对家电连锁零售企业而言，成熟的渠道网络布局和销售队伍是其明显的优势。2014年年初，格力、国美打破了10年不合作的局面，签订150亿元的年度合作协议。与家电连锁销售企业进行合作能够助推格力的销售业绩进一步提高，而有了产品优质、口碑良好的格力的加入，对家电连锁销售企业的知名度和美誉度的提高同样起到了较大的促进作用。通过与家电连锁销售企业再次合作，格力也在朝着更高的销售目标前进。

格力坚持走自主发展道路，以自主创新，掌握核心科技；以自主生产，保证产品质量；以自建营销渠道，强化渠道话语权；以自主培养人才，为企业的发展提供坚实的后盾，掌握发展的关键资源，不断强化竞争优势，促进格力空调的持续发展。同时，格力重视开放合作，以我为主，开展产学研以及企业间合作研发，降低研发成本，减少研发风险；开展供应链协同，实现共赢发展；充分发挥协同效用，整合、利用外部资源，使企业不断发展壮大。

原则3 坚守专注主义，开展多元拓展

在董明珠看来，"专注与坚守，是格力成功的关键。"㊀专注主义是格力人在实践中形成的一种精神信仰和价值追求，已经成为格力人的一种性格特征、思想情怀和行动自觉。格力的专注主义，可以诠释为敬业、乐业和专业。敬业体现为一种思想境界和行为规范，乐业呈现为一种身心状态和工作态度，专业表现为一种技术水平和创新创造能力。心怀敬业精神，胸怀乐业态度，身怀专业素养，是保证格力事业正确、健康、持续发展之根本，三者共同构成了格力专注主义的基本要素。㊁

但是，格力的专注并不意味着墨守成规，故步自封。只有顺应时代变化，把握发展机遇，抓住战略重点，才能保证格力在更大范围内、更多领域中和更高层次上参与市场竞争。随着供给侧结构性改革、中国制造2025等国家战略的陆续出台，我国制造业开始朝着高端化、智能化转型升级。格力响应国家战略导向，依托自身近30年在家电行业的市场深耕和技术沉淀，开始由专注空调产业转向全面布局智能制造、智能家居和新能源产业等领域，力争实现从"格力电器"向"格力电气"的转变，逐步自主建立起系统完备的电气工业体系。

方法7 坚守专注主义，追求完美极致

敬业、乐业、专业是格力专注主义的基本要素，三者之间相辅相成，缺一不可。若只有敬业之心而无专业之能，则如无本之木，缺乏根基，工

㊀ 格力电器. 专家大咖论道长沙智博会 董明珠：坚守专注 不忘初心[EB/OL]. (2017-12-06)[2018-04-07]. https://www.sohu.com/a/208786823_620915.

㊁ 张振刚. 论促进大学生事业发展之三要素[J]. 高校辅导员，2013(2):3-7.

作起来就会力不从心，事倍功半；若只有专业之能而无敬业之心，则如装备精良的舰队失去导航，空有一身本领无处施展；若只有敬业之心和专业之能，而无乐业之情，犹如一部机器没有润滑剂，机器的各部件不能协调互动，运行起来失之韵律和节奏，就不能高效持久地开展工作。格力坚守专注主义，不忘初心，始终以敬业的精神、乐业的态度和专业的能力，将每件事情做到极致。

1. 心怀敬业精神，追求完美极致

敬业，是尊崇自己的职业，以一种尊敬、虔诚的心灵去对待自己所从事的工作。在格力，敬业首先被视为一种崇高的使命感和神圣感。德国哲学家康德在他的《实践理性批判》中说："有两样东西，我对它们的思考越是深沉和持久，它们在我心灵中唤起的惊奇和敬畏就越日新月异，不断增长，这就是我头上的浩瀚星空和心中的道德定律。"一个人因为对事业怀有敬畏之情，才能够视自己的职业为天职，把自己的生命理想与工作紧密地联系在一起。董明珠说："怎么保持我们的敬业精神，这本身是一个很大的系统工程。"㊀从最初的"总经理12条禁令"，到后来的"总裁令"，再到现在的"八严方针"，格力以严格的制度规范员工的职业操守，并在每项制度实施之前通过组织学习和培训让每位员工了解制度的内容，理解制度颁发的缘由，认同制度实施的方式，培养员工的制度意识，从而不仅从制度上确保员工的敬业行为，更让敬业成为格力人内心神圣的使命。

其次，敬业源自于格力人对道德和信念的坚守。道德，指衡量一个人

㊀ 董明珠自媒体. 超10 000字纯干货！吴小莉深度对话董明珠【第一篇】[EB/OL]. (2018-04-02)[2018-04-07]. http://www.sohu.com/a/226986045_610723.

的行为正当与否的社会意识和观念标准；信念指一个人为了实现远大目标而产生的坚定不移、无比强烈的思想感情和意识。信念和道德能够使人迸发出无穷的力量去克服和战胜困难。董明珠提出的"改变掌控未来，奋斗永无止境"是一种信念，"三公三讲"是一种道德，均已成为格力人的一种文化。正是因为有了这样的信念引领和道德约束，格力人才会严格要求自我，以认真严谨、精益求精的态度对待工作，不断学习、勇于创新，将每件事情做到极致。

格力人心怀敬业精神，将敬业的内涵深入贯彻到格力的研发、生产、工艺、质量等企业价值创造活动中，深刻表现在三个方面：

- 一种专注至极的精神，格力大力弘扬工匠精神，强调将每一件事情做到极致。
- 一种追求完美的理念，格力坚持开展"零缺陷"工程，追求完美质量，铸就优良品质。
- 一种学习方式，格力积极开展组织学习，不断突破，勇于创新，持续自我超越。

（1）秉承工匠精神，打造极致精品。 专注主义的敬业精神直接体现为格力人在工作中秉承的"工匠精神"。什么是工匠精神？朱江洪认为工匠精神就是"精益求精，匠心制造，专业专注，力求完美"。㊀格力人以认真严谨、精益求精的态度，在产品的设计、工艺、制造等价值创造过程中力求至臻完美，力争打造极致精品。

格力全能王二代无缝面板的设计与研发过程就是工匠精神的体现。按

㊀ 第一财经.朱江洪:我在格力24年的奋斗与遗憾[EB/OL]. (2017-08-01)[2018-04-07]. http://www.yicai.com/news/5324737.html.

照格力原本的设计方案，空调机身和导风板之间的工艺接缝为0.8mm，这完全符合空调行业的国际标准。但董明珠认为0.8mm的缝隙大大影响了空调的美观，提出要将其控制在0.3mm以内。一条缝隙的宽度缩小看似微不足道，却对格力的生产工艺提出了更高水平的要求，需要对生产过程中的电子控制程序、模具等进行技术升级。格力研发队伍用近4个月的时间，才完成了技术攻关。但是，秉持着将空调产品打造成精品的目标，董明珠又提出把空调导风板的支撑连杆直接去掉。这种空调设计理念在实践中尚无前人经验可循，格力的研发团队经过反复试验，历经种种艰难，才逐渐取得技术进展，最终打造出一款追求极致的精品空调。⊖

在格力，敬业就是对一切事情都认真严谨、精益求精，于细微之处见精神，于细微之处见境界，于细微之处见水平。格力人以敬业之心秉持"工匠精神"，专注于每一个细节，打造极致精品。2018年新年伊始，格力在人民网主办的中国质量提升高峰论坛上荣获"人民匠心企业奖"，格力的玫瑰-Ⅱ空调产品荣获"人民匠心产品奖"⊜，这些荣誉正是对格力以匠心打造精品的充分肯定。

（2）树立质量"零缺陷"理念，追求完美质量。格力自成立以来始终坚持像修炼生命一样修炼质量，为消费者提供优质产品。1994年，朱江洪提出"精品战略"；1995年，格力建立了行业内独一无二的筛选分厂，对进厂的每一个零部件进行严格检测；1999年，格力全面推行"零缺陷"工程，向全体格力人灌输"零缺陷"的质量观念；基于对产品质量的信心，2005年格力开创空调行业先河，推出家用空调"六年免费包修"的售后

⊖ 董明珠自媒体. 董明珠管理哲学:管小事才能成大事[EB/OL]. (2016-04-13)[2018-04-07]. http://dwz.cn/7CTlL6.

⊜ 人民网. 中国质量提升高峰论坛暨2017"人民匠心奖"颁奖盛典在京举行[EB/OL]. (2018-01-15)[2018-04-07]. http://it.people.com.cn/n1/2018/0115/c1009-29766008.html.

政策，并提出"无需售后服务才是最好的服务"的理念，对格力人追求完美质量提出了更高的要求。以筛选分厂为例，格力的每一个零部件都要经过筛选分厂细致而严谨的检测，合格的将被送入生产线，不合格的直接退货，确保入厂的每一个零部件尽可能完美无缺。[一]格力正是用这样的"笨"办法，有效提高了空调产品的质量，为"好空调，格力造"的良好声誉奠定了基础。

董明珠经常用"100 – 1=0"的比喻来教育包括质量管理人员在内的全体员工，也就是说只要出现一个错误，其负面影响就足以摧毁之前累积的所有美誉。细节决定成败，一颗不合格的螺丝、一条不合规的缝隙……只要出现任何一处细微的瑕疵，这件产品就是失败的，且可能给企业带来严重损害。只有心怀敬业精神，以认真严谨、精益求精的态度专注于每个细节，才有可能实现整体的最优。

（3）开展组织学习，勇于创新，持续超越自我。 彼得·圣吉最先在其《第五项修炼》一书中提出，无论是企业还是员工，都要不断学习，不断获取新的知识，实现自我超越。格力坚持以问题为导向，以创新为驱动，开展组织学习，推动价值创造活动的开展。以格力压缩机的自主研发历程为例。2004年，为强化核心零部件的自主生产配套能力，格力收购了凌达压缩机。[二]但当时的凌达压缩机产品系列单一，并未掌握变频技术等压缩机核心关键技术，无法满足格力对压缩机的技术需求。为此，格力成立了一个机电研究组，自主开展压缩机研发。公司首先组织机电研究组成员深入系统地学习有关压缩机的理论知识，并以供应商提供的小型压缩机样

[一] 新安晚报安徽网. 解码格力工匠精神之一：神秘的格力"海关"部队[EB/OL]. (2016-06-16)[2018-04-07]. http://www.ahwang.cn/jingji/caijing/20160616/1531028.shtml.

[二] 珠海凌达压缩机有限公司官网[EB/OL]. (2018-04-04)[2018-04-07]. http://www.landa.com.cn/about/index.aspx?MenuID=02010201.

机为逆向工程的对象，通过对这些样机模型进行拆解，深度研究各个厂家压缩机的优点和缺陷，逐步积累压缩机的研发经验。2005年，格力成功研发出拥有完全自主知识产权的离心压缩机，这是中国家电行业首台拥有自主知识产权的离心机。

学无止境，考虑到独立自主地掌握压缩机技术对于格力长期发展的战略意义，2007年格力成立了专门研发压缩机和电机的机电技术研究院。以此为重要转折点，格力的压缩机技术研发进入了快车道。在公司的组织下，研究人员不断学习压缩机领域的最新知识，积极探索压缩机技术的前沿方向，通过与专家、学者等进行专业知识的交流学习与思想碰撞，通过学习融合格力原有的知识、技术，不断产生新的技术创新。经历反复试验，格力终于在2009年研发出世界首台高效离心机——"出水温度16～18℃离心式冷水机组"，经清华大学、中国制冷学会等机构联合鉴定为"国际领先"。⊖这一成果代表着当时制冷技术的制高点，打破了多年来国外空调厂商的技术垄断。

心怀敬业精神，是保证格力事业向前发展之基。正是由于格力人常怀敬业之心，不断学习，勇于创新，才能在压缩机领域走出一条从跟随到赶超再到领跑的技术创新之路。在专注主义的引领下，格力不断探索学习，持续开展创新，实现自我超越。

2. 胸怀乐业态度，在贡献中实现自我

乐业，是热爱工作，把追求事业进步当作生命的成长来体验，当作一种幸福来感受的过程。正如罗素所说，"使事业成为喜悦，使喜悦成为事业。"乐业的重要特征是以良好的心态应对工作的挑战。享受事业之乐是

⊖ 董明珠自媒体. 一步一步然后迈大步，格力的花样逆袭之路[EB/OL]. (2017-03-17)[2018-04-07]. http://wemedia.ifeng.com/10405211/wemedia.shtml.

一种工作态度，也是一种工作状态。格力注重引导员工以积极的心态面对工作，主要表现为格力人对事业的热爱之情、对同事的友谊之情和对工作的愉悦之情。

（1）注重文化认同，培养员工对企业的忠诚与热爱。孔子说："知之者不如好之者，好之者不如乐之者。"在格力的文化中，员工对企业的忠诚被放在首要位置。因为忠诚，就会专注情感，所以热爱；因为热爱，就会倾注大量的热情、时间和精力于工作之上，所以专注；因为专注，就会不断积累知识和经验，不断迎接挑战、克服困难，所以成功。

通过招聘和培训，强化员工对企业文化的认同。人心统一的基石是文化的认同，格力在人才选拔的招聘环节中，会有选择地从思想意识、价值观念上筛选与格力企业文化相吻合的员工。在员工入职后，格力通过开展入职教育、师傅带徒弟、常规的学习教育培训、军事训练等方式进行文化熏陶，引导员工认同格力文化，培养员工对企业和事业的热爱之情。

发挥领导干部的示范引领作用。格力相信，只有领导干部以身作则，才能起到上行下效的作用。2014年，某家电企业成立空调基地，以百万年薪挖角格力管理层，一位研究室主任抵住了高薪和股份诱惑，以担当诠释了对格力的忠诚⊖，为其他员工树立了榜样。

（2）加强组织关怀，发展同事情谊，提升员工企业归属感。美国心理学家马斯洛在其著名的需求层次理论中，把归属和爱的需求置于自我实现和尊重两个需求之前，这诠释了归属和爱对一个人事业发展的重要意义和基础性作用。董明珠认为，"如何让员工更爱自己的企业，如何造福员工，是企业家应该思考的问题。"⊖让每个员工感受到企业的理解和关怀，体面

⊖ 格力内部资料：2014年度干部会董总讲话。

⊖ 环球网. 格力给工人增加一百安装费背后的价值观[EB/OL]. (2016-09-28)[2018-04-07]. http://finance.huanqiu.com/xiaofeil/2016-09/9493240.html.

工作、体面生活，是格力凝聚人心、提振士气的有效方式。

格力十分重视提升员工幸福指数，投入巨资建设人才公寓，解决员工住房问题；连续两次为全体员工人均加薪1000元，让全员共享企业发展成果[1]；还为200多名随格力一起奋斗成长的老员工向珠海市政府争取解决户口问题，让员工感受到家的温暖与关怀。

以有效的工作沟通增强团队凝聚力，鼓励员工之间互帮互助，建立情谊。格力各级单位和部门都会定期召开各种例会，在一些原则性问题面前秉持就事论事原则，绝不敷衍，真正帮助同事解决问题，获得进步。格力人在面临挑战时，会有一个团结的集体与他并肩而行；在取得成绩时，会有一个温暖的集体与他分享喜悦……来自团队的强大支持，让格力人在工作中收获珍贵的情谊，提升企业归属感。

（3）营造有利条件，帮助员工建立工作自信，增强自我效能感。 乐业是对工作回报和奖赏预期的一种情绪体验。体验事业之乐在某种程度上建立在自我效能感的基础上。自我效能感是个体对自己能够成功地执行某一个既定任务或行为的知觉判断能力。格力重视培养员工自我效能感，使其能够对工作活动产生持续兴趣和满意感，进而给人以更大的动机和信心，强化其对职业身份的认同和承诺。

- 设置奖励机制，鼓励员工为企业做贡献。格力通过实施包括科技进步奖在内的一系列奖励办法，鼓励员工建言献策。
- 格力积极为员工争取省市及国家级荣誉，包括珠海市"高层次人才""青年优秀人才""高端产业人才""产业发展与创新人才"及"国家千百万人才计划""国务院政府津贴"等，提升员工自我效能感。

---

[1] 沸雪.董小姐再加薪，制造业转型如何留人[N].新京报，2018-02-28.

- 格力为员工提供了畅通的职业发展通道。通过职业晋升，提升员工对职业的认同和承诺。格力通过营造有利条件，帮助员工建立工作自信，员工也因此满怀对工作的热情，在克服困难的过程中享受成长之乐。

3. 身怀专业素养，不断提升专业能力

专业，在某种意义上表现为知识、能力和素质在工作者身上的高度统一。格力的专注，从专业的角度，主要包含两个层面。一是格力人努力积累实践经验，不断学习专业理论，提升个人的专业能力。二是格力为员工专业能力的施展积极创造有利条件，探索新方法为员工的工作实践提供科学的方法论指导。

（1）坚持理论学习与实践经验积累相结合，提高自身专业能力。 专业理论是关于各门学科专业的具体理论和系统知识。经验是体验或观察某一事物或事件后所获得的知识和技能。格力十分重视员工，尤其是管理人员的理论学习与实践经验。只有兼具理论与实践，才能成为一名合格的管理者。例如，格力创业初期，在冠雄模具和海利空调合并后，为了使冠雄的人马尽快掌握空调知识，朱江洪利用晚上时间把冠雄的领导、中层干部、技术人员、业务骨干集中在一起，请海利的技术人员上课，每人一个小塑料凳，坐在车间的过道上，当起"小学生"。白天再组织员工到一线生产车间巩固练习。最初就是通过这样的方式，培养出了一大批在空调领域拥有扎实理论知识与实践经验的企业骨干，为格力后续的发展奠定了重要的基础。⊖

（2）不断探索、总结新的科学方法，指导各项工作顺利开展。 方法论

⊖ 朱江洪. 朱江洪自传：我执掌格力的24年[J]. 企业管理, 2017(8).

是关于认识和改造世界方法的系统化理论。它帮助我们设计完成任务的一般途径或路线，是企业开展研究和工作实践的普遍范式。举例来说，格力在学习和吸收 ISO9000、六西格玛、卓越绩效模式等管理体系优点的基础上，于 2015 年提出了独具特色的 PQAM 完美质量保证模式，从质量管理过程出发，利用质量预防五步法进行事前过程严控，利用质量技术创新循环 D-CTFP 进行事后追溯。模式通过主动预防管控，保证了产品的适用性和可靠性，避免产品在使用过程中出现质量问题。经过不断完善丰富，2017 年，格力的"让世界爱上中国造"格力"完美质量"管理模式成果获得第三届中国质量奖。⊖

在专注主义的引领下，格力以敬业的精神、乐业的态度、专业的能力持续开展创新，不断自我超越，收获了一系列国际、国内荣誉。但是，专注并不意味着墨守成规，故步自封。如何与时俱进，由一个传统的专注空调制造的电器企业，转型为一个更加多元化的工业企业，一个更加国际化的跨国电气工业集团，格力一直在努力探索。过去几年，格力开始布局智能制造、新能源产业、数控机床和智能家居等领域并取得了一定成就，格力正致力于打造一个格力电气工业体系。

方法8　适应时代发展，开展多元布局

美国著名作家斯宾塞·约翰逊曾说，世界上唯一不变的就是变化。我们不能用一个"不变"的记号来应对一直在变化的事物，应用到国家和企业身上也是一样的道理。李克强总理在 2015 年《政府工作报告》中首

⊖ 中国质量奖. 第三届中国质量奖及提名奖建议名单公示[DB/OL]. (2017-12-22)[2018-04-07]. http://zgzlj.aqsiq.gov.cn/tzgg/201712/t20171222_509389.htm.

次提出"中国制造2025",坚持创新驱动、智能转型、强化基础、绿色发展,加快从制造大国向制造强国转型。格力主动适应经济发展新常态,积极响应国家号召,转变发展思路。为此,格力在其2014年度报告中明确表示,"要力争在各方面实现新的更大的突破,将格力电器从一个专业生产空调的企业发展成一个多元化的集团性企业。"

何为多元化?多元化是企业同时经营两种以上基本经济用途不同的产品或服务的一种发展战略,包括相关多元化和不相关多元化两种基本类型。㊀当企业进入一个其技术和产品对现有业务形成互补的行业时,企业原有的专业化经营基础,可以为其进入新的经营领域提供必要的基础技术、资金、人力和管理支持。格力选择技术相关多元化道路,正是其在洞察市场发展信息,结合自身情况全面而审慎地评估预期收益与风险后做出的慎重决策。格力以其在空调制冷领域多年积淀的技术成果为基础,逐渐由专注空调产业向全面布局空调、智能制造、智能家居、新能源产业转变,开展技术相关多元化布局。

1. 推进生产自动化,发展智能装备

升级中国制造,装备制造升级是必经之路。我国虽然在制造业方面发展快速,但在上游装备领域仍受进口供给的桎梏。㊁《中国制造2025》中明确提到要加快发展智能制造装备和产品,推进制造过程智能化。随着格力迈进技术相关多元化时代,在智能装备领域的战略布局成为格力多元化发展的重要一环。

㊀ 戴维. 战略管理:概念与案例(全球版)[M]. 北京:中国人民大学出版社,2012.
㊁ 段树青. 科技创新厚积薄发 自主发展掌控未来 格力供给侧改革闯出转型升级之路[N/OL]. 人民日报,2017-10-09[2018-04-07]. http://paper.people.com.cn/rmrb/html/2017/10/09/nw.D110000renmrb_20171009_1-19.htm.

（1）**制定发展规划，夯实前进基础**。格力是国内家电行业较早布局生产自动化的企业。2012 年，董明珠当选为格力电器董事长之后抓的第一件大事，就是制定格力自动化发展规划，以 "3~5 年实现无人车间" 为目标，以 "重点突破，分期实施" 为战略思路，围绕总装、配套、仓储等关键流程建立自动化体系。㊀格力先后设立自动化办公室、自动化设备制造部、自动化技术研究院、智能装备技术研究院等技术单位，并于 2015 年成立智能装备全资子公司，随后又在武汉成立了首个智能装备产业园。截至 2017 年，格力已建立五家智能装备相关公司，拥有四大产业园区。㊁格力以人工智能为技术抓手，以自主创新为成长基因，在智能装备领域坚持自主研发生产，以先行者的姿态深耕装备制造领域。

（2）**明确发展主线，实现重点突破**。自 2012 年提出自动化发展规划后，格力内部就是否沿循在空调领域的做法走自主研发道路开展了讨论。反对者认为智能装备仅作为实现生产自动化的基本工具，可直接从市场购买，无须额外投入资金研发。直到同年格力开始对生产线开展升级改造，需要从日本进口一批注塑机械手。格力请求对方开放一个接口，但是日本企业提出每开放一个接口要加收 2 万元的接口费。㊂格力意识到，无论是在空调领域，还是在智能装备领域，要想不受制于人，只能走自主研发道路。经过深思熟虑，格力锁定了工业机器人和机床装备两大领域，力争在关键技术领域实现重大突破，在完成自身制造系统转型升级的同时，为

㊀ 叶碧华. 董明珠坚持自主研发 "无人化" 生产再造一个格力[N]. 21世纪经济报道，2015-11-24.

㊁ 人民网安徽频道. 格力智能制造上《人民日报》了! [EB/OL]. (2017-09-15)[2018-04-07]. http://ah.people.com.cn/n2/2017/0915/c227767-30738086.html.

㊂ 卫杉. 坚持自主创新 掌握核心技术 格力电器向中国智造转型[N/OL]. 人民日报，2017-09-12[2018-04-07]. http://paper.people.com.cn/rmrb/html/2017-09/12/nw.D110000renmrb_20170912_1-23.htm.

"中国制造2025"提供一批高端装备。○

在工业机器人领域，格力经历注塑机械手进口事件之后，开展了专项技术攻关，经过多月努力，格力自主研制的注塑机械手成功下线。◎此后5年内，格力在工业机器人研发上的投入达到了10亿元。工业机器人的关键零部件均实现了自主研发和生产。当前，格力已在全国八个基地完成机器换人改造，实现了"无人工厂"。◎在机床装备领域，格力在智能装备技术研究院成立之初就提出了研发数控机床的目标。面对80%的高端数控机床仍然需要依靠进口的情景，格力通过自主创新攻克数控机床的核心技术，成功研发出包括GA-F500五轴联动数控加工中心在内的多款机型产品，不仅实现了空调生产线所需数控机床的自给，还能够应用于航空、航天、军事、科研、精密器械、高精医疗设备等行业，代表了智能制造的领先水平。

格力正由一个专业化的空调企业，转型为一个全球工业集团。2017年，格力全球累计销售智能装备3136台套，实现营业收入21亿元，智能装备产品覆盖伺服机械手、工业机器人、智能仓储装备、智能检测、换热器专用机床设备、无人自动化生产线体、数控机床等10多个领域◎，产业格局基本形成◎。

○ 格力电器十三五发展规划报告。
◎ 卫杉. 坚持自主创新 掌握核心技术 格力电器向中国智造转型[N/OL]. 人民日报, 2017-09-12[2018-04-07]. http://paper.people.com.cn/rmrb/html/2017-09/12/nw.D110000renmrb_20170912_1-23.htm.
◎ 金芳. 13年销售量领跑全球 19项新技术国际领先 格力用创新诠释"品质革命"[N/OL]. 人民日报, 2018-03-16[2018-04-07]. http://paper.people.com.cn/rmrb/html/2018-03/16/nw.D110000renmrb_20180316_1-18.htm.
◎ 珠海格力智能装备有限公司官网[EB/OL]. [2018-04-07]. http://www.gree-ie.com/zh-cn/.
◎ 董明珠自媒体. 2017迈进新时代！2018格力新启航！[EB/OL]. (2018-03-02)[2018-04-07]. http://www.sohu.com/a/224690704_610723.

2. 布局智能家居，建立家居物联网

格力在2018年"家博会"中，为消费者展示了一系列充满"黑科技"的智能家居产品和应用场景——自动测量房间面积实现节能送风的AR空调、"瞬冷冻"的晶弘冰箱、"烟灶联动"的大松厨具……格力通过布局智能家居，建立家居物联网，将"让生活更简单"的理念逐步融入其智能家居领域的种种产品，满足用户对智慧生活的美好向往。

在消费升级背景下，智能家居产业迎来新一轮发展契机。[⊖]作为中国家电行业的代表企业之一，格力以点及面，稳步推进智能家居领域布局，构建智能家居系统。从家电单品的智能化，到不同场景下多个产品的互联互通，格力逐步打造了以住宅为平台，以智能连接、智能交互、智能感知、智能云平台、智慧能源管理系统、人工智能六大关键技术为基础，以智慧能源、智慧空气、智慧用水、智慧食物四大管理系统为核心的智能家居系统。不仅如此，格力还自主研发了智能云平台，并在全球部署了多个云服务中心，可快速服务全球用户。用户通过"格力+"智能控制系统可以实现对产品的远程监控、日程管理、情景管理、设备联动等智能化控制，享受安全、便利、舒适的智能化服务。

3. 进军新能源产业，致力节能环保

面对全球气候变暖、可再生能源枯竭等现状，如何实现可持续发展已成为全人类面临的共同命题。格力坚持"让天空更蓝，大地更绿"的发展理念，致力于为行业技术进步和转型升级贡献更多力量。

格力认为，尽管空调产品在传统技术发展路径上已达到较高的能效

⊖ 中工网. "潜力股"智能家居再迎政策支持[EB/OL]. (2018-03-21)[2018-04-07]. http://www.nbd.com.cn/articles/2018-03-21/1201073.html.

比,但空调耗电在家庭耗电中仍占较大比例,要进一步节能降耗,空调的新能源化是必然趋势。若建立独立的光伏电站,其所发的电能经逆变器接入电网,传统空调再从电网取电,电能在此过程中经过多次转换,能量损耗巨大且设备成本高昂。因此,为了将光伏发电引入空调系统,必须要寻找到一种可以优化设备配置、减少能量耗损的方法。格力凭借在电器设备领域深厚的技术积淀,以掌握核心科技的自主创新工程体系为支撑,创造性地提出将光伏发电与空调用电进行跨界集成研发。为此,公司组建了跨专业团队,包括经验丰富的市场与产业研究专家、光伏及空调技术专家、质量管理专家、市场运维专家等骨干研发团队,攻关光伏空调的能量转换、传输、调配等关键技术,以在安全、高效、稳定、节能等方面实现突破,探索传统空调的新能源化以及光伏直驱的技术和方法。2013年,格力光伏直驱变频离心机组成功面世并在厂区应用,初步实现"零耗能"目标。[⊖]

用专注积累竞争优势,用多元适应时代变化。格力在发展历程中,通过二者的有机结合,将专注主义理念推广应用到多元化拓展下新的业务领域,力求"干一行,爱一行,专一行,精一行"。坚守专注主义,开展多元化拓展,已经成为格力转型时期的强大思想武器,支撑着格力不断发展前行。

原则4　立足当下,着眼长远

对企业而言,把握住当下才能赢得未来。只有把当下的事情做好了,企业才有实力向社会提供优质的产品和服务,才有能力开展自主创新、掌

⊖ 格力电器官网. 国内家电行业唯一 格力再获国际质量创新大奖[EB/OL]. (2018-03-21) [2018-04-07]. http://www.hzglktsh.com/Article-detail-id-888569.html.

握核心科技，才有动力承担企业社会责任并履行企业义务，从而朝着更加远大的目标前进。

"立足当下，着眼长远"指的是格力在脚踏实地做好眼前每一件事情的同时，居安思危，未雨绸缪，着眼于企业的长远发展。为保证产品的质量，格力始终坚持"不怕吃亏的工业精神"，宁可少赚一点钱也要采用最优质的原材料，宁可用最"笨"的方法也要对产品的每一个关键零部件逐一地仔细筛选。为赢取竞争优势，掌握核心科技，格力始终坚持自主创新，坚持研发投入"不设上限"，坚持自主培养科研人才，坚持自主搭建技术创新平台，宁可"慢"一点，也要潜下心来研究国际领先技术。

方法9 立足当下，追求完美质量，夯实发展基础

完美品质是格力安身立命的根本。正是由于对完美质量的追求，格力才能从激烈的市场竞争中存活下来，才能在消费者心中树立"好空调，格力造"的品牌形象。对格力而言，从质量意识的自觉萌发，到全面质量管理体系的形成，再到"完美质量"模式的探索，这是一个不断夯实质量基础的过程。

1. 质量关乎两个生命

董明珠说，质量关乎两个生命，一个是消费者的生命，另一个是企业的生命。董明珠还认为，做企业要有"不怕吃亏的工业精神"，不能以短期目标为发展导向，目光要更加长远。

（1）**重视消费者的生命，坚持"不拿消费者做试验品"**。在格力看来，企业在将新产品推向市场的时候要保证产品的质量和性能与广告宣传的内

容相一致，不能让不成熟的产品投向市场。以变频空调为例，20世纪90年代中后期国内企业开始引进变频空调技术，一些企业在产品性能不稳定、质量得不到保障的情况下就将变频空调产品推向市场，导致这些产品存在一定的质量问题，引发了消费者的不满。那时也刚好是格力"冷静王"分体式空调的研发时期，该产品能效比达到3.35，噪声仅34.2分贝。格力尤为关注"冷静王"的产品质量，因而在技术不成熟的时候坚决不允许将其推向市场。

与这些倾向于短期利益而不重视产品质量的企业不同，格力选择静下心来继续研究变频技术，不仅要求"冷静王"在能效比较高的情况下达到较低的噪声标准，还要求其必须通过一系列反复的技术测试和严格的质量检测，从而保障变频产品的稳定性和可靠性。"冷静王"因为极好的质量和良好的性能，推向市场后一举成功，赢得了消费者的广泛赞誉。

（2）**着眼企业的长远发展，宁可少赚一点钱，也要确保产品质量**。对刚成立的格力而言，想在激烈的市场竞争中"活下去"，就要更加注重产品质量。因此，格力在做空调的时候，用的原材料和零部件往往要比其他一些厂商更加重一些、厚实一些、质量更好一些。在格力看来，做精品就要坚持"不怕吃亏的工业精神"，宁可少赚一点钱、多吃一点亏，也要保证产品的质量。以格力蜂鸟空调为例，2002年12月21日，广水市一位格力用户致电珠海格力总部反映，因家人用火不当造成家中物品几乎全部烧毁。其家中一台挂在墙上的格力蜂鸟空调室内机外壳经大火灼烧严重变形，部分零件受损，而内芯主要部件如蒸发器、主控板、步进电机、电扇风机、贯流风叶、接收头等虽经大火洗礼，但通电后仍能正常送风、制冷、制热。[¹]为什么格力蜂鸟空调能够"浴火重生"？这不仅归因于格力

⊖ 吴晖. 真金不怕火炼[N]. 格力电器报，2003-01-20.

采用了质量过硬的零部件产品,还得益于格力"质量关乎生命"的质量管理理念的有力践行。在原材料价格上涨、空调利润微薄的情况下,一些企业为了降低成本会采用低质低价的零部件产品,从而获取短期经济利润。然而,格力始终坚持"不怕吃亏的工业精神",选择名牌压缩机以及优质镀锌钢板、螺纹铜管等核心零部件、原材料来确保产品的优质。

尽管"不拿消费者做试验品"的做法可能会牺牲企业部分短期利润,但格力却因卓越的产品品质赢得了广大消费者的信任,走出了一条独具格力特色的质量管理之路。

2. 追求"零缺陷"、坚持"高标准",像修炼生命一样修炼质量

一个企业能否长久地发展下去,关键在于产品的质量能否得到越来越多消费者的认可。像修炼生命一样修炼质量,格力在企业发展的过程中始终坚持"零缺陷"的质量管理理念和"高标准"的质量管控要求。

(1)**追求"零缺陷"的质量管理理念**。格力在打造优质产品的过程中形成了精益求精、追求完美、不断进步的"零缺陷"质量管理理念。为做到产品零部件质量的"零缺陷",格力建立了行业独一无二的筛选分厂,这个筛选分厂里的工作人员不直接创造效益,只负责对进货的所有关键零部件进行100%的筛选。所有零部件产品连最小的电容都必须经过严格测试,合格之后才能提供给组装车间进入下一步生产环节。这一举措被外界评论为"最笨的方法",而格力人却坚持用"最笨的方法"进行质量管理,从而制造出最好的空调。这看似耗费了大量的人力和财力,但格力人却有自己的见解:只要有1%的零部件不合格,生产出来的空调成品就是100%不合格,那么就会存在严重的质量问题,因此筛选工厂的投资是必不可少的。

此外，为做到生产全流程的"零缺陷"，格力自1999年开始在内部大力推行"零缺陷"工程，向全员灌输"零缺陷"的质量观念，并在设计、制造、采购等环节大力推广"零缺陷"理念，使格力空调的返修率大大降低。2000年之前，某著名电商所销售的空调产品的返修率在百分之一左右，在消费者看来已经达到了较好的质量要求。然而，格力的返修率却远远低于业内同行，比如当时美国一家企业订购了4万台格力空调，结果发现有问题的只有4台，这意味着这批格力产品的返修率仅为万分之一。

（2）坚持"高标准"的质量管控要求。格力始终要求自身的技术标准要严于国家和国际标准。这种高标准的意识有效提升了格力的产品性能。2006年的夏天，重庆地区酷暑难耐，连续96天大旱，甚至一度出现了44.5摄氏度的高温天气，居高不下的温度让大部分空调无法正常制冷。高温环境下，尤其是当室外温度超过43摄氏度的时候，大部分空调室外机由于所在的小空间空气不流通以及本身散热能力有限，散热器散出来的热量没办法及时流走，最终导致空调不制冷。但是，格力空调在这种情况下却依然坚持正常工作、正常制冷，在酷暑天气下为重庆人民带来健康舒适的清凉环境。这是因为，格力对自身空调产品的质量标准有着极为苛刻的要求。按照国家和国际标准，一般空调可针对最高气温43摄氏度来设计，而格力却要求自己的产品超过上述标准，将最高温使用标准提升至52摄氏度，满足了极高温地区的制冷需求。此外，按照国家标准，只要空调产品里的电容在表面70摄氏度的情况下能正常运行600小时就可以判定为合格，而格力却坚持更高的标准和更严苛的要求，将电容正常运转的时间提升至2000小时。○

○ 人民网."严"有多少 "爱"就有多少：来自格力电器大家庭的报道[DB/OL]. (2014-05-05)[2018-04-03]. http://society.people.com.cn/n/2014/0505/c1008-24978258.html.

近30年来，格力始终坚持"零缺陷"的质量管理理念和"高标准"的质量管控要求，像修炼生命一样修炼质量，持续不断地为社会提供优质的产品与服务。

3. 探索"完美质量"模式，不断夯实质量基础

随着格力内部质量管控的不断成熟和发展，格力高度重视质量体系建设，构建了"一核四纵五横"全面质量管理体系。在此基础上，格力继续探索，将多年来格力的质控理念、运行机制、管理方法和成功经验进行系统化、理论化的归纳和总结，形成了"让世界爱上中国造"格力"完美质量"管理模式。该模式在格力的全面应用和推广，不仅让格力先进的质量管理理念深入广大员工的内心，有力推动了格力内部质量管控流程的优化和完善，有效提高了质量管理水平，而且为格力的进一步壮大和发展奠定了坚实的质量基础。

方法10　着眼长远，以创新作为动力，赢取竞争优势

"没有自主创新，就没有格力今天的辉煌成就，掌握核心科技是格力立身于强手之林的法宝。今后格力将继续依靠科技创新，研制出体积更小、能效更高的产品，继续在空调领域走在世界前列。"董明珠说的这番话阐述了格力多年来品牌塑造的成功之道：以创新作为动力，赢取竞争优势。

1. 掌握核心科技才有未来

对制造业企业而言，自主创新是打破国外领先企业技术垄断的必然选择。20世纪90年代，国内制造业由于发展水平较低，许多企业主要从技

术领先的发达国家引进先进技术，从而在较短的时间内缩小与国外领先企业的技术差距。这种快速的技术获取方式虽然能够在短期内较快地弥补发展短板，但却无法真正形成企业的技术竞争优势，不利于企业的长远发展。

格力在成立早期就意识到想在家电制造业这条路走得更远，就必须通过自主创新掌握核心技术。前任董事长朱江洪赴日本购买变频多联空调核心技术被拒的事件是格力实施自主创新战略的导火索。

（1）着眼长远，选择自主创新的发展道路。比起被拒绝而无法完成招标工程项目带来的短期经济损失，格力的高层管理人员更加看重的是格力乃至整个中国的家电企业同国外技术领先企业之间的差距，而这种差距的根本原因就在于中国企业未能真正掌握核心技术。如果单纯靠引进技术来推动企业发展，不仅很难实现对领先企业的全面赶超，还将会面临被长期锁定在产业分工格局低端的危险。因而，格力毅然选择自主创新的发展道路。

（2）掌握核心科技，实现自主发展。产业发展的规律和残酷的市场竞争，让格力认识到，最尖端的核心技术是买不来的，只有自主创新才能摆脱核心科技受制于人的局面。也正是由于明白了这个道理，格力走上了对自己要求极为苛刻的自主研发之路。例如，为了掌握变频多联空调核心技术，格力人使出了浑身解数，拼尽全力搞研发。最终在不到两年的时间里，在没有任何图纸、仅有一本产品说明书的情况下，格力成功研发出了多联机技术，彻底打破了日本企业的技术垄断。

格力始终坚信，只有真正掌握核心科技，才能摆脱核心技术受制于人的被动局面，才能真正掌握竞争和发展的主动权，才能实现企业的自主发展。作为中国家电制造业的领军企业，格力有责任和义务走在自主创新的前列，掌握更多自主研发的核心技术。

2. 创新没有捷径，唯有"厚积"才能"薄发"

任何创新目标的实现都可能有两条完全不同的路径选择，一条是快的，一条是慢的。辩证地看，快的创新路径比如技术购买和技术引进是一种诱惑，但快的创新路径也是最不能支撑企业长远发展的，因为企业没办法通过快捷的路径形成自己的技术竞争优势；慢的创新路径需要耐得住性子去坚持，初期虽然效果不显著，但后期却可以快速地发展起来。创新没有捷径，唯有"厚积"才能"薄发"。格力就是选择"慢"创新路径的企业，在其看来，创新就是要踏踏实实地做产品、搞研发、积累技术知识，从而为技术创新奠定良好的基础。

（1）长期持续的创新投入保障技术研发的稳定性和持续性。技术研发是一项风险性很高的活动，高研发投入和高技术回报并不一定成正比。很多企业为了短期的经济回报往往会忽视长期的创新投入，它们既不想承担较高的研发费用，也不愿意培养更多科技创新人才，这也决定了这些企业的发展道路注定不会走得长远。为满足技术研发需要，格力每年投入大量资金到公司的研发项目当中。得益于"不设上限"的科研投入制度，格力坚持科研人才的自主培养，现有的8万多名员工中有1万多名为科研人员。格力还建成了行业内规模最大、研究试验项目最齐全的高水平试验研发综合平台，保障了技术创新的稳定性和持续性。当被问到"格力的研发经费是多少，2%、3%，还是百分之几"这样的问题，格力的干部就会这么回答："在格力的概念中没有百分之几，只要有需要，格力就会投入。"

（2）创新没有捷径，需要稳扎稳打地积累技术知识。格力认为，脚踏实地的基础研究积累是提高创新能力的基础和前提。为更好地积累技术知识，格力着力构建科技创新体系，自主搭建企业技术创新平台，为格力开展基础研究和应用研究奠定重要基础。例如，2015年格力获批建设空调设备及系统运行节能国家重点实验室。一方面，通过建设国家重点实验室开展前瞻性基础研究，为格力技术创新发展夯实技术基础；另一方面，建设国家重点实验室能够有效汇聚更多的创新资源，实现更多核心技术的创造和积累，为格力的创新发展奠定更加强大的基础。

"天下难事必作于易，天下大事必作于细。"这句源于《道德经》的话深刻地揭示了格力成功的经验：企业若想要实现基业长青，就要立足眼前的发展需要，不断夯实当下的发展基础。

第3章
制度规范

制度规范是格力的上层建筑,是保障格力有序运行的体制基础和活力之源,是格力人近30年实践的智慧结晶(如图3-1所示)。在先进发展理念的引领下,格力的制度规范讲求科学制定、严格执行、有效落实。通过规范员工行为,制度规范指导着格力人高效开展价值创造活动。

第一,制度建设要讲求科学性,坚持"三公三讲",以建立严明、互信、互助、共创的制度环境;尊重客观事实,遵循客观规律,制定科学、严谨的程序和规章;同时重视民主参与制度建设,强调集思广益;并通过体系化的制度设计来保证规范员工行为的可操作性。

第二,制度化管理要坚持严字当头,通过严格制定、执行各项制度,落实"八严方针";同时注重营造严肃的制度氛围,建立监督检查机制,奖罚严明,强化过程管控并考核制度落实的效果,保障企业的顺利发展。

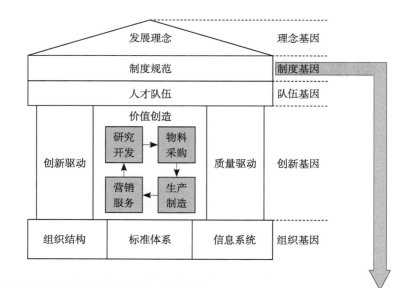

原则5	遵循"三公三讲"原则,制度建设讲求科学性
【方法11】坚持"三公三讲",开展制度建设。善处两个辩证关系,建立三个协同关系,从而建立严明、互信、互助、共创的制度环境
【方法12】坚持问题导向,科学制定制度。制度建设按照问题识别、分析论证、方案制订、评估优化四个步骤开展
【方法13】强化民主参与,重视集思广益。制度建设遵循自上而下、自下而上两个路径,既要科学决策,又要民主参与
【方法14】制度设计体系化,有章可循操作化
原则6	落实"八严方针",制度化管理严字当头
【方法15】"八严方针",从严管理
【方法16】严格执行,狠抓落实。营造严肃的制度氛围;建立监督检查机制,强化制度执行的过程管控;奖罚严明,明确员工行为的"高压线"

图3-1 格力管理屋之制度基因

原则5　遵循"三公三讲"原则，制度建设讲求科学性

企业制度规范是企业活动的规则系统，包括企业生产经营中的重要规章、规定、规程和行动准则等，其本质是企业运行规律的外在表现形式。用制度保证企业管理规范化的前提是制度具备科学性，制度的科学与否直接影响到企业内部是否公平、正义、和谐。制度是否具备科学性，关键在于制度内容是否符合客观规律。格力强调以实事求是的态度，制定科学有效的现代企业制度。实事求是是马克思主义哲学的方法论，它要求一切从客观实际出发，认识规律、尊重规律和利用规律，严格按照客观规律办事。

董明珠认为，企业制度建设，应当坚持"三公三讲"原则。格力的制度建设，还基于规制、道德、文化三大支柱，按照问题识别、分析论证、方案制订、评估优化四个步骤，遵循自上而下、自下而上两个路径，致力于构建具体细化、系统健全的制度体系。格力的制度内核在于通过坚持"三公三讲"原则，善处两个辩证关系，建立三个协同关系，从而建立严明、互信、互助、共创的制度环境。具体而言，格力在制度建设的过程中，一是坚持"三公三讲"六个原则，建设现代企业制度，同时又反过来以科学的制度营造"三公三讲"的组织氛围，"三公三讲"体现了格力科学管理的两个辩证关系和三个协同关系，即过程导向与结果导向的统一、组织承诺与个体承诺的统一，以及员工与员工、员工与组织、部门与部门之间的协同关系，这既是一种强制性约束，也是一种道德约束，更是一种文化认同；二是坚持问题导向，立足企业经营管理实际，通过问题识别、分析论证、方案制订、评估优化四个步骤发现问题、分析问题、解决问题，并将解决方案固化为企业的制度规范；三是强化民主参与，采用自上而下、自下而上两个路径，确保制度的制定能集思广益、群策群力，这不

仅使制度内容体现了集体智慧，还能促使员工达成组织共识；四是注重强化制度体系建设工作，使制度体系具体细化、系统健全，从而规范员工行为，保障做事有科学依据，体现了制度建设对组织有效性的重要影响。科学的企业制度规定了企业成员应有的行为规范和处事准则，明确了企业成员之间的关系与交往规则、企业与员工的关系和企业对社会的责任。

方法11　坚持"三公三讲"，开展制度建设

董明珠强调，"现代企业制度必须建立在'公平公正、公开透明、公私分明''讲真话，干实事；讲原则，办好事；讲奉献，成大事'的基础之上"，"三公三讲"原则是格力始终贯彻的经营管理方针，是格力制度设计必须遵循的重要原则。

"公平"是指公道平等、一视同仁。格力的制度设计始终坚持公平原则，正如董明珠所言，"制度不能因人而设、因人而异"，只有讲求制度面前人人平等，才能有效维护制度的权威性和严肃性。例如，在格力发展早期，"刑不上大夫"的现象时有发生，在颁布"总经理令"不久，就有两名干部明知故犯，违反禁令，当时有人向朱江洪求情，说他们毕竟是干部，给一次改正机会，可朱江洪依然毫不动摇地根据禁令开除了这两名干部。又如，早在2001年，格力开始在内部实行中层干部公开招聘制度，以其扁平化、多维度的特点保证了干部招聘工作的公平性。所谓扁平化，是指干部招聘面向全体基层员工，凡是有意竞选干部岗位的员工均可直接申报参与招聘，打破了传统干部招聘可能存在的人身依附关系。多维度则指干部公开招聘主要从思想、能力与文化三个方面对竞聘人员进行资格审查，不仅要充分考虑员工绩效表现，还要从岗位匹配度的角度对竞聘

人员进行测评，真正做到公平竞争、人岗匹配。"公正"是指正直、不偏私，按照合理的标准和正当的程序进行客观的价值判断。格力注重建立公正的企业制度，提倡消除个体偏见和主观判断，从根本上保障员工的基本权益。例如，格力建立了面向员工的价值评价机制，从价值评价指标与价值评价程序两方面入手，构建了科学规范的双维考核评价指标体系，确保了员工的能力及努力程度与其获得的回报、发展机会相对等，让真正的贡献者感知到被肯定、认可，营造出一个人人肯努力、人人有希望的企业氛围。又如，格力干部绩效考评制度由企业管理部统筹，对格力中层干部进行四个维度的绩效考评，即关键绩效指标（KPI）、关键绩效事件（KPE）、综合素质测评以及管理创新项目考评，其中，KPI和管理创新项目考评依据各单位考评维度和权重分布展开，综合素质测评从"德、能、勤、绩、廉"等方面对干部进行关键能力态度考评，关键绩效事件则是对业务及企业运营具有负面影响的不可接受事件以及产生积极作用的事件加以记录和补充，真正做到客观、公平、公正、科学地考核每一位中层干部的工作。

水至清亦有鱼，"公开透明"是董明珠的经营理念，也是制度化管理的客观要求。格力内部有句流传许久的话，"就像阳光是世界上最好的防腐剂一样，最科学的管理方法就是公开透明。"将制度的建设与执行情况公开，才能广泛接受群众的监督，减少制度建设与执行的随意性，引导企业直面问题，加强制度建设与管理改善。格力主要通过工作流程制约、信息披露、权力管控等形式推进制度建设与执行的公开透明。

工作流程制约是指建立跨部门的工作配合与监督机制，保障工作流程改进、管理制度制定的公开透明。在颇具特色的"三权结构"供应商管理制度中，格力的筛选分厂负责对外协外购件以及供应商提供的来料进行全检，物资采购中心负责搜集与新研发产品相关的新零部件供应商的资源，企业管理部外管科负责对物资采购中心提供的供应商进行资质考核与评估，三个部门之间的制约与监督保证了供应商开发过程以及结果的公开透明。

信息披露，也称信息公开，是指企业在运营期间，将企业运作的重要信息予以持续或定期公开，保障企业全体员工的知情权和监督权。例如，格力建立三级工资公示制度，通过信息公开减少劳资纠纷和罢工事件。所谓三级，是指格力员工工资需历经车间级、工厂级和公司级三个层级的公示。

- 车间级公示由各生产车间负责，通过在每月1~2日进行员工考勤情况公示（主要包括事假、病假、产假等信息的公示），通过对收集的员工反馈意见进行二次核实，从而保障考勤信息的准确性，避免出现考勤信息错误，有效疏导一线工人的情绪。
- 工厂级公示由各生产分厂负责，每月5~7日进行生产绩效考核公示，对每位工人的考核情况进行公示，确保考核工作公平公正。
- 公司级公示是指格力每月12~13日在全公司公示员工工资分配预案，内容涉及每位员工各项考核的指标系数以及最终的工资水平，基于此，依据无异议的工资分配方案于当月中旬发放工资。

三级工资公示制度保证了工资分配全程的公开透明，能够循序渐进地征集员工的意见，有效地疏导员工的误解和不满。此外，格力还搭建专用的信息化平台实现信息的公开与共享。例如，为了确保采购流程的公开透明，格力于2006年建立了供应链协同平台，通过该平台加强对信息流与资金流的数字化管理，实现采购计划、分发计划、运输计划等信息的公开透明。

权力管控是指加大对权力的规范化与公开化监督力度，让权力和利益在阳光下运行。董明珠多次强调，"可以在台上拿一百万，绝对不允许在台下拿一分钱。"众目睽睽，人人可见，避免权钱交易的有效途径，就是采取公开化的权力监督方式，制定切实有效的权力监督机制。

"公私分明"是格力指导员工正确处理个人利益和群体利益的原则。格力鼓励员工通过合法、合乎企业制度要求、合乎道德要求的途径获取个人利益，绝不允许建立在损害企业利益基础之上的个人利益获取。公私分明在制度建设上具体表现为领导干部在手握公权时廉洁公正、摒弃私心，不能以权谋私，用本来应该是为集体谋取利益的权力换来"私"利。领导干部倘若公私不分，就容易滋生腐败现象。格力曾有一位办公室主任，是经他人推荐到格力工作的。起初该主任是位十分能干的干部，也得到了上层领导的赏识。后来公司规模扩张，该主任负责基建事宜，但由于基建工作涉及很多复杂的人事关系以及金额巨大的交易，这位权力在手的主任经不住诱惑，开始涉足一些贪腐违法的灰色地带，出现了种种问题。时任董事长朱江洪和总经理董明珠早已反复在格力内部明确要求，必须秉公执法，一旦干部出现腐败，不管是谁推荐来的，不管能力多强，一律公正处理，绝不偏袒。最终，格力电器秉持公私分明的方针，将掌握的相关线索移交检察院，经过调查取证后，公检机关证实了该主任的违法行为，及时将其控制。

"讲真话"是道德层面的制度建设，表现为一种道德约束。董明珠认为，实事求是，不欺瞒、讲真话，是做人做事的基本准则，只有在员工与员工之间、员工与组织之间、部门与部门之间形成求真务实的作风，才能建立起员工、部门、组织之间相互信任的纽带，才能更好地凝聚力量，干好实事。"讲原则"是规制层面的制度建设，规制层面的制度是强制性的规则、规章。格力注重建章立制，"讲原则"使全体员工在制度框架内行事，规范着全体员工的行为，引导员工办好事。例如，格力针对产品质量事故专门建立了质量督查制度，规定任何质量事故都要严格追究上下级的共同责任，避免出现干部将责任推卸给下属承担的情况，从而用严格的制度确保干部和基层员工均按照规则做事。"讲奉献"是文化认知层面的制度建设，表现为组织成员精神文化层面的共识。董明珠认为，企业员工具备"爱岗敬业、甘于奉献"的精神非常重要，无论在什么样的岗位做着什么样的工作，格力人都必须热爱自己的工作，并做出最大的贡献，这样才能成大事。在格力，董明珠、黄辉等高层领导人担当着敬业奉献的表率，多次获得全国劳动模范称号、全国五一劳动奖章等荣誉。在他们的示范带动下，员工曹祥云、刘华、卢锦光、孟宪运、黄启存、张宝忠等人多次获得广东省劳动模范称号、广东省五一劳动奖章、珠海市敬业奉献模范称号等荣誉，他们都是格力"讲奉献"的楷模。

格力倡导的"公平公正、公开透明、公私分明""讲真话，干实事；讲原则，办好事；讲奉献，成大事"，蕴含着推进格力科学管理的两个辩证关系和三个协同关系。"三公"原则的内容体现了过程导向与结果导向的辩证统一，格力以公平公正为结果目标，开展公开透明、公私分明的制度建设过程，公开透明、公私分明的制度约束，又反过来营造了公平公正的组织氛围；"三公"和"三讲"的关系体现为组织承诺与个体承诺的辩证统一，公平公正的结果、公开透明的制度、公私分明的环境是格力为员工许下的组织承诺，"讲真话，干实事；讲原则，办好事；讲奉献，成大事"是员工为格力许下的个人承诺，"三公"的组织承诺和"三讲"的个人承诺互相依存、互为因果。"三公三讲"原则也体现了员工、部门与组织相互之间的三个协同关系。

- 协调格力员工与员工之间的关系，使员工在公平公正、讲奉献的组织氛围下真诚相待，建立起纯洁的友谊并为组织发展共同奋斗。
- 协调格力员工与组织之间的关系，用公私分明、讲原则的规章规制，使员工对组织忠诚老实，避免损害组织利益。
- 协调部门与部门之间的关系，用公开透明、讲真话的管理要求，使格力各部门之间坦诚沟通、协同工作。

两个辩证关系和三个协同关系的正确处理，有效推进格力建立起严明、互信、互助、共创的制度环境。

方法12　坚持问题导向，科学制定制度

问题是事物矛盾的具体表现形式，问题导向就是以解决问题为工作方向。问题导向是马克思主义世界观和方法论的重要体现。增强问题意识、坚持问题导向，就是承认矛盾的普遍性、客观性，瞄准问题，把化解矛盾、破解难题作为打开工作局面的突破口。用科学有效的现代企业制度来解决企业实际问题，比人治更有效，更具有稳定性、长期性和根本性。

董明珠认为，"管理就是不断发现问题、解决问题，并把解决问题的方法升级为一种制度。"制度建设的重点在于认真研究制度所要解决的实际问题。格力遵循问题导向的思想方法，在长期的管理实践中形成了一套"问题识别—分析论证—方案制订—评估优化"的制度修订的程序化方法，进一步确保了格力制度建设的科学合理（如图3-2所示）。

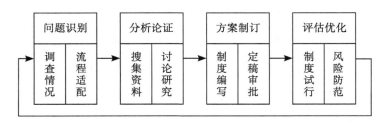

图3-2　格力制度修订的基本思路

一是问题识别，目的是"发现问题"。制定科学合理的企业制度始于对问题的识别，提出问题往往比解决问题更重要。一方面，问题从实践中来。在制定制度时，格力积极开展多层次的调查研究，了解公司相关工作的实际情况。首先，格力从公司整体的战略视角出发，根据公司发展实践中出现的新问题、新环境和新条件，提出发展的新目标、新认识和新思路，并对格力制度建设提出改进完善的新要求。其次，格力实行分级式企业制度体系，将制度分为一级和二级管理制度，保证了相关部门能够各司其职，及时识别、解决企业存在的实际问题，适时地针对具体问题制定和完善管理制度。企业管理部作为格力内部开展企业制度修订、执行监督的管理部门，负责制定公司整体的、普适的一级管理制度，并指导公司各职能部门和业务单位制定二级管理制度，监管制度实行情况，发现存在的问题，提出改善建议。各职能部门负责从各自的职能领域出发，针对部门内各科室、班组的工作流程、业务内容等工作实践，发现并提出实际问题，修订本部门职能范围内的二级管理制度。

另一方面，问题从理论中来。流程适配是指格力将自身管理制度体系与国家或国际管理标准体系进行比对，将成熟的体系规范作为标准范本，找出格力在实践中暴露出来的制度缺失。格力根据ISO9000、OHSAS18000、ISO14000、SA8000、QC080000、BSCI、BRC等十余类标准体系的认证要求，积极开展流程适配工作。比如，对于易出现风险的工作环节，格力是否拥有一套符合管理标准并具备自身特色的风险控制体系。流程适配使得格力的管理制度体系在符合国家或国际标准规范性要求的前提下，能立足企业现实，解决企业在发展过程中遇到的关键问题，实现外部管理标准体系与格力管理现实需求之间的优化整合。

二是分析论证，目的是"认识问题"。问题分析是一个透过问题表面寻找问题本质的过程。在分析论证的过程中，首先，格力认真分析问题的由来，对问题涉及的范围层次进行界定，即问题涉及哪些行为主体（部门、人员等）、哪些业务流程；其次，格力认真分析问题带来的影响，深入相关部门开展详细的实地调查，以搜集切实可靠的资料信息，分析问题可能带来哪些直接后果；最后，格力深入分析问题的根本原因，通过开展跨部门的分析论证，共同讨论、深入研究，努力避免主观臆断和逻辑陷阱，透过问题表面不断探索问题的根本原因。对问题的深入分析，为格力制定科学合理的企业制度提供了坚实的基础。

三是方案制订，目的是"解决问题"。坚持问题导向，根本在于提出有效的问题解决方案和具备高效解决问题的执行力。具体到格力的制度建设过程，问题解决体现在经过多次意见征询、会议探讨，对企业管理规章制度提出可行的制订修订方案，并实现定稿审批，使方案能够切实解决现实问题。格力的制度编写遵循公司相关管理程序，在企业管理部的组织下，格力举行公司职能部门联席会议，由问题所涉及的多个部门共同商讨，针对识别出来的制度缺陷或工作实践中产生的问题提出制度修订方案。最后，向相关部门征求修订意见，以不断完善方案，确保实施方案是集体的智慧结晶，并在企业内部发布新的管理规章制度。

四是评估优化，目的是"持续改善"。旧的问题得到解决，新的问题又将出现，制度需要不断修改才能逐渐完善。格力制定制度的最后一个步骤是效果评估，即通过制度的试行，一方面检验制度的实施过程是否顺畅，另一方面验证制度在具体实施中是否取得了预期结果。通过理想与现实间的比较，识别并解决制度存在的问题，对制度内容做进一步修改，使制度与时俱进、不断完善。格力对制度实施效果评估的重点在于风险防范，从制度的完整性、有效性、与现有制度体系的协调性、与企业文化的兼容性，以及与企业发展阶段的匹配度等方面进行效果评估，及时发现问题，防范风险。

例如，格力为提升物料管理水平而实施的生产物料闭环管理制度，就是通过"问题识别—分析论证—方案制订—评估优化"的程序化方法形成的。

2011年年底，格力对物料进行抽查审计时发现，仅一种通用自攻螺钉，全公司一年就无故损耗了330多万元，此外还发现生产分厂员工常常将尚未使用的成品打包用纸箱垫在地上休息等现象，物料浪费问题严重。在识别出公司物料人为损坏、丢失、管理混乱的问题之后，格力对负责物料管理的采购中心、物流中心、生产规划部以及各个生产分厂等部门进行实地调查，并开展跨部门的讨论研究，一致认同格力内部缺乏监控物料领用、发放、使用情况的机制，存在供应商物料结算方式不合理等问题，这些问题给格力带来了大量不必要的额外生产物料成本，成为格力需要重点解决的问题。因此，格力于2011年年底开始对生产物料管理进行全面改革，由高层领导指示，企业管理部牵头，相关部门单位参与，从齐套排产、定额配送和反冲结算三个核心环节进行流程重组，通过综合信息化平台推进生产物料闭环管理。随后，格力又进一步将管理流程制度化，形成《落地结算管理办法》等规范制度文件，以制度为保障，确保生产物料闭环管理流程执行的准确高效。生产物料闭环管理机制的实施取得了显著的管理效果和经济效益，不仅有效解决了格力存在的各种物料损耗与浪费问题，还建立了可以及时暴露风险问题和验证改善效果的综合信息平台。据统计，2013年公司物料实际耗用与标准耗用金额差异率为0.1%，较2011年下降了89.9%，生产物料闭环管理制度取得了良好的成效。

格力坚持问题导向，通过"问题识别—分析论证—方案制订—评估优化"的程序化方法制定制度并促进制度的改善，确保了格力企业制度的科学性、合理性。

方法13　强化民主参与，重视集思广益

民主与科学具有内在统一性。民主是指全体成员按照平等和少数服从多数的原则来共同管理事务。格力的制度建设始终强调民主参与，因为科学的制度既要融入高层领导、专家的管理智慧和战略眼光，也要吸收广大员工的意见，体现集体智慧。如果企业的规章制度只由领导层制定，普通员工缺少参与机会，很可能因为领导者没有深入了解实际问题而导致制度内容不合理，无法落地，不便于员工理解并执行制度。因此，自上而下和自下而上这两种制度制定路径，对格力来说同样重要，不可偏废其一。

自上而下作为一种传统的制度制定方式，描述的是企业领导通过特定途径将他们的价值观念和管理理念转化为企业管理规范。在格力，自上而下式制定制度主要通过高层领导指示、年度干部会议讨论、企业管理部定期抽查三种基本方式实现。

高层领导指示是指领导将其制度建设理念传达给企业管理部，由企业管理部进行充分调研并出具详细的调研报告，分析领导观点的合理性，最终提出切实可行的制度制定修订方案；年度干部会议讨论是指格力通过每年举行干部会议，公司骨干共同讨论并提出与制度建设相关的建议，企业管理部收集并整理建议，以此作为后续制度制定的参考；企业管理部定期抽查是指企业管理部定期对各部门所制定的二级管理制度进行抽查，检查制度内容是否科学合理，制度执行是否严格到位，若不符合要求，则责令相关部门限期整改。

自下而上的制度制定方式，是指企业将员工的实践创新、工作建议或集体诉求转化为企业制度，强化了全体员工的共同参与。在格力，自下而上开展制定制度主要通过民主生活会、全员提案改善、总裁信箱等方式实现（如图 3-3 所示）。

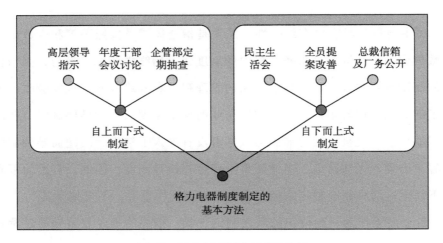

图3-3　格力制度制定的基本方法

一是各部门每周举行**民主生活例会**，针对工作上存在的问题，交流制度流程的不完善之处，会议讨论达成的合理化建议均可以向上反馈到企业管理部，实现制度的更新完善。民主生活例会建立起了部门内部领导干部与基层员工之间的民主对话机制，通过定期交流与协商，共同研究暴露出的制度缺陷，探讨相应的改善方案。

二是积极开展**全员提案改善活动**，鼓励包括生产系统一线员工在内的所有员工参与公司技术、管理的改善，并将员工的合理化建议制度化，形成格力独具特色的全员提案改善系统。格力建立了向全员征求提案的信息平台，员工只要有创新或改善的想法就可以在平台上提交，相关部门收到改善建议后对提案进行评估，得到认可的提案则安排专人进行推进落实，并对提出建议的员工进行适度的物质奖励。全员提案改善活动真正起到了集思广益、全员参与的作用，使所有员工有机会、有平台为公司出谋划策，让真正有价值的合理化建议以制度的形式固化下来，以此解决了很多技术、工艺、管理等方面的实际问题。

三是设立电话、传真、电子信箱、总裁信箱等**多层次反馈渠道**，员工可以自行通过以上渠道反馈有关公司制度建立和管理的构想，让员工逐渐树立起参与制度建设的自觉意识。为保证员工可以毫无顾忌地向领导反馈意见，表达自己最真实的想法，格力将原来设置在厂长办公室门口的总裁信箱，改为设置在厕所等偏僻场所。改换设置地点之后，总裁信箱发挥出了极大的作用，收到大量的员工投诉信。格力通过总裁信箱了解民情、沟通民意，发现个别中层干部存在作风霸道、欺下瞒上的不良行为，并针对此问题建立起严格的监察与处罚制度，从而规范了公司干部的工作行为，逐步练就了一支优秀的格力干部队伍。

格力的制度建设强化民主参与，采取自上而下和自下而上相结合的方式制定制度，为格力上下营造了一种便捷、透明、高效的民主参与氛围，促进全体成员以公正、客观、理性的态度进行民主参与，充分发挥了公司高层至基层人员的积极性和创造性，使制度内容广泛吸纳了广大员工在实际工作中的新想法、新突破，体现着集体智慧，增强了格力制度的合理性、科学性。

方法14　制度设计体系化，有章可循操作化

制度体系的具体细化和系统健全是企业管理的关键，在很大程度上影

响着企业管理的效率。格力注重强化制度体系建设工作，从不同角度、不同层次构建了细化全面的企业制度体系。首先，企业制度及各项规定只有具体细化，针对格力的日常工作细节进行严谨规定，将责任落实到人，才能更充分地为全体格力人所切实领会，从而更具可操作性和更易落地。其次，制度建设只有做到全面系统，覆盖格力的研究开发、采购物流、生产制造、营销服务等价值创造活动，以及财务管理、人力资源管理等职能支撑活动，才能在企业内部形成事事有制度、人人守规范的良好局面。

1. 细化管理制度，规范员工行为

科学的制度首先要保证的是制度内容的具体细化。细节决定成败，只有细化的管理制度才能使得工作开展有据可依，事后追责有章可循。为此，格力在企业内部明确规定了允许做和不允许做的事情，以及违背制度将受到的惩罚。制度建设的细致与严谨极大地推动了各项制度规定的切实贯彻。

责任到人，让问责有章可循。格力针对员工工作建立起详细的制度规范，帮助员工明确工作岗位的基本要求、流程规范、方法工具和行动指南等。在格力，组织目标分解的过程，也是制度设置细化的过程。在基本劳动分工的基础上，格力对每个岗位的权力和责任进行细化、明确并制度化，将大目标分解为小任务、小环节，以此保障工作开展的各个环节都有相应的负责人，保证管理工作的有序进行。为实现行为和责任的切实统一，格力建立主体问责制，明确规定责任主体为其职责范围内组织和成员的行为承担后果。责任到人，从而让问责有章可循。例如，在格力珠海总部，就连办公楼楼道里的每一个电灯开关旁，都张贴着一张张责任表，详细明确地安排具体人员负责按照特定时间节点去开关电灯，以节约用电，控制费用。格力精细化的制度设置可见一斑。

制度细化，使工作严而有据。 随着企业规模的逐步扩大，内部管理问题日渐增多，建立兼具严密性与严谨性的制度规定是帮助企业解决实际管理问题的有效措施。格力实施制度化管理，着重强调要从自身实际出发制定制度，将制度细化为详细的指标要求和行动指南，每一项制度规定都有其要解决的管理问题，有助于员工理解制度内容及其制定的前因后果，使得员工工作具有目标导向，更重要的是保障企业内部各项管理工作的有序开展。例如，格力在各分厂车间均设置有现场管理看板，针对员工在生产制造过程中关键的、易出错的操作步骤做出了详细规定，从上料方式、人员配置、标准产能到生产调度、设备管理等各方面均有详尽说明，帮助员工更加透彻地理解生产工作上的要求与规范，为其高质量地执行生产作业行为规范提供保障。除了细化日常管理制度，格力还对一些突发情况制定了严格而详细的管理制度，比如公司在各职能单位推行负责人代理制，各级负责人因突发情况不能在岗时，负责人必须指明其他代理人处理突发情况，并且要明确授权的期限、代理决策的范围等。

2. 制度建设全面系统，保障事事有规可依

企业的管理基础是否坚实，在很大程度上取决于企业的制度建设是否健全。这是因为企业的运行更多依赖于预先制定好的一系列规则与既定的程序，全面系统的制度建设能够减少企业对领导者个体决策的过度依赖，弥补制度缺失的同时避免决策的主观性。更重要的是，企业制度建设的全面性与系统性越强，企业部门之间、员工之间的协同性就越强。格力强调建设系统完备的制度体系，以保障格力在管理经营中事事有规可依。

企业内部盛行不良工作作风、运作效率不高，很可能是由于企业存在制度缺失的问题。因此，任何一家企业都需要建设全面的制度体系，保障

企业内部运作事事有制度可依、有人员负责。格力成立初期也曾面临制度缺失的难题，当时的空调生产线存在着种种不规范的生产操作行为，例如，螺钉装配不当、空调线路走线凌乱、零件焊接不牢等，严重影响了格力空调产品的质量。这些问题正是缺乏健全的质量管理制度所导致的。随着格力的"总经理令""八严方针"等制度规范的相继提出，格力的制度体系不断得到健全与完善，从而保证企业规范、有序运营，使得上述不规范的生产行为得到了有效遏制。如今，格力已完成产品开发、工业设计、设计更改、生产过程控制等产品研发相关管理办法，员工、中层干部等绩效考评管理办法，标准化工作、6σ和QC小组等专项管理办法，以及面向个人的干部、员工、行政人员行为准则和面向组织的各部门职责条例等的制定修订。制度体系的不断健全与完善，使得格力内部事事有制度、人人守规范。

保持制度建设的科学合理性，是制度发挥作用、实现价值预期的关键和前提。不科学的制度会使企业的发展走上歧路，并且越是严格执行，越会适得其反。从这个意义上讲，制度建设讲求科学性，是格力提高管理效率、实现快速发展的根本要求和首要条件。

原则6　落实"八严方针"，制度化管理严字当头

"企业要发展壮大，离不开铁一般的纪律。"在董明珠看来，要把全体格力人凝聚起来实现企业的奋斗目标，既要靠理想信念，也要靠严格纪律。纪律之本质便是企业制度。所谓制度，是员工在企业生产经营活动中共同遵守的规定和准则。企业开展制度化管理，有助于规范作业流程与员工行为，提高工作效率，增强企业竞争力。

格力在制度化管理过程中，强调严字当头。一方面，格力要求制度本身具有较强的严格性，即制度只有严格才能在管人理事中起到约束和规范的作用。格力推行"八严方针"，让员工的每一项工作都有章可循、有规可依，以此规范企业管理。另一方面，格力强调员工只有严格执行制度，确保制度落实到位，才能保障企业有序运营。为此，格力不仅营造了严肃的制度氛围，培养员工严格的制度意识，还以监督检查、严明奖罚为抓手，确保制度的严格落实。

方法15　"八严方针"，从严管理

　　不以规矩，不能成方圆。格力严格的制度化管理，首先基于严格的制度建设。朱江洪于2006年主持制定并推行"八严方针"，以"严格的制度、严谨的设计、严肃的工艺、严厉的标准、严密的服务、严明的教育、严正的考核、严重的处罚"规范格力价值创造的方方面面。这既是格力工作的"底线"，也是"高压线"，既是员工工作的行为准则，也是员工思想的道德规范，为格力严格管理企业奠定了坚实的制度基础。

1. 严格的制度

　　"可持续的企业发展要靠严格规范的制度来保障"，在董明珠看来，格力制度的严格不仅体现为制度制定过程的严格，还体现为制度内容的严格和制度执行过程的严格。遵循严格规范的制定流程，才能确保制度更加符合企业发展实际，让制度在实践中焕发活力；制定严格明确的制度内容，才能让员工事事有章可循，让遵守制度成为员工习惯；从制度着手强化工作的执行力度，才能将工作科学高效地落到实处。

（1）遵循严格规范的制度制定流程。制度制定的出发点在于解决实际问题。经过近30年的实践，格力形成了一套严格规范的制度制定流程。在制度制定过程中，格力严格遵循"问题识别—分析论证—方案制订—评估优化"的标准流程，以问题为导向，以事实为依据，以严格规范的流程为保障，制定出符合格力发展实际的制度。例如，针对生产过程中出现的工艺执行、技能掌握等问题，格力由企业管理部牵头，生产部、设备动力部、工艺部、企业安全部、质控部及各分厂等多个生产相关部门共同参与，制定出台了《生产过程控制管理办法》，该办法涵盖了生产过程相关人员标识、关键岗位与关键工序的设置及管理等内容。该办法实行后，格力生产效率大幅提高，生产质量得到保障。不仅如此，各部门还根据生产过程中出现的问题进一步丰富与完善制度，实现了对生产过程中产品安全性、质量的严格监控，确保了生产过程顺利进行。

（2）制定严格明确的制度内容。为让格力员工各司其职、各尽其责，保持企业运作的高效有序，格力制定出台了各项具体的管理办法、实施细则和工作流程，以严谨细致的内容规范企业管理的各个方面，真正做到让每一项工作都有规矩可遵循，有制度作保障，有规则可约束。例如，格力制定出台了《产品开发流程》，详细规定了策划和工业设计阶段、方案设计阶段、投模阶段、开模阶段、试制验证阶段、样机评审阶段及小批量产阶段的工作内容，严格规范产品的开发流程。又如，在格力经营部内，以五联单为载体，以制度为抓手，实行"双轨制"管理模式。所谓"双轨制"管理模式，是指格力经营部中依托五联单，设立相对独立的计划分配单、财务审核单、提货委托单、仓库发货单和门卫审核单，通过制度的建立形成协调推进、相互制衡的管理机制。一方面，五联单明确规定了从计划分配到仓库发货过程当中每一环节的责任主体及其义务，以严格明确的制度内容使得产供销流程更加规范、有序。另一方面，这一管理模式改变了传统业务员集货物分配权、发货权、财权于一身的形式，从根源上防范了由集权所导致的腐败现象。

（3）强化严格的执行力度。制度的生命力在于执行。制度一旦建立就必须不折不扣地执行，否则再好的制度也会形同虚设。1995年，格力颁布"总经理12条禁令"。禁令颁布后不久，一名刚获得先进工作者称号的员工因违反禁令被除名。很多员工念其初犯，为其求情。但朱江洪坚信，"军无法不立，法无严不威"，禁令不是儿戏，必须言出必行，坚持了除名决定。这件事在当时引起了极大震动，体现了格力对于违反禁令行为"零容忍"的坚决态度。

2. 严谨的设计

产品设计是企业价值创造过程中的重要一环，设计不严谨，产品就"先天不足"，无论后天如何补救，也难以使消费者满意。董明珠强调，做到严谨的设计，必须坚持"高标准、高品质、高品位"。在产品设计阶段，格力以高标准为要求，以高品质为引领，以高品位为追求，致力于设计出深受消费者喜爱、符合生产实际、满足安装维修和仓储运输需求的优质产品。

面向消费者，兼顾产品设计的实用性和美观性。格力在产品设计过程中，一是坚持实用性原则，主动寻求消费者意见，分析消费者需求，设计符合消费者需求的产品。二是以实用性为前提，坚持高品位的产品设计，追求产品美观性。董明珠不仅要求格力人发扬"鸡蛋里挑骨头"的精神，还要求他们不断提高审美意识，关注每个产品细节，完善每个产品功能，保证产品品质，提升产品品位。以全能王-U尊Ⅱ为例，在满足消费者基本制冷需求之外，设计人员不仅首创空调出风面板无缝外观设计，确保防尘防污，还在产品外观上融入雕刻艺术设计，使该产品造型优雅灵动，极具美观性，给消费者以美好的视觉体验。

面向生产者，立足企业实际，兼顾成本核算与设计创新。若是脱离企业的加工能力和现实状况而片面追求设计创新，就容易导致生产成本增加，甚至影响产品质量，最终成品也会偏离设计初衷。格力认为，好的设计应该兼顾企业实际和产品特性，坚持优质和高效的原则。以格力的风冷多联机空调系列设计为例，设计之初，格力考虑在设备中添加 GPRS 模组，实现对产品运行故障数据的实时采集与分析。但 GPRS 模组的采购成本较高，后续还需向运营商支付通信费用，对格力的生产成本造成了不小的压力。格力通过多轮试点和谈判，使成本降低了 50%。最终，格力以低成本批量购入 GPRS 模组，添加至不同系列风冷多联机空调中，实现了对风冷多联机空调的全系列覆盖。

面向安装维修和仓储运输者，将产品安装、拆卸、维修的简易性纳入设计考量。格力要求设计人员在设计产品结构时，周密考虑方便安装、易于拆卸、容易维修、适应长途运输等问题。为了验证设计效果，格力设置了专门的产品实验室，模拟产品的实际拆装与运输环境，检验产品设计的耐用性。例如，格力实验室中有一个晃动台，用于模仿运输过程中的颠簸场面，以查验设计完成的产品样机结构是否牢固。对于没有通过试验要求的样机，设计人员需重新对其进行拆解分析，追溯问题根源，优化产品设计，并重新投入试验。只有通过反复测试，品质最终得到保证的成品，才能进入市场。

3. 严肃的工艺

董明珠强调"品质是生产出来的，不是检验出来的"，这就需要严肃的工艺来保证。所谓严肃的工艺，是格力对内部工艺流程提出的严格要求，以保证生产线的有序、规范运行。格力通过规范工艺操作流程、完善工艺检测机制和验证机制、推进工艺创新，严肃认真地对待产品生产制造过程中的每一个工艺环节，保证工艺的严肃性○一，真正做到"质量在我心中，标准在我脑中，工艺在我手中"○二。

（1）规范工艺操作流程。格力流程化是企业制度规范的重要形式，旨在通过对每一个工作环节进行明确规定，规范工作流程。格力对内部生产工艺的工作内容和流程均有明确的规定，包括岗位环境、设施、设备、加工或装配对象、工作顺序、操作方法等内容，确保员工依据流程准确地完成工艺操作。以格力配套分厂为例，当分厂收到公司下发的新的工艺流程文件后，需立即对文件内容进行分解，明确各部分内容对应的岗位职责，并编撰各岗位应知应会手册，逐一落实到班组和个人。负责相应工艺流程环节的员工需及时学习并掌握手册中提示的专业操作程序和方法，在实际应用中加强规范操作。

（2）完善工艺检测和验证机制。一方面，格力通过自主建立生产工艺数据平台，实现对生产工艺过程的实时监控及检测，确保生产工艺的可靠性。例如，格力中央空调生产基地拥有多条大型生产线，所有生产线均配有在线检测系统，有效进行安全检测、制冷制热量测试、噪声振动测试及部分重要工艺参数的测试等。○三另一方面，依托研发设计平台，格力建立了虚拟验证机制，采用三维及虚拟仿真技术，在计算机虚拟的环境中真实再现生产制造系统。格力通过虚拟建模，再现虚拟化车间布局、生产线规划、作业流程，以及空调运行状态和环境○四，进行工艺模拟验证、可制造

○一 格力内部资料：格力电器2006年度干部会议记录（朱董事长讲话）。
○二 格力调研图片集（团队内部整理），2016-09-10.
○三 同上。
○四 珠海格力电器股份有限公司实地调研，2016.

性验证和产品可靠性验证。

（3）推进工艺创新。格力始终专注于"工艺创新开发"的发展目标，通过研究和运用新的生产技术、操作程序等方式方法，提高企业的生产技术水平、产品质量和生产效率。以格力空气能热水器为例，格力研发了新型螺柱焊接工艺，替代抗腐蚀较差的钨极氩弧焊工艺。但新螺柱焊接工艺在生产时，仍存在螺柱焊接脱落、焊偏、烧穿等缺陷。为进一步改良工艺，降低焊接不良率，格力成立了专门的项目组，通过制订项目计划、学习理论知识、开展专业测量进行系统分析。项目组遵循严肃的工艺创新流程，最终成功突破不良率偏高的桎梏，收获多项技术专利与科技奖项。㊀

4. 严厉的标准

随着市场的变化、科技的进步和企业自身能力的提高，企业的标准也要不断与时俱进。格力始终坚持以高标准规范企业运作，在标准制定、执行和更新的各个阶段均提出严格的要求。

第一，标准制定阶段。格力始终坚持企业标准严于行业标准、国家标准，甚至国际标准。例如，在低温制热上，国际标准是 $-7\,℃$，但格力标准是 $-15\,℃$。㊁

第二，标准执行阶段。格力强调标准必须落实到位，对于不符合企业技术标准的产品严格追溯责任源头，对于不符合管理标准的行为严格追究主体责任。例如，格力在落实安全标准化过程中，通过建立安全生产责任制，制定安全管理制度和操作规程，排查治理隐患和监控重大危险源，并建立预防机制，规范生产行为，使各生产环节符合有关安全生产法律法规

㊀ 格力内部资料：工艺部——降低空气能热水器水箱螺柱焊接不良率，2016-09-05.

㊁ 人民网."严"有多少"爱"就有多少——来自格力电器大家庭的报道[DB/OL]. (2014-05-05)[2018-04-03]. http://society.people.com.cn/n/2014/0505/c1008-24978258.html.

和标准规范的要求，确保人、机、物处于良好的生产状态。○

第三，标准更新阶段。格力提出标准要及时更新、持续完善，从而保持标准的严格性与先进性。目前，格力已将标准更新工作进行流程化改造，通过搭建出口标准查询系统、技术参数系统、售后配件查询系统、产品图样变更信息系统、研发标准化管理系统等标准信息支撑平台，形成"固化标准—优化标准—新的标准化"的标准更新过程，保持高水平的标准。

5. 严密的服务

格力基于其在服务中曾出现的无纪律、无制度、无标准等情况，提出了严密的服务要求。近30年来，格力不断优化售前、售中、售后等关键环节的服务，通过开展以质为先的售前生产、宾至如归的售中体验、后顾无忧的售后服务以增强服务的严密性。

（1）开展以质为先的售前生产。格力强调，无需售后的服务才是最好的服务。为实现这一目标，格力坚持"像修炼生命一样修炼质量"。格力建立了行业内独有的筛选分厂，严格管控入厂零部件的质量，从源头保证产品品质；格力推行质量管理小组活动，强调"人人都是质检员"，开展全员质量改善；格力还构建和实施了T9全面质量管理体系，优化全面质量管理。例如，格力设置了"极限测试"实验室，里面摆放着24小时运转的用于测试的空调成品，致力于通过长期运转测试、环境与老化实验、盐雾实验、噪声测试、高低压启动测试、电器安全测试、电磁兼容测试等"极限挑战"，确保产品质量和性能。○

（2）提供宾至如归的售中体验。目前，格力已经在全球范围内建立了

○ 格力调研图片集（团队内部整理），2016-09-10。
○ 合肥在线. 探访格力电器实验室[EB/OL]. (2016-07-21)[2018-04-03]. http://view.inews.qq.com/a/20160721022874000?refer=.

三万余家专卖店、体验店等实体服务网点,通过营造舒适优雅的体验环境,为消费者带来更优质的购物体验。以北京格力全产业链产品体验店为例,该体验店集洽谈、演示、体验、展示于一体,内部采用高科技互动体验的形式展现格力文化,用户不仅可以通过现场实验室透视产品的内部组成,了解产品的细节和核心技术,还能够在虚拟效果中获得观、听、触等感官体验,享受宾至如归的服务体验。

(3)升级后顾无忧的售后服务。格力致力于为消费者提供后顾无忧的售后服务。为此,格力制定了统一的产品安装标准、安装人员服务标准和服务网点资质认证标准,确保服务的质量。不仅如此,格力早于2005年率先向消费者做出了家用空调"整机6年免费包修"的质保承诺。这一服务标准领先于当时"家用空调整机包修一年、主要零部件包修三年"的国家标准与"家用空调整机包修两年"的行业标准,让消费者享受最好的服务。此后的2014年,格力提出家用中央空调"6年免费包修"的服务政策,扩大了"6年包修"服务覆盖的产品范围,进一步消除消费者的后顾之忧。得益于此,格力空调自2011年以来,连续七年蝉联用户满意度榜首。

6. 严明的教育

格力强调,不但要培养员工的专业技能,还要塑造员工的思想、作风,使员工成为能力过硬的人才。企业的竞争归根结底是人才的竞争,员工是企业赖以生存的后备力量,是企业精神得以发展延续的希望所在。格力以严明的教育培养员工的专业技能、塑造员工的思想作风,促使其从技术能力、思想和作风上杜绝"差不多主义"。

首先,培养员工专业技能。格力强调的严明教育是指给予员工严格而明确的指导。格力不仅自主开发了面向中基层管理岗、各专业技术岗等多岗位的培训课程体系，还通过传帮带机制、掌上学习中心、看板教育等多种途径向员工传达严格和明确的学习内容及要求。其严格体现在操作规范的高标准、高要求上，如具体的操作指标或参数等，其明确表现为清晰、易懂的操作流程，帮助员工更清晰地把握工作细节、熟悉实际操作、提升操作技能。例如，格力设置空四压缩机制造中心装配工艺看板，分别就装配转子组件的装配步骤、注意事项、常见问题以及处理措施做出了明确说明，此外，还以图示剖析了转子组件的内部构造⊖，让员工更清楚地了解转子组件的装配。

其次，塑造员工思想作风。多年来，格力通过大力宣传企业规章制度，让员工充分熟悉制度的内容，将制度规范内化于心，培养员工严格的制度意识，形成制度思维，并外化于行，引导员工遵守制度、严于律己，尽最大努力做好本职工作。例如，格力坚持开展纪律教育月活动，以违反规章制度的典型事例警示员工进行自我反思，强化员工的制度思维，鼓励他们遵守制度、严于律己。

7. 严正的考核

格力强调，考核要做到不偏不倚、公平公正、实事求是。换言之，格力的各项考核都必须以事实为基础，按照编订的标准，最大程度地反映事实，维护全体员工的合法权益。

（1）严明制定。格力以事实为基础，以标准为依据，对制度落实结果进行严明考核，避免人为因素导致员工的合法利益受损。例如，空四分厂精密铸件班的合格班组考评，以"安全合格班组考评检查表"为依据，围

⊖ 格力调研图片集（团队内部整理），2016-09-10.

绕建立健全岗位安全生产责任制、安全技术操作规程、事故控制等九个方面，验收各项目的落实情况，确保考核结果严明客观。

（2）公正考核。客观、公正的考核有助于激发广大员工、科技工作者和经营管理者的工作积极性和创造性，促使企业制度更好地落实到位。为此，格力建立了面向全体员工的统一考核机制，避免了因考核标准不一致导致的徇私舞弊等行为的发生。例如，格力重点结合现场6S标准、员工行为规范、劳动纪律以及岗位安全隐患排查等方面的规范标准和管理办法，统一实行"每天检查、每周评比、每月总结"的评比规则。

8. 严重的处罚

董明珠曾说，"严格的制度管理是一道高压线，谁也不能碰，否则就要付出相应的代价。"可见，严格的制度管理需要有严重的处罚机制来保障。格力将"严重的处罚"作为"八严"之一，充分说明了格力注重运用处罚措施确保制度的权威性、严肃性与执行力。以总经理令为例，"总经理12条禁令"明确提出"违反禁令之一者一律予以除名"的处罚规定。2003年，董明珠进一步将禁令更新为"总经理14条禁令"，提出新的处罚要求，即"违反禁令之一者一律予以辞退或开除"。由"除名"到"辞退或开除"，足以证明格力对制度权威性、严肃性与执行力的高度重视和严格要求。

方法16　严格执行，狠抓落实

英国哲学家培根曾说，"有制度不执行，比没有制度危害还要大。"⊖

⊖ 盛若蔚.有制度不执行比没制度危害还大[N].人民日报，2010-11-30.

可见，制定严格的制度只是第一步，执行更关键。对此，董明珠强调，"制度是刚性的，一旦制定，就要严格执行，概莫能外。"㊀经过多年的实践，格力探索出"营造氛围—监督检查—激励约束"的路径，保障制度执行的有效性。首先，格力营造严肃的制度氛围，引导员工树立严格的制度意识；其次，以监督检查为抓手，严格控制制度执行的过程，及时发现问题、解决问题，确保制度落实到位；最后，综合运用正负激励措施，激发员工执行制度的积极性，并维护制度的权威性，推动制度有效执行。

1. 从严要求，营造严肃制度氛围

企业制度对员工来说是一种外在约束，员工只有发自内心地敬畏，才能真正将制度外化于行，落实到位。因此，格力通过营造严肃的制度氛围培养员工的制度意识，使其加强对严格制度文化的认同感，并通过领导带动的方式使员工形成共同的行动逻辑，将制度严格落实到位。

开展培训，引导员工树立严格的制度意识。无严不成事，办企业，需要具备严格的精神认知。格力通过组织学习和培训，引导员工树立严格的制度意识，并激发其意识的主观能动作用，使其行为与思想保持统一。例如，在格力"总裁令"实施之前，公司召集员工进行一系列的学习与培训，让每位员工了解并充分熟悉禁令的内容，理解"总裁令"的颁布缘由和具体要求，认同企业严格的制度，形成"从严要求"的制度意识，从思想上筑牢制度基石。

领导带动，树立制度的执行榜样。在企业中，领导者处于至关重要的地位，是企业发展方向的决策者、精神文化的践行者和优良工作作风的引

㊀ 凤凰网. 董明珠：制度的捍卫者[DB/OL]. (2012-03-03)[2018-04-03]. http://finance.ifeng.com/roll/20120303/5697035.shtml.

领者。特别在制度执行问题上，格力突出强调领导者的率先垂范作用，由领导者带头讲纪律、守制度，身体力行地为员工做表率，推动员工严格执行制度。在格力看来，领导者只有从内心认同企业的制度并严以执行，以身作则践行制度文化，才能够树立企业制度在员工心目中的权威地位，使得员工自觉效仿领导者，严格遵守企业制度。

2. 监督检查，管控制度执行过程

监督与检查，是制度执行的重要保障。格力通过建立有效的监督与检查机制以及在各行为主体间构建相互制约的监督关系来强化对制度执行的过程管控。

建立常态化监督检查机制。 董明珠表示，"光有制度规定还不够，还需有效机制来保障制度真正落地执行。"为强化监督检查，格力通过设立独立的监督检查部门或专项小组，建立专项监督检查制度，形成常态化监督检查机制，进一步规范格力员工的制度执行行为。例如，董明珠在访谈中提到格力在发展早期就在她的提议下成立了经济检查办公室，负责开展反腐倡廉工作。在经济检查办公室的基础上，格力随后在1999年9月建立监察部作为企业内纪检监察单位，负责对公司干部、员工的违纪违法行为进行调查与处理，开展收集、分析、调查、取证等工作，并建立专项监督机制规范监察室履行监督职责，有效防范干部、员工的腐败行为。2004年，公司成立审计部，主要职能在于针对日常工作开展常态化监督，借助科学化、规范化、标准化的流程以及信息化手段进行风险控制。审计部与监察部相互独立、相辅相成，共同开展监督检查工作。

形成相互制衡的监督关系。 格力通过建立健全协调机制使企业的内部流程之间、行为主体之间形成相互制衡的监督关系，保证员工自觉遵守规

章制度。一是强化工作流程的上下互锁。格力通常会在工作流程的环节之间设立互相监督机制，流程的每一道环节都会受到上一环节的监督检测。如格力强调生产线上的质量自、互检，要求生产操作岗位的员工对自己承担的作业内容进行自我检验，同时不同工序间或上下工序之间进行相互质量检验。二是加强职能部门的分权制衡。格力注重对权力进行分立与制衡，构建相互制约的权力结构，使不同主体间相互约束，保障权力运行的正常化和合法化。例如，格力在采购系统内建立"三权分立"机制，由物资采购中心、筛选分厂、企管部外管科三部门共同负责采购活动。各部门独立运作，但相互制衡、相互监督，避免了因采购权力过于集中而导致暗箱操作、贪污腐败等不良现象的出现。

3. 奖罚严明，提升制度执行效果

严格的制度化管理是一把双刃剑，它可以规范有章不循、有规不依的不良行为，也容易导致员工工作积极性降低、企业管理运作僵化。面对制度化管理的这一特点，格力牢牢抓住人的能动性这一特性，辅以激励机制保障制度真正落地执行。换言之，格力对于认真遵守制度的员工给予合理的奖励，鼓励员工保持良好的行为习惯；针对违反制度的员工予以严厉的处罚，以起到警示效果。

合理奖励，激发员工主观能动性。格力建立了公平公正的奖励机制，激发员工认真执行制度的积极性和主观能动性。例如，格力制定了《科技专家管理办法》《科技进步奖管理办法》等一系列制度，激励员工的技术创新行为，其中，科技进步奖设置了科技创新奖、工艺技术奖和管理创新奖三类奖项，划分了不同等级的奖励，特等奖奖金超过100万元，充分调动了员工的工作积极性。

严厉处罚，明确员工行为"高压线"。 有奖有罚，奖罚严明。格力制度化管理的有效实施还依赖于一定的硬性约束，即违反制度规定必然要受到惩罚。制度好比"高压线"，禁止越轨触碰。格力在最初执行"总裁令"时就要求任何人不得触犯，违者没有任何理由和借口，一律予以处罚。在总裁禁令思想的指导下，格力的生产分厂为保障安全生产的平稳运行，进一步出台了细化的"安全生产15条禁令"，内容包括严禁压力容器带压、带油、带冷媒进行焊接等条目，并明确提出违反禁令的惩罚措施，违反禁令者，必须给予留厂察看半年的严肃处理。

近30年来，格力始终坚持严字当头的制度化管理实践。其严之一，即制度建设要严，贯彻落实"八严方针"，以"严格的制度"为基础，提出"严谨的设计、严肃的工艺、严厉的标准、严密的服务、严明的教育、严正的考核、严重的处罚"，强化制度严格性。其严之二，即制度执行要严，在严格的制度环境下，通过开展培训引导员工树立严格的制度意识，并以领导示范树立制度执行的榜样，带动全体员工严格地执行规章制度。而在制度的执行当中，还要以严格的监督与检查强化约束作用，以奖和罚保障制度严格落实到位。

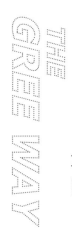

第4章
队伍建设

格力将"以人为本"视作自己最重要的使命之一,不遗余力地发掘、发现人才,将适合企业特点、认同企业文化的优秀人才选拔出来,建立一支高素质、高水平和高度团结的队伍,为公司的快速成长和高效运作提供保障(如图4-1所示)。

第一,格力培养德才兼备的干部,强调加强干部道德品质的修炼,提升他们的政治品格,加强廉洁自律,激发他们不断进取、持续改善的动力和危机意识。

第二,格力自主建设人才队伍,注重通过科学规划、定岗定编、自主招聘、自建培训体系和多元化的自主培养机制,打造一支与格力高度匹配的人才队伍。

第三,格力注重培养员工的主人翁意识,力求增强员工的责任感和奉献精神,鼓励员工在为企业做贡献中实现个人价值。

第四,格力通过开展组织学习,搭建知识库,健全学习机制,打造学习型组织,增强团队合作能力。

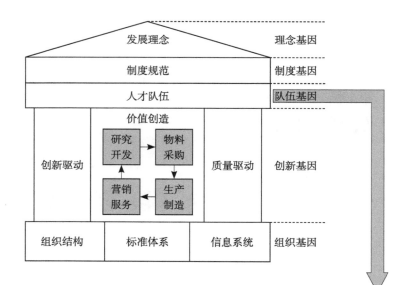

原则7 打造德才兼备的干部队伍
【方法17】加强干部思想作风建设。做到深入现场、敢于担当、廉洁奉公
【方法18】培养干部运用四个思维开展工作
【方法19】以德为先，赛马选才
【方法20】建立"能者上，庸者下"的绩效考核机制

原则8 自主建设人才队伍
【方法21】科学规划，实现定岗定编
【方法22】自主招聘，促进人企匹配
【方法23】自建体系，让人才培养格力化。建立"三自主"员工培养体系，健全员工入职培训机制，对员工进行分类指导

原则9 鼓励员工在为企业做贡献中实现个人价值
【方法24】培养员工的主人翁意识。在引导员工树立主人翁意识的同时，满足员工的基本需求以保障职业稳定，加强企业关怀以提升员工的归属感
【方法25】增强员工的责任感和奉献精神。既要强化文化认同，也要健全机制，激发员工的奉献精神
【方法26】激励员工在为企业做贡献中实现个人价值

原则10 打造学习型组织，增强团队合作能力
【方法27】开展组织学习，强化团队建设
【方法28】提供机制保障，促进组织学习。搭建知识库，健全学习机制，提供平台和制度保障

图4-1 格力管理屋之队伍基因

原则7　打造德才兼备的干部队伍

司马迁在《史记·高祖本纪》中写道：置将不善，一败涂地。干部是企业员工的标杆和榜样，其德行会对员工产生潜移默化的影响，其思想和作风也会直接影响团队整体的氛围。干部的综合素质高低决定其能否带领好一个团队，能否有效解决工作中的问题，能否扮演好一个领导者、组织者、协调者和沟通者的角色。对一家企业而言，干部队伍思想作风的建设和能力水平的提升至关重要，它能深刻影响企业的发展。"干部是风，员工是草，风往哪边吹，草往哪边摆"，董明珠经常用这句话警醒格力的干部要以身作则，勇做标杆。

方法17　加强干部思想作风建设

干部的思想作风，指的是干部思想上、工作上和生活上表现出来的态度和行为。强化思想作风建设是企业领导干部做好各项工作的前提和基础。

格力对干部思想作风建设提出了三个要求：首先，格力要求干部要有立足实际、深入现场、"一切从实际出发"的意识。干部通过亲临一线，提升发现问题、解决问题、改善工作的能力，并在实践中获得员工的拥戴和支持。其次，格力要求干部明确职责，敢于担当。通过干部权责的划分，树立干部的责任意识、担当意识，使干部做到遇事不推诿、不逃避，身体力行。最后，格力要求干部做到廉洁奉公，带头遵守制度，培养干部的廉洁意识。

1. 深入现场，及时解决问题

深入现场是指有问题要第一时间去现场调查解决，没有问题也要经常去现场观察，防患于未然。这里的现场包括生产现场、办公现场、销售现场、售后服务现场等。深入现场是全面、科学认识问题、解决问题的基本依据，是干部应该遵循的工作方法。只有对现场的环境进行深入实际的研究，才能真正认识当前的现实情况，才能制定科学、合理、有针对性的解决方案和指导建议。为了避免干部不了解实际情况而草率制定决策的现象发生，格力要求干部立足实际，深入现场。

董明珠要求干部，"不要整天只待在办公室思考问题，每天多去生产一线转一转，只有深入现场，才能发现问题。"朱江洪同样表示，"深入一线才能激发灵感。干部如果整天待在办公室里，舒服是舒服，但是到头来会一无所成。"格力各生产分厂的厂长办公室都设在车间里面，这样可以方便厂长不定时地去车间一线巡视，实时了解生产现状，及时发现问题，并根据现场发现的问题向员工提出改善建议，指导员工的工作。格力一位副总裁介绍："董明珠董事长当年负责格力营销工作时，经常出去跑业务，她每次回到公司总是积极向我们反馈一些市场上最新的需求信息，或者投诉说某某产品质量不行，一定要加强。此外，在公司的时候，她还喜欢往技术部门、生产部门跑，总是积极去询问公司产品有什么新的技术突破，第二年研发有什么新计划。"正是因为深入一线、深入现场，系统掌握了格力产品、技术的一手信息，董明珠才能把营销工作开展得如此出色。此外，干部深入现场，也能给员工树立榜样，让员工逐渐树立问题意识，不断发现问题并解决问题，从而改善工作。干部在指导员工工作的同时，还能增进与员工的互动，增进员工对干部的信任和支持。

2. 敢于担当，勇于承担责任

敢于担当是指干部在面对职责所在和角色需要的时候，要毫不犹豫、责无旁贷地挺身而出，全力履行自己的义务，承担自己的责任。在格力，干部要能担当、勇担当、敢担当，通过明确自己的责任，直面工作中的矛盾和问题，主动迎接挑战，克服难题，努力完成目标。

培养干部的担当意识，首先要树立干部的责任意识，要让干部明确自己的职责范围。格力企管部会对各干部岗位进行职责划分，并通过制度文本的方式予以公示，使得各岗位的干部都能明确其工作内容和职责范围。例如，格力的安全生产责任制就以制度文本的形式明确规定了主管安全生产的副总以及各生产分厂厂长等各级生产负责人的职责。此外，格力要求干部每年度都要完成述职报告，总结并反思过去一年的工作，围绕公司总体经营工作阐述未来一年工作重点，以此让干部更好地明确自身责任。

为了强化干部的担当意识，格力执行干部负责制，将主体责任和监督责任细化，并对失责干部进行事后追责，从而培养干部的责任主体意识。格力通过绩效考核来约束干部，激励干部承担责任。对于一些关键考核指标不合格的干部，格力还会采取降职甚至免职的措施，逆向驱动干部绷紧"责任弦"。

3. 廉洁奉公，强化自我约束

廉洁奉公指的是不贪污钱财、不收受贿赂，保持清廉。"公生廉、廉生威""其身正，虽不令而行；其身不正，虽令不从"，这些都是对干部"廉洁奉公"这一品质的解读。只有廉洁奉公的干部才能在群众中树立威信，营造清正廉洁的文化氛围。干部能否做到廉洁奉公，不仅取决于干部能否树立自律意识，更在于企业能否制定相应的制度、机制对干部行为进行监督和约束，实现一种"他律"。

格力十分注重强化干部队伍的廉政建设。一个企业风清气正靠的是干部，尤其是党员干部率先垂范。干部是有权力的群体，如果其利用权力为自己牟利，会给企业造成极坏的影响。曾经有一位来自名校的博士后到格力工作，格力十分器重他，专门让他带领一支研发队伍，但是他却利用自己的职权，在采购环节牟取不正当利益。格力发现后，果断撤销了该名博士后的职位，并且解散了这支研发队伍。

格力坚持标本兼治、综合治理的方针，约束干部的权力，监督干部的行为。一方面，加强廉政文化建设。廉政文化具有导向、规范和约束功能，加强廉政文化建设，是建立健全惩治和预防腐败体系的重要内容，是有效预防腐败的重要举措。格力为干部提供廉政文化教育，让他们了解格力的廉政文化、制度规范等内容，强化干部自我约束、自我监督的意识。例如，格力组织干部学习廉政规定、走访廉政基地、观看廉政影片、签订廉政协议，让干部自觉加强廉洁自律的意识，增强拒腐防变的能力。另一方面，建设反腐倡廉长效机制，充分发挥制度在惩治和预防腐败中的保证作用。对于一些特殊的岗位，格力实施干部轮岗制度。比如，格力筛选分厂中负责检测入库工作的干部要实行轮岗制，这在一定程度上会增加供应商对干部的投机成本，从而能够降低干部腐败的风险。公司还制定了《公司员工廉政守则及行政处分规定》《反腐倡廉奖励办法》《公司监察联络员管理办法》等制度，实行制度反腐，大大降低了腐败风险。⊖

方法18　培养干部运用四个思维开展工作

思维方式是指人们思考问题的根本方法，善于运用多种思维方式，能够帮助人们对问题进行思考，并找出问题产生的原因，从而进行有效决

⊖ 格力内部资料：《格力电器实文化手册》，第20页。

策，逐渐掌握解决问题的方法。干部的思维方式能够深刻影响其领导能力、组织能力、决策能力等多种能力，也决定着干部能否有效开展并完成工作。格力着重培养干部在工作实践中运用系统思维、辩证思维、创新思维以及制度思维去认识问题、分析问题并解决问题，掌握解决问题的方法，提高管理能力。

1. 运用系统思维，全面思考问题

系统具有鲜明的整体性、关联性、层次结构性和动态平衡性，反映了人们对事物的一种认识论。系统思维则是把认识对象作为系统，从系统和要素、要素和要素、系统和环境的相互联系、相互作用中综合地考察认识对象的一种思维方法。其主要特点是以全局、整体、相互关联的视角观察事物、考虑问题，是一种"既见树木，又见森林"的思维方式。格力要求干部学会运用系统思维就是要干部具有全局意识、协同意识，对工作中的问题进行完整评估，并协同其他部门、下属员工来多渠道、全方位、宽领域地了解信息，全面认识问题。在解决问题时，干部要做好统筹规划工作，分类指导，也就是既有总体目标，也要有具体的任务分解，发挥员工的能动性，提高问题解决效率。在推进工作开展过程中，干部要把握力度和节奏，既要雷厉风行抓速度，又要闲庭信步保质量。

2. 善用辩证思维，解决主要矛盾

辩证思想要求我们善于处理局部和全局、当前和长远、重点和非重点的关系，在权衡利弊中趋利避害，做出最为有利的战略抉择。㊀辩证思维

㊀ 坚持运用辩证唯物主义世界观方法论 提高解决我国改革发展基本问题本领[N]. 人民日报，2015-01-25(001).

是格力干部提高管理水平和解决问题的一项基本功。对格力干部而言，正确地运用辩证思维，掌握对立统一、否定之否定、质量互变的规律来发现、分析、认识并解决实际工作中的问题，已经成为解决问题的重要思想方法。在格力管理中，董明珠经常用"100－1=0"的比喻形容辩证思维。在现实生活中，100－1=0 是不可能出现的，但对格力的各项管理而言，一些关键事件不允许出现任何一个差错，一旦允许一个错误出现，就会允许第二个错误出现，日积月累，当量变达到质变，就会对产品质量、组织管理、企业声誉等方面造成难以挽回的损失，最终的效益也可能为零甚至为负。

3. 培养创新思维，创造性解决问题

基于《创造性解决问题：全面系统干预》以及《钱学森传》著作中有关创新与思维的观点，我们认为，创新思维是人们对某事物、问题或观点等敢于突破传统思维，并产生新的见解、发现以及解决方法，从而创造性解决问题的一种思维方式。作为一家创新驱动型企业，格力十分注重培养领导干部的创新思维。格力要求干部在面对新问题时，不能因循守旧，要提出新方法，取得新成绩。干部还要全面了解相关信息，深入现场，深入群众，及时解决问题。

- 通过仔细观察和思考，透过问题表象来看问题本质，在现有知识、技术等资源基础上挖掘问题的改善点和创新点。
- 深入思考整合现有的技术、知识，将现有的信息、知识与方法进行重新组合、升华，发现新联系、新规律，获取解决问题的灵感。
- 不断尝试、反复试验，将创新的解决问题的想法变为现实。

4. 加强制度思维，规范行为边界

借鉴《钱学森传》一书中有关思维科学的阐述，我们认为，制度思维是指人们在一定的制度观的指导下，在管理实践活动中自觉遵守制度的思维方式。"无规矩不成方圆"，一个企业如果没有科学严谨的制度规范，就无法有序、正常地运行下去。格力通过开展人性化的、有组织的制度学习活动来加强制度思维，通过加强规章制度学习以及开展纪律教育月活动等方式让干部严格遵守制度，逐渐影响并重塑干部的思维习惯，让干部自觉地在内心养成制度思维，不断提高格力干部执行制度的严肃性、自觉性。首先，加强规章制度学习。格力通过不断加强规章制度的宣传、学习，使制度规范深入人心并得到有效落实。制度执行前，干部需要进行一系列的学习与培训，以充分熟悉制度的内容。在制度执行过程中，干部需时刻反思与改进自身不足，将制度规范有效地落实到位。比如，格力在2006年干部总结大会上提出"八严方针"，现场组织全体干部一同学习"八严"的内涵与理念，要求干部以身作则，带领全体员工一同学习并遵循"八严方针"。其次，开展纪律教育月活动。格力通过开展纪律教育月活动，就近期出现的违反规章制度的事例让各部门之间相互讨论与交流，以此认识自身不足，并在此过程中增强干部的制度意识和执行能力。

方法19　以德为先，赛马选才

格力选拔干部的标准是"德才兼备，以德为先"。在干部"德"与"才"的问题上，格力坚持两点论与重点论的统一。企业对于干部的要求，"德"与"才"两者不可或缺，但"德"与"才"相比，应该坚持把"德"摆在

更为重要的位置。"德"是第一位的,是"才"的统帅,决定着"才"使用的方向;"才"是"德"的重要支撑,影响着"德"的作用范围。干部有德无才,则难以担当大任;有才无德,则阻碍企业发展。因此,"德"是格力干部选拔的先决条件,如果一个干部的"德"不过关,无论"才"有多强,一律不予任用。

只有德行符合标准的员工才有机会进入格力的干部储备池。而在具体的选拔方式上,格力采取公开竞聘上岗、赛马选才的方式,让每一个员工都有机会参与干部竞聘,通过这种公平、公正、公开的竞聘方式,选拔出真正优秀的干部。

1. 以德为先,坚持四个标准评价干部

"德"是指德行、品行、品德、操守。领导干部的德是其世界观、人生观和价值观的综合反映,决定着其才智发挥和权力行使的方向与效果。格力对干部的"德"具体有四个标准:忠诚、奉献、务实、诚信。

首先,干部要忠于企业。忠于企业是格力选拔干部最基本的原则,干部作为企业中的关键少数,在企业中扮演着重要的角色。只有真正从内心忠于企业,他们才会时刻以企业的利益和发展为重。格力《干部行为准则》的第一条要求就是要忠诚友善,发挥带头作用,树立强烈的使命感。董明珠经常强调干部要忠诚,不忠诚的干部绝对不能任用,因此在格力,高级管理者如果选择从格力离职,那么原则上将不会再被公司接纳。

其次,干部要有奉献精神。格力要求领导干部带头讲奉献,奉献精神作为格力企业文化的重要组成部分,体现了格力人对自己事业不求回报的爱和全身心的付出。对干部而言,奉献精神就是能够不计较个人得失,全身心地为企业做贡献,把自己的命运与企业的发展联系在一起。讲奉献的

干部能在员工中发挥示范作用，而全体员工的齐心奉献正是企业的生命力所在。董明珠、朱江洪均是讲奉献的典型代表。"献身企业忘自我，棋行天下女豪杰"，这是挂在董明珠办公室的一幅字，赠字者正是格力前董事长朱江洪。对企业来说，领导人、中高层干部带头讲奉献，给其他员工树立了良好的榜样，引领着格力的全体员工共同为实现格力的伟大事业而奋斗。

再次，干部要踏实、务实。所谓"空谈误国，实干兴邦"，"实"也是格力企业文化的核心价值观之一。对干部而言，"务实"即少说空话、多干实事，脚踏实地、求真务实。干部要带头做好本职工作，无论工作大小，要始终以一丝不苟的态度对待每一项工作，力求将每一项工作做到位。干部要始终以精益求精的标准要求自己，从大处着眼，小处着手，主动工作，积极作为，不断提升自己的业务水平，在群众中树立威信。

最后，干部一定要诚信。人无信不立，业无信不兴，国无信不宁。诚信是一名干部最基本的品质。诚信即诚实做人、诚信做事，言必信，行必果。诚信是一种内在于心、外化于行的良好道德品质，只有诚实守信之人才能让人信服，才能成为别人的榜样。没有诚信，干部难以承担工作责任、树立威严，更不利于企业赢得来自消费者的口碑和来自合作伙伴的声誉。在格力，只有诚实守信之人，才会被委以重任。

2. 赛马选才，遵循四个环节选拔干部

格力对干部的选拔实行干部聘用制，由企管部联同相关部门组织讨论会，制定干部竞聘方案，并在格力内部发布干部招聘公告，鼓励所有符合基本条件的人前来竞聘。格力将这种通过公开竞争选拔人才的方式称为"赛马选才"。"赛马选才"强调靠制度、规则、实践来检验人才。格力通过赛马的方式来发现人才，给每一名想干事的人机会，让真正德才兼备的

人才脱颖而出，使企业选人、用人始终处于一个动态的良性循环之中。

在公开竞聘的环境下，格力会通过笔试、面试、答辩和360度综合测评来四重考核候选人。笔试环节侧重考察干部基本的管理知识储备。在面试和答辩环节，格力根据候选人申请的干部岗位进行差异化考核，比如针对技能型岗位，问题设置会突出对干部技术创新能力的考核，针对管理类岗位，侧重考核候选人分析问题、解决问题的综合管理能力，根据不同的岗位需求考察干部的任职能力。360度综合测评是对候选人基本素质的一个全方位的考评，格力会将诸如忠诚、奉献、诚信、沟通能力、领导能力等素质，量化为测评体系里的具体指标，制定调查问卷发放给候选人所在部门的同级员工、上级领导。基于测评体系，格力对候选人的综合素质进行打分，形成考察报告供公司领导决策。⊖对于选拔上来的干部，格力还设置试用期，只有在试用合格后才能成为正式的干部。

候选人来源以内部员工为主，候选人主要从干部储备池中推选或由各部门领导进行推荐产生。其中，干部储备池是企业干部队伍的重要来源渠道。格力每年都会根据干部岗位需求，发布干部招聘公告，将考核合格后的人才纳入干部储备池，定时、定量地储备干部，使其作为干部队伍良好的补充。

方法20　建立"能者上，庸者下"的绩效考核机制

干部绩效考核是检验干部的工作效果、效率和考察干部在岗能力的良好手段。在格力，干部能者上、庸者下、劣者汰已经成为常态。格力加强对干部的考核，对于不作为者、不思进取者予以惩罚，强化干部"有为才

⊖ 格力内部资料：干部360度考评标准。

能有位，在位必须有为"的思想认识，保持干部不断学习的热情。

干部绩效考核指标包含业务绩效指标与综合素质指标。一般企业对干部业务绩效的考核指标主要包含关键绩效指标和关键绩效事件指标，而格力还专门设置了管理创新项目指标来考察和激励干部在管理工作中的创新。比如，干部如果能将新的管理要素如新的管理方法、新的管理手段、新的管理模式等或要素组合引入企业管理系统，并且能够更有效地实现组织目标，即可适当增加干部在该项指标上的得分。其中，项目来源包括但不限于公司规划要求、部门职责要求、公司主管领导的重点工作要求、本单位重点规划项目以及工作过程中的重难点问题解决等。

干部的综合素质指标是对干部履行岗位职责所需能力和态度方面的考评指标。格力对干部的综合素质测评是从"德、能、勤、绩、廉"五大岗位胜任力的维度来考评的。其中，"德"是指从品德角度重点考察干部是否忠诚、奉献等；"能"是指从能力角度考察干部的领导能力、创新能力、沟通能力等；"勤"是指从考勤角度考察干部是否认真、勤奋地工作；"绩"是指从绩效角度考察干部所取得的工作成绩和重大成果等；"廉"是指从廉政角度考察干部是否廉洁奉公、公私分明。从这五个方面提取干部的关键能力及态度指标，设置调查问卷，通过对本单位及上下级员工的问卷调查及选取相关单位人员进行现场访谈的方式对干部的综合素质进行考评。这种考评方式能有效保证对干部综合素质考评的公正性、客观性，考评结果也能更好地评价干部的岗位胜任程度，驱动干部改进工作质量、提升工作效率、提高工作能力。对于不合格的干部，格力会予以免职，对于考核成绩好的干部，则会给予奖励。格力正是通过这样的考核机制，使得干部能够自觉提升岗位胜任力，不断进步。

原则8　自主建设人才队伍

在"以人为本"理念的指引下，格力强调自主培养人才队伍：一是集团科学统筹人力资源规划，实现定岗定编；二是以企业自身切实的人才需求为导向，多渠道招聘人才，自主开展招聘工作，实现人企匹配；三是自主搭建培训体系，构建多元化培养机制，从企业自身需要出发培育员工，强化员工对格力的文化认同以及忠诚度。

方法21　科学规划，实现定岗定编

珠海总部作为格力的决策中心，权力集中，对公司资源具有绝对的决策权、调度权。格力采取集团管控的方式统筹规划下属子公司的人力资源活动，由总部统一制定人力资源政策与管理制度，直接管控下属子公司的人力资源配置计划。格力通过明确规定各岗位人员配置的数量，有效地控制企业招聘的员工数，并逆向驱动各部门和子公司"提质增效"，鼓励管理创新，增强员工技能，提高工作效率。

在早期，格力在人力资源管理上采取分权式管控，珠海总部人力资源管理部门只负责制定人力资源核心政策，而子公司拥有高度的自主权，其可根据总部给定的经营目标，独立地规划人员数量，开展招聘工作。随着总部下达的生产、销售目标逐步提高，一些子公司为了完成公司总部的经营目标，通过大量扩增员工数量来推动生产经营绩效的提升，虽然短期内能完成公司的经营目标，但是随之而来的人力成本、管理成本增加和岗位冗余、工作效率低下问题都开始显现。于是格力开始对整个集团的人力资源管理模式进行改革，强化总部集团管控，由珠海总部制定统一的人力资

源政策与管理制度，整体统筹集团的人力资源规划，严格管控子公司的人力资源活动。[1]

拟订人力需求计划。该计划由集团年度经营目标和人均效益目标共同确定。集团高层在每年1月份的年度会议中，确立公司年度经营目标。人均效益目标则是在以往集团人均效益基础上提高适当比例来确立。最后，由这两个指标来合理评估集团总的人力指标，并分解各子公司人力指标。

在集团制订的人力需求计划的基础上，格力引导各单位开展组织结构优化、流程精简活动，使公司组织结构趋于精简化、标准化和扁平化。

总部对子公司人力资源管理进行统筹、监督，通过实地调研访谈、岗位写实、专题研讨等方式探讨各单位岗位编制标准的合理性，结合实际情况对各单位岗位编制动态管控。目前，格力已全面实现公司范围内组织、岗位和人员的动态科学管控。通过总部统筹，格力的员工总量得到控制，员工队伍结构趋于合理，员工队伍素质逐步提高，劳动效率逐步提升，人力总成本得到有效控制。

方法22　自主招聘，促进人企匹配

不同于一些企业将招聘工作外包给其他中介公司，格力认为只有企业自身才最理解自己对人才选拔的标准和理念，因此格力坚持自主招聘以选拔出适合格力的人才。在招聘环节，格力拓展人才引进渠道，三线招聘人才，从而选拔出符合企业发展需求的人才；在招聘团队培养上，格力通过建设矩阵化招聘团队以提升人才招聘水平；在人才遴选过程中，格力遵循应聘者的能力与岗位相匹配、应聘者价值观和企业文化相匹配的原则。格

---

[1] 调研访谈：人力部，2016-04-12.

力通过自主招聘的方式保证选拔出最适合自己的人才。

1. 拓展人才引进渠道，三线招聘人才

针对公司不同的人才需求，格力通过三条渠道开展招聘。具体来说，一是以应届大学生为主体的校园招聘，二是以技工人才为主体的定向人才招聘，三是以公司各级单位、各部门提出的需求计划为导向的专项人才招聘。

开展规模化的应届大学生招聘，满足公司人才储备和梯队建设的需求。 为广泛招聘到优秀的人才，格力每年会在全国的20多个中心城市的30多所院校开展校园招聘，举办近50场招聘宣讲会，覆盖华东、华中、华南等区域，每一次招聘宣讲会持续时间约为1个月，格力通过大规模的校园招聘致力于寻找最契合格力发展需求的应届人才。

进行常态化的技工人才招聘，保证公司技工人才队伍的稳定。 在生产线转型升级的趋势下，为满足公司对技工人才的大量需求，格力通过与多所技校开展校企合作，设置"格力定向班"，为学生提供专业奖学金之外，还通过聘请企业导师授课、开设格力文化培训课程等各项活动提高学生的综合素质。依靠这种合作式的技工人才招聘方式，格力能及时向技校反馈员工技能、理论知识等方面的要求，有助于针对性地提升技工相关的岗位技能，是格力招聘应用型和实践型技工人才的有效途径。

实行定向式的专项人才招聘，保障公司对高端、紧缺及新领域人才的需求。 根据企业发展需要，格力通过行业人才推荐、专题学术交流会、展会、高等院校、定向的猎头公司等渠道，招聘新领域、新项目急需的高端人才。例如，当采购、研发、生产等部门增添智能家居的人才需求时，相应部门可向人力部提出人才需求，之后人力部通过多方评估、考察岗位需

求后制订需求计划，当审核通过后即立项，后续通过专项人才招聘渠道实现人才引进。

2. 提升人才招聘水平，建设矩阵化招聘团队

招聘团队的素质与人才选拔过程密切相关。对企业而言，要想招到理想的人才，一支训练有素的招聘团队是必不可少的。格力坚持建设矩阵化招聘团队，实现招聘人员知识、能力的互补，并辅以培训和考核机制来塑造强有力的招聘团队。

建设矩阵化招聘团队。不同于其他企业将招聘工作完全交由人力资源部负责的做法，格力紧密结合招聘岗位特点，建设矩阵化招聘团队。矩阵化招聘团队是一种多元化结构，除了包含传统的人力部这一垂直结构外，还叠加了其他部门，如应聘者所应聘的部门、相关科室的中高级管理人员等，这种组建方式能够实现招聘人员之间的知识互补、能力互补，最大限度地发挥项目化和职能化结构的力量，进而提高招聘过程、面试过程的有效性。

提升招聘团队专业性。由于跨部门招聘小组内成员素质存在差异性，格力会对招聘人员开展培训，培训内容包括基础培训、进阶式培训和高阶培训。

- 基础培训主要是为了强化招聘人员对格力企业文化、企业用人标准的认识。
- 进阶式培训包括面试技巧的培训，主要针对面试中如何进行有效提问展开，包括情景式、现场式、开放式、连串式、非引导式、封闭式等多种提问方式以及如何避免错误的提问方式等内容。
- 高阶培训包含如何观察并解读应聘者的肢体语言，如头部动作、眼神、手部动作、脚部动作等多个方面。

最后，格力还会通过专项培训提高小组成员的专业知识和技能，只有顺利通过培训验收的人员才能获得相应资质进入招聘团队，开展招聘工作。

3. 强化人企匹配，遴选适合格力的人才

许多企业选拔人才，往往只看重人的学历、专业技能、社会实践经历等，忽略对其价值观的考量，这就可能会导致选拔出来的人才仅仅满足岗位需求，却不适应企业的长远发展。格力认为，企业招聘员工，对"优秀"的要求是相对的，对"适合"的要求是绝对的。因此，格力以人企匹配为原则进行人才的遴选，力求达到员工与企业的两个匹配：一是员工的能力与工作岗位相匹配，二是员工的价值观与企业组织文化相匹配。

应聘者的能力与工作岗位相匹配。员工的能力体现在知识储备、技能水平、综合能力等多个方面。为实现应聘者的能力与岗位匹配，格力会根据岗位需求来考察相应的能力，如针对技术岗，格力会通过专业的笔试、实操考试等来考核应聘者的技能，同时在面试环节还会考察应聘者是否有创新意识，是否具有一定的解决问题能力。

应聘者的价值观与企业文化相匹配。格力注重考察员工的价值观是否与企业文化相匹配。对于价值观这种内隐的人格特质，格力会在面试过程中着重考量，如询问应聘者对格力文化的认识，能否谈一下对格力"实文化"的理解，心目中理想的领导是什么样的，希望公司有一个什么样的氛围等，此外还会以情景模拟的方式向应聘者提问，以此来考察应聘者的价值观是否与格力的企业文化相符。

方法23 自建体系，让人才培养格力化

人才培养是企业对员工从心理诉求到职业发展的全方位的关怀、教育与提升，是提升员工岗位胜任力、加强员工对企业文化认同的关键。不同企业根据自身发展需求制定相应的人才培养方案。格力坚持自主人才培养，针对不同员工群体，制订差异化的培养计划，并依靠企业自身的培训资源对员工进行培养。

格力通过自主搭建培训体系、构建多元化自主培养机制，从企业自身需求出发来培育员工、发展员工，并在潜移默化的文化熏陶下强化员工对格力文化的认同，提高员工的忠诚度，在长期实地培训中加强员工对企业运作流程和制度的熟悉程度，从而帮助员工更好地适应格力。

1. 提高水平，建立"三自主"员工培训体系

（1）**自主开发课程体系**。随着企业管理发展的深入，外界通用流行的课程培训内容难以针对性地解决企业内部庞大的、个性化的培训需求。因此，格力结合自身的经验教训和实践中摸索出来的知识总结，自主开发培训课程体系。

课程体系覆盖全员。针对班组长、科室主管、储备干部、中层干部，格力建立了"金字塔式"培训课程体系，例如针对主管群体，格力据其特点设计出"训前导入＋理论教学＋案例研讨＋行动巩固"的综合训练模式，从而提升主管的理论知识储备，切实加强将培训内容运用于工作实际的应用能力。针对专业技术员工，格力开发了生产类、研发类、销售类、职能类课程。

课程内容差异化。遵循人的学习规律，格力针对不同群体，开发由易

到难的课程内容，例如针对生产管理岗位的员工，管理开发出通用课程与基础必备课程、强化提升课程、新热点课程等专业课程。又如，格力针对中层干部的进阶式培训，相应地开发进阶式的培训课程。

（2）自主建设讲师队伍。 格力通过内外部招聘、项目制选拔、多元化培训与发展性评级考核等一系列方式自主建设讲师队伍，不断壮大师资团队并提高讲师授课能力与水平。

首先，内外结合，招聘合适讲师。格力根据企业内部课程需求，通过内部充分挖掘潜在讲师、与外部讲师合作两个途径来招募与需求相对应的讲师，其中以内部选拔为主。

其次，开展评选，选拔优质讲师。格力通过精品讲师培养项目、年度十佳讲师评选及讲师级别发展项目与举办"智造传承—格力好讲师"大赛等发现并选拔精品讲师。

再次，多元化培训，历练讲师。格力针对公司内部讲师及外部售后讲师培养建立培训认证课程体系及标准化流程，推动内外部一、二级讲师队伍建设，形成自身培训运营能力。此外，格力与德国达姆斯塔特大学、清华大学、华中科技大学等国内外知名高校保持长期人才培养合作，引进先进培训资源和培训体系对讲师进行培训，提升讲师队伍实力。

最后，发展性评级，考核讲师。讲师分为实习讲师、初级讲师、中级讲师、高级讲师、特级讲师五个发展级别。格力通过考核讲师在每一阶段内课时、满意度、培训效果等业绩指标，对讲师进行评级，从而激励讲师不断学习与总结经验以提高自身能力。

（3）自主搭建学习平台。 企业传统的员工学习活动存在组织难、费用高等缺点。格力结合互联网时代学习发展的新趋势，自主搭建学习平台，例如格力搭建了"掌上通"售后技术学习平台，引入微课程设计技术，自主拍摄微课程视频，形成了包括家用、商用及生活电器三大类的微课程视频库。这种自主搭建的学习平台能有效解决售后人员集中学习难以实现、知识传递效率低下、员工流动性大、学习过程管理难等问题。而且，该平台将多方学习资源汇聚起来，使员工能够随时随地利用碎片时间学习，也方便员工查找与分享学习资料，不仅能提高学习资源的传递效率，还能满足员工的个性化需求。

2. 分类指导，健全员工入职培养机制

建立针对一线新员工的"2+2"入职标准化培训机制。入职标准化培训从"理论＋实操、技能＋意识"这两个层面、四个维度展开。格力制订了完善的理论教育计划，规定每一批一线新员工都需要经过安全、质量、生产、纪律、文化等系列的知识培训，格力还通过播放微电影、开展主题班会、组织军训拓展等多个活动加强新入职员工思想素养教育。此外，格力建设了占地3000多平方米的实操训练基地和质量意识教育基地，模拟一线生产流程，新员工需要在分厂、质控单位和工艺单位三方验收之后才被分到各分厂。由此，格力形成了一线员工培训"理论＋实操、技能＋意识"的"2+2"标准化训练模式。

在一线新员工入职后，针对公司业务发展需求，格力培训部还建立了从一线新员工，到技能工，再到技优工，最后到技能精英的培训支持体系，组织开展在岗职工资格考证培训、特殊工种考证培训、劳动技能大赛等专项工作。

建立针对大学生群体的6-1-3短、中、长期培训机制。新入职的大学生，从大学到企业，从校园到社会，往往是人生中一个较大的转变，此时他们最需要的就是一名经验丰富的良师来传道授业、答疑解惑。而格力的导师制正是基于这样"以人为本"的理念而生的。

格力对大学生群体实行导师制,即为每一名入职的大学生配备一名导师。在大学生入职后的不同阶段,格力建立了短期、中期、长期三阶段的"6-1-3"大学生培训机制,让刚进企业的大学生能够平稳、快速地实现从校园到企业的过渡。在入职短期内(6个月以内),大学生只是对企业形成初步了解,因此格力通过入职培训、军训与拓展、专业分营培训、入职心理引导、专题竞赛等培训着重让大学生了解和学习企业文化、制度规章、部门职责及就职岗位的重要性等方面的知识,同时给他们分配难度适中的工作任务以考察其工作能力与学习能力。在入职中期内(1年以内),大学生已初步掌握岗位工作技能,因此格力为大学生安排较为重要的任务,关注他们的能力发展情况以及发展短板等,并提出针对性的改善建议。在入职长期内(3年以内),大学生已基本能在重点工作岗位中独当一面,因此格力为其安排团队型项目并让他们在项目中负责独立的任务板块,以此锻炼大学生的人际关系处理能力与沟通协作能力。

此外,格力还会对大学生在此期间的绩效、培训满意度、技能水平等做长期跟踪,以掌握人才与岗位的匹配度并适当做出调整。格力针对大学生的6-1-3培养模式,密切结合大学生初入格力转变角色的成长过程,帮助大学生快速适应格力,致力培养一批批优秀的人才,它既是一种科学的培养方法,也是一种人性化的管理模式。

原则9　鼓励员工在为企业做贡献中实现个人价值

企业是员工实现个人价值的重要载体,员工是推动企业发展的力量源泉,两者相辅相成、密不可分。只有深刻认识并兼顾好两者的关系,企业才能获得长足的发展。格力一直鼓励员工在为企业做贡献中实现个人价值。首先，格力鼓励员工爱岗敬业，为企业发展献计献策，同时注重满足员工的初级需求（存在需求），培养员工的主人翁意识；其次，格力强化员工的文化认同，建立健全机制，从而增强员工的责任感和奉献精神；最后，格力注重员工为企业真正做出贡献，通过对员工进行精神荣誉激励，满足员工的高级需求（成长需求），帮助员工在贡献之中实现个人价值。格力致力于让员工相信：如果我付出了最大努力，就能够在绩效评估中体现出来；如果我获得了良好的绩效评估结果，就能够得到企业的奖励；如果我不断得到企业的奖励，就能够促进我实现人生的目标。

方法24 培养员工的主人翁意识

格力通过培育员工的主人翁意识，激励员工以为企业的发展贡献力量为己任，勤奋工作，努力奋斗，在奋斗中实现自己的人生价值。

1. 引导员工树立主人翁意识

企业和员工之间并不是简单的雇用关系，而是息息相关、荣辱与共的命运共同体。培养员工的主人翁意识，是格力引导员工行为、激发员工奉献精神的基础。

主人翁意识所蕴含的不仅是员工对企业的肯定和认同，也是一种员工对企业的归属感和使命感。格力培养员工的主人翁意识，不仅要求员工对自己的本职工作负责，同时也鼓励员工为企业发展献计献策。

培育员工爱岗敬业的精神。 岗位是集体与个人之间的连接器。每个岗位都有相应的工作任务，对岗位负责、做岗位的主人是员工的"本分"。

格力所倡导的"讲真话，干实事"，就是对主人翁精神最基本的诠释。格力制定了员工行为准则、岗位工作标准等相关制度，倡导员工弘扬敬业爱岗的精神，要求员工以认真负责的态度对待每一项工作，完成每一项任务。

鼓励员工为企业发展献计献策。主人翁意识是一种当家做主的思想意识和态度，是员工站在公司发展的角度进行思考和行事的思维方式。格力鼓励员工充分参与到企业的运营管理工作中，不是简单地将高层领导意志强加于员工，而是希望能通过此举让员工充分感知到企业对他们的尊重和信任，激发员工的工作热情。格力通过参与式管理、全员提案制以及职工代表大会的形式，给予员工充分的机会和平台参与到公司的计划和决策中，为企业建言献策，与企业共同发展。比如，格力的全员提案制借鉴了全国人民代表大会的形式，让每个代表提出自己的提案和建议，所有的建议均登记在册，统一汇总后分发给各相应责任单位，并要求各单位及时吸纳合理建议进行落实整改，在下一年的年会上汇报落实完成情况。全员提案制充分调动了格力员工的积极性，让他们主动思考和实践，从而推动公司不断完善经营管理制度，实现可持续发展。

为使员工建言献策的渠道更为畅通便捷，格力还开发了"全员合理化建议平台"手机应用软件。任何员工都可针对公司日常运营存在的问题在应用中提出自己的建议。这些建议信息会被直接提交给受理部门，经相关单位讨论、评审并被公司采纳后，对方案提出者进行奖励。

2. 满足基本需求，保障员工职业稳定

需求是个人努力争取实现的愿望。员工因为有需求，才有了工作的动力。而员工最基本的愿望就是满足衣食无忧的生存需求，和拥有稳定适足

的生活、免遭痛苦和疾病侵扰的安全需求。企业只有明确员工的现实需求，才能找到激励的最佳切入点。作为制造企业，格力十分清楚，企业的发展离不开所有员工的辛勤奉献，而员工对生存和安全等较低层次的需求是最为迫切和敏感的。为此，格力一方面通过优化薪酬资源配置，让全体员工共享企业发展成果；另一方面通过采取长期雇用制，保障员工职业的相对稳定性。

一是优化薪酬资源配置，全体员工共享发展成果。格力取得的成就离不开全体员工的辛勤付出，格力必须注重发展成果的普惠性，努力使全体员工共享企业发展的成果。2016年11月24日，格力发出《关于公司全员每人每月加薪1000元的通知》，为全体入职满三个月的员工每人每月加薪1000元，这意味着格力每年将增加近10亿元的支出。2018年2月，格力再次宣布按照人均每月加薪1000元的总额度，根据绩效、岗位给员工加薪。⊖

奥尔德弗（1969）在其提出的ERG模型中指出，人的需求可以分为三类：存在需求（包括生理和安全）、关系需求（归属、社交和尊重）、成长需求（自我实现）。作为一家全球工业集团，格力拥有大量的一线员工，在某种程度上说，如何满足一线员工的存在需求，成为人力资源管理重要的工作之一。格力在2016年给每人加薪1000元，大大提高了一线员工的薪酬待遇，满足了员工最基本的生存需求。2018年的加薪则通过专业技术等级评定、绩效考核评定，根据员工的能力水平及贡献程度予以加薪，这样能更有针对性地激励员工努力工作。

二是采取长期雇用制，保障员工职业的相对稳定。员工最大的安全感

⊖ 张钦. 董明珠派红包 格力人均每月加薪1000元[N/OL]. 北京青年报，2018-02-27[2018-03-29].http://epaper.ynet.com/html/2018-02/27/content_279899.htm?div=-1.

来自于企业对其职业生涯稳定的承诺。尽管日本企业奉行的终身雇用制极大地保证了员工职业生涯的稳定性,但是不利于调动员工的积极性和创造性。而另一些企业奉行的末位淘汰制,虽然对促使员工积极地、创造性地做好本岗位工作发挥了一定作用,但是这一制度在实际的实施过程中明显暴露出有失科学和公正的一面,同时在末位淘汰制的压力下,容易造成员工急功近利的行为。格力一直致力于在保障员工职业稳定和提高员工积极性与创造性之间寻求平衡,既不搞终身雇用制,也不实行末位淘汰制,而是采取长期雇用制。长期雇用制是指经企业正式录用,除非由于劳动者自身的责任,否则企业将避免主动解雇员工。⊖通过尽可能增加员工合同的期限,保障员工职业的相对稳定,这既是格力对保障员工职业稳定的郑重承诺,也能够促使员工在工作中保持高度的责任感,在完成本职工作的基础上,发挥个人的创造力。

此外,为了减轻公司员工及其直系家属在重大疾病、非工伤等方面的医疗经济负担,格力成立了"格力阳光互助基金"。迄今为止,该基金已经救助超过500名格力员工及其家属。作为一家负责任的企业,格力除了依法为全体员工缴纳养老保险、医疗保险、失业保险、工伤保险、生育保险和住房公积金等"五险一金"外,更是依据员工的岗位属性,为其购买人身意外险、重大疾病保险等额外保险,尽企业之所能,保障员工的人身安全和稳定生活。对那些为企业做出杰出贡献的员工,格力甚至为他们的家人提供各类保险,解决员工的后顾之忧,让他们全身心地投入到工作中,持续为企业做出贡献。

⊖ 欢佩君.日本企业的终身雇用制度及其变化[J].日本问题研究,2003(3):21-22.

3. 加强企业关怀，提升员工归属感

员工归属需求对企业的长足发展至关重要，满足员工归属需求，是促进员工个人目标与企业整体目标协调统一的关键所在。格力通过满足员工归属需求，使员工产生自我约束力和强烈的责任感，调动员工的内驱力以形成自我激励，最终带来投桃报李的效应。格力采取了一系列措施加强企业对员工的关怀，提升员工的自我归属感。例如，为员工量身定做全套西装，供应兼顾南北风味的食堂快餐，建立覆盖珠海各大公交站点的班车网络等。在新员工入职时，格力会在欢迎仪式上准备一个大的签字板，新员工可以在上面签字，以其为背景合影留念。格力此举充分体现了对员工的尊重和重视。此外，格力还推行"一人一居室"计划，帮助员工解决住房问题。

格力一直以员工的幸福生活为己任，致力于提升员工的归属感。早在2005年，格力便斥资2亿元建成格力康乐园一期，帮助一万多名员工解决住房难问题。到了2014年，投入超过4亿元的康乐园二期"一人一居室"工程正式投入使用。公寓内电器家具一应俱全，与住房条件改善同步进行的，还有格力员工生活区配套服务的不断完善。⊖ 2016年年末，格力斥资20亿元，建设了3000套人才公寓，解决格力骨干员工的住房问题。⊖ 随着"人才公寓"项目的启动，格力已经形成了集"专家房、大学生房、集体宿舍、过渡房"于一体的员工住房体系。员工只要对公司带来巨大贡献，均可入住最高层次的专家房；大学生房即"一人一居"房屋，大专以上学历的新老员工均可申请；集体宿舍四五人一间，供大专以下学

⊖ 格力新闻. 格力电器：懂得感恩员工，企业才能成功[EB/OL]. (2016-11-24)[2018-03-29]. http://gree.com/pczwb/xwzx/cms_category_1261/20161124/detail-17527.shtml.

⊖ 黄细英. 董明珠兑现分房承诺 3000套人才公寓动工[N/OL]. 南方工报, 2018-08-29[2018-04-12].http://epaper.grzx.com.cn/html/2018-08/29/content_52490.htm?div=0.

历员工居住；过渡房，夫妻一方为公司员工即可申请。格力此举不仅改善了员工的生活环境，更加深了员工对企业的认同感和归属感。

让每个员工感到企业的理解、关怀，实现体面工作、有尊严地生活，是格力凝聚人心、提振士气的方式。格力正是凭借对员工的理解和关怀，不断增强员工的归属感，从而打造了一支充满凝聚力与向心力的优秀队伍。

方法25 增强员工的责任感和奉献精神

没有责任感和奉献精神，何谈贡献？格力注重文化氛围的营造和制度建设，一方面，通过强化员工对格力文化的认同，培养员工的责任意识；另一方面，建立健全机制，激发员工的奉献精神。

1. 强化文化认同，培养员工的责任感

责任感是一种自觉主动地做好分内分外之事的精神状态，它表现为不替失败找理由，不为错误找借口，既利己又利企，而且当自己的利益同企业的利益相矛盾时，以企业的利益为重。只有具有责任感的员工，才会对所做的工作尽职尽责，驱动自己全身心地投入到价值创造活动中，为企业的持续改善和发展出一份力。格力坚持将责任感作为考核员工的基本标准之一，重视对员工责任感的培养。一是强化员工对企业文化的认同；二是建立健全责任制，引导员工树立责任意识，正确履行职责。

强化文化认同，引导员工树立责任意识。 员工的责任感与员工的价值取向具有重要的关系，且会反映在日常工作和实践活动中。因此，引导员工认同格力文化，对员工责任感的提升有重要意义。首先，在人才选用上，除了强调对人才能力上的要求，格力也会有选择性地从思想意识、价

值观念上遴选与格力企业文化相吻合的员工。其次，在培养环节，格力强调通过思想教育强化员工的责任感。在初步选拔出符合企业精神特质的员工后，格力还会在入职培训阶段对员工进行企业文化培训，引导员工认同格力文化，喜爱格力文化。

建立健全责任制，保证员工履行义务。员工的责任感不仅表现为一种精神状态，还体现为实际的行为。因此，除了用文化培养员工的责任意识，格力还注重考察员工在实际工作中是否履行了相应的职责。为此，格力建立了科学完善的责任制度，通过明确各个部门、岗位的工作职责，让所有的员工清楚问题出现在哪里，应当由谁来承担，一旦问题出现之后，就不会出现互相推诿的现象。比如，格力针对研发、生产、质量、采购等部门建立了责任制度，规定各职能部门的基本职责、工作范围、拥有权限、关系等；针对管理岗、工人岗、领导干部岗位等也建立了相应的责任机制，并对失职失责的员工进行责任追究，对主动承担责任的员工予以一定的奖励，通过赏罚并重的方式，为员工履行义务，正确行事提供了强有力的体制保障。

2. 健全机制，激发员工的奉献精神

奉献，是不求回报的爱和全身心的付出。奉献精神，是个人对维护企业利益、实现企业目标的坚定不移、无比强烈的思想感情和精神意识。奉献精神来源于自觉意识。自觉，在哲学意义上，就是内在的自我发现与外在创新的自我解放意识，它是个体内在动机被唤醒的过程。[1]一个人有了自觉，就能主动地、发自内心地为企业付出自己的心血，竭尽全力地完成任务，为企业创造价值。

---

[1] 陈锐.组织与员工："奉献"的悖论[J].企业经济，2011(6):71-74.

在格力，员工的奉献精神主要体现在两个方面：首先，为了企业的发展毫无保留地付出，这种付出不仅是员工之间的倾力相助，相互扶持，还是员工不计个人得失，坚守岗位，与企业同甘共苦。从朱江洪身先士卒充当搬运工，与基层员工一起埋头苦干，冲锋陷阵，只为顺利完成公司的生产任务，到董明珠因病住院，依然带病坚持在医院病房面试新员工，格力人用实际行动彰显着什么是竭尽所能，不求回报的付出。其次，格力人的奉献精神还体现为热爱自己的事业，勇于创新，追求卓越。只有心怀奉献精神的员工，才会把工作当成自己的事业，在工作过程中主动发现问题，刻苦钻研，寻求突破，追求创新，力求完美，在自己的岗位上不断创造新的价值。格力深知，只有员工把自己的命运与企业的发展联系到一起，才会自觉、自发地为企业奉献自我。

加强精神文化建设。精神文化，包括企业的理想信念、价值追求、文化传统、经营理念，是企业文化的灵魂。㊀精神文化具有导向性的作用。格力注重加强奉献文化建设，积极引导员工践行社会主义核心价值观，对格力奉献文化进行学习和理解，主动融入格力的文化建设。例如，格力通过《格力电器报》开辟专栏，开展表彰大会，定期举办交流分享会、社会主义核心价值观专题讨论会等形式，让那些在岗位上辛勤付出，做出成绩的员工分享自己的经验，强化全体员工对格力奉献文化的认同感。

履行组织承诺，激发员工奉献动力。先奉献后回报，有奉献必回报，既是一种非正式的组织承诺，也是一种组织制度。只有让员工感到自己不但在为公司做事，更重要的是在为自己工作，才能提升员工对企业的认同感，进而发展成为一种责任感和使命感。格力通过对薪酬指标进行完全量化，科学制定并实施"以岗定薪""绩效导向""能力付薪"的"3P薪酬管

㊀ 张振刚.卓越创新创业团队[M].广州：华南理工大学出版社，2013.

理体系"。其中，3P分别指员工岗位（position）、绩效（performance）和能力（personality），通过外部薪酬调查和岗位价值评估确定员工的岗位基础工资，通过绩效考评确定员工的绩效工资，通过任职资格评定确定员工的能力水平，根据评定结果发放奖励工资，以此确保员工能够获得与其奉献相匹配的回报，从而激发员工奉献的内在动机，在工作中付出更多的努力，为企业创造价值。

构建激励机制，树立员工自信心，激发员工奉献热情。格力鼓励员工充分发挥奉献精神，除了以精神引导员工，加强文化认同，还将这种理念落到实处，建立鼓励奉献的长效机制，给予员工信任感，培养员工的能力，使员工拥有奉献的自信心，从而自主、自发、自觉地进行价值创造。首先，格力为员工提供优越的学习环境和培训资源，帮助员工掌握专业技能，提升个人能力水平；其次，营造条件，支持员工开拓创新，勤奋进取。比如，针对科技人员，格力会基于员工的能力素质，分配他们参与到格力的研发项目中，并提供充足的资金支持，以此激发员工的奉献热情。正是在这样的支持下，格力人由内而外地认同格力的"讲奉献"文化，心甘情愿地为格力的发展奉献自己的力量。

方法26　激励员工在为企业做贡献中实现个人价值

员工的责任感和奉献精神固然重要，但是对企业而言，不仅要激发员工的奉献之心，更要引导员工做出贡献之实。格力从精神层面出发，综合运用各种激励手段，通过为员工提供良好的发展平台和机会，激励员工全身心地投入到价值创造活动中，为企业发展做出贡献并实现自我价值。

1. 鼓励员工为企业做出贡献

"贡献"与"奉献"的差别就在于员工的付出能否真正推动企业的发展。这就要求格力员工不仅具有奉献精神，更要具有贡献能力。反映在日常工作中，格力员工发扬"贡献"精神的关键除了在于能否"立足岗位，对工作负责"之外，还在于能否创造性地解决问题。

格力支持员工在企业价值创造过程中把握一切机会挑战自我、开拓创新、超越自我，在创造性解决问题的过程中提升自我。

一是搭建知识管理平台，鼓励员工创造知识。创造性地解决问题需要员工具有深厚的理论知识积累，知识的积累过程也是不断发现问题并解决问题的过程。格力认为，在一个企业内部，每个员工都会积累方方面面的经验和想法，但是如果这些无形的财产只存在于个人层面，而没有形成共同的财富，将是巨大的损失。为此，格力专门搭建了便捷的知识管理平台，鼓励员工把平时研发和创新过程中的失败或成功的经验梳理出来，上传到平台上，再由格力进行集中管控。如此一来，能够方便员工随时、及时地分享和获取学习资源，帮助员工分享知识、积累知识，进而创造知识。

二是鼓励员工积极探索，勇于创新。格力倡导理论知识要与业务实践紧密融合，用理论指导实践，并在实践中创造性地解决问题。格力鼓励员工在实践中勇于创新，并为员工提供资源条件，不仅对研发投入不设上限，而且向全体员工免费开放所有实验室。任何一位员工，只要理由充分，向实验室主管单位提交申请，就能够免费使用实验室设备。

⊖ 调研访谈：张华，2018-02-09。

2. 注重精神荣誉激励

相较于生存和归属需求，员工的尊重需求属于较高层次的需求。企业要想让员工在工作中以企业利益为重、爱岗敬业、甘于奉献，就必须尊重员工的劳动成果，重视对员工的精神激励。经过多年的发展实践，格力认识到知识型员工都有被认可和受尊重的愿望。为此，格力专设了《科技专家管理办法》《科技进步奖管理办法》等一系列奖励办法，表彰在公司科技、管理工作中做出贡献的集体和个人，通过适当的荣誉激励满足员工尊重需求。如图4-2所示，格力设立的公司级科技进步奖分为科技创新奖、工艺技术奖、管理创新奖3大类、12个小类，每类获奖项目都会在公司内部以红头文件的形式公布。此外，对于获奖的员工，格力还尽力帮助其申请国家级和省市级荣誉，包括珠海市"高层次人才""青年优秀人才""高端产业人才""产业发展与创新人才"及"国家百千万人才计划"，享受"国务院政府津贴"等荣誉，对员工为企业做出的贡献给予充分的认可和尊重，不断增强员工的自我效能感，使他们不断增强自信心去创造新的业绩。

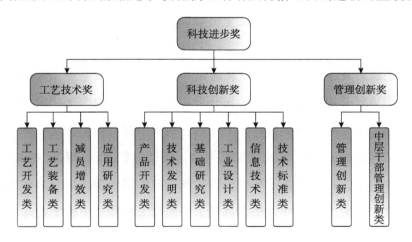

图4-2　格力公司科技进步奖

3. 帮助员工实现自我价值

格力十分重视人才培养，为员工施展才华、发挥潜能提供充足的机会和广阔的平台，让员工真正参与到企业管理中来，帮助员工实现人生价值。格力重视给年轻员工以机会，帮助他们在为企业做贡献的过程中不断成长和进步，实现自我价值。

一是构建完善的培训机制。培训对知识员工的重要程度不亚于物质激励，完善的培训制度和浓厚的学习氛围，往往更能激发员工的工作热情，提高劳资关系的稳固程度。格力深谙平等的教育培训机会对员工成长和企业发展的重要性，为此制定了《员工培训管理办法》《培训经费管理办法》《关键重点岗位人员上岗证管理办法》等一系列完善的培训制度，真正做到全员覆盖、分类培养。㊀格力还面向全体员工打造了以"加速学习，转型突破"为主题的全员个人学习成长计划，以各部门、分厂为主导，以各科室为基本落实单位，通过读书、阅读报刊资料、网络及移动学习、视频学习、实操调研、导师及专家请教、工作实践、参加展会、技术交流、参加公司内部培训等多种方式开展全员培训，让所有员工都有机会接受教育培训。

二是建立开放畅通的职业发展通道。自我实现需求是员工需求的最高层次，职业晋升则是对其价值的充分肯定。员工对自我实现的渴望能够极大地激励其在工作中奉献自我，为企业创造更大的价值。因此，格力重视为各类人才提供广阔的成长和发展平台，帮助他们实现自我。在纵向上，针对管理人才，格力设置了从组长、科长，到中层干部，再到公司高管的发展路径；针对专业人才，格力设置了从助理工程师、中级工程师，到高

㊀ 格力内部资料：员工培训管理办法，2016-07.

级工程师、资深工程师,再到特级工程师的发展路径。在横向上,格力支持员工在经营销售、技术研发、工艺质量和生产管理等不同职能部门间转岗轮岗,实现自身的综合发展,可以说格力为员工提供了全方位的职业发展通道(如图4-3所示)。

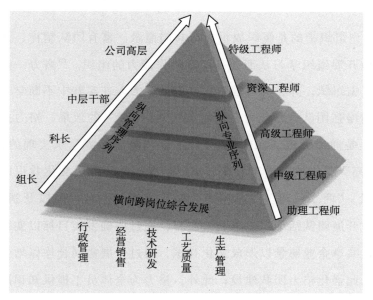

图4-3 格力员工职业发展路径

格力重视运用物质激励、精神激励等各种激励手段,不仅满足了员工的基本需求,还增强了员工的归属感,建立起企业与员工的命运共同体,鼓舞员工在为企业创造价值、做出贡献的过程中实现自我,让每一个有想法的员工都能在格力这个平台上发光发亮。

当企业真正视员工为企业最大的资源和财富时,企业的所有激励活动都将以员工个人价值的实现和企业发展目标相统一为原则,那么实现企业与个人的共同发展就是水到渠成的事了。在近30年的发展实践中,格力始终鼓励并支持员工在为企业做贡献中实现个人价值。许多员工在格力提供的平台上取得了不凡的成就,也因为有这些爱岗敬业、甘于奉献的员工的共同奋斗,格力从一家默默无闻的空调小厂,逐渐成长为如今的全球工业集团。

原则10 打造学习型组织,增强团队合作能力

学习型组织指的是组织成员拥有共同愿景、富有团队精神,并通过持续不断地开展组织学习从而提高团队协作能力的组织。[⊖]格力一直强调要打造学习型组织,并在此过程中积极引导格力人在实践中不断学习,在学习中不断增强团队合作能力,从而达到"1+1>2"的效果。格力打造学习型组织,是通过促进"四个提高"、提供"两个保障"来实现的,其中,"四个提高"是指改善员工心智、实现自我超越、形成文化共识以及增强团队力量,"两个保障"是指格力为员工提供的平台保障以及制度保障。格力通过开展团队活动以改善员工心智,通过明确发展目标以实现自我超越,通过共享企业愿景以形成文化共识,通过开展协同合作以增强团队力量,并以此强化格力团队建设;此外,格力为全体员工提供知识库、学习交流平台等平台保障以及各项培训、常规例会等制度保障来促进格力人开展组织学习,从而打造良好的学习型组织,增强团队合作能力。

方法27 开展组织学习,强化团队建设

组织学习是指组织在内部通过开展有目的、有计划、有组织的学习活动,使组织内成员能够有效地进行分享、交流、沟通、研究,进而改善心

⊖ 彼得·圣吉. 第五项修炼:学习型组织的艺术与实践[M]. 张成林,译. 北京:中信出版社,2009.

智、自我超越、形成共识、增强团队力量。㊀格力人通过开展有效的组织学习活动使员工心智得到改善，实现自我超越，形成思想上与文化上的统一认识，进而使团队力量得到增强，格力整体团队建设也得到进一步强化，为格力的进步与发展提供源源不断的动力。

1. 开展团队活动，改善三种心智

心智是个体从事一切精神活动的统称，唯有改善心智，才能使格力人摒弃原有的思考方式，实现格力精神思想与实际行动的高度统一，在日常工作中克服困难、完成任务、实现自我价值的同时推动格力的进步与发展。格力人通过举办竞赛、提供各项培训等方式开展团队活动，使得员工自我激励内在驱动心智、专业领域知识心智、说服分享沟通心智得到强化、提高与完善。

第一，强化自我激励内在驱动心智。自我激励内在驱动心智是指企业员工为了实现学习目标、工作目标，从而不断进行自我调整、自我约束、自我暗示、自我勉励，进而克服困难、完成任务的一种积极的心理活动与思想状态。㊁在格力人的身上，我们总能看到他们朝气蓬勃的精神面貌与勤奋勉励的工作态度，这就是强烈的自我激励内在驱动心智的体现。对格力而言，维持员工的工作热情与奋斗激情并对员工进行适当的心理调整与心理激励对工作任务的有效完成十分关键。

格力会不定期举办知识竞赛、业余娱乐比赛等活动来加强员工的学习精神，激励员工斗志。格力认为，适时地开展竞赛活动不仅能提高员工的

㊀ 张振刚. 以"组织型学习"推进学习型组织建设.[EB/OL]. (2009-11-24)[2018-04-12]. http://news.163.com/09/1124/04/5ORVUT2P000120GR.html.

㊁ 张振刚，杜小明，王迎军，等. 华南理工大学学生工作创先争优标杆工程，卓越创新创业团队[M]. 广州：华南理工大学出版社，2013.

学习能力，还能增强员工归属感、丰富业余生活，并使员工以更高涨的工作热情迎接接下来的工作任务。比如，格力曾举办"格力•我是全能王"员工知识竞赛，并鼓励全体员工积极参与，竞赛中涉及的题目涵盖公司企业文化、产品、新闻热点、历史等方方面面，目的是希望格力员工无论立足于哪种岗位，在学好本岗技能的同时也能不断挑战、学习公司产品以及其他方面的技能和知识。○员工在参加竞赛的过程中也能提升对企业的归属感，从而在内心不断自我激励，改善心智。

格力运用榜样力量来为员工树立标杆，鼓励和引导员工向榜样学习，提高员工自我效能感。为了让新员工更好地适应工作以及在工作中不断地学习，格力强调要让有多年工作经验且能够体现出格力人精神相貌的榜样员工来带领新员工熟悉并开展工作，并在此过程中增强员工信心、提高学习能力、增强员工自我效能感。比如，钣金喷涂分厂的一些老班长、老员工用其在格力工作的多年成功经验及亲身经历，引导新员工学习科学的方法、工作技术与技能，并帮助新员工快速进入工作状态，同时，老员工身上体现出的吃苦耐劳、不畏艰辛的精神激发了新员工的工作热情与斗志，使得新员工不断进行自我激励与自我鼓舞，以更好的精神面貌对待工作。○

第二，提高专业领域知识心智。专业领域知识心智是指企业员工通过专业学习和训练，系统掌握本岗位所需的理论与知识，并能够创新性地运用所学知识和工具，在工作实践中提出问题、分析问题和解决问题的能力和素质。○格力不仅指导与帮助每一位格力人努力学习所需的专业技能与

○ 穆柏军. "格力•我是全能王"职工知识竞赛 全能王大奖花落采购中心[N]. 格力电器报，2012-12-05.

○ 珠海格力电器股份有限公司. 心存主人翁意识，做实在在格力人[N]. 格力电器报，2012-03-05.

○ 张振刚，杜小明，王迎军，等. 华南理工大学学生工作创先争优标杆工程，卓越创新创业团队[M]. 广州：华南理工大学出版社，2013.

知识，还鼓励他们将所学技能与知识运用到工作实践当中，在干中学、学中干，从而有效提高格力人的专业领域知识心智。

格力为全体员工安排了在岗培训、脱产培训，通过组织多样化的内部培训、外出培训等各项培训活动，给员工提供了补充知识、提升学习能力的机会，让员工能够通过培训系统地掌握工作中所需的理论与知识。

格力倡导员工将理论知识与业务实践紧密融合，用理论指导实践，并鼓励员工积极实践，在实际工作中不断学习，不断提出问题、分析问题，并努力使问题得到解决，在此过程中提高员工专业领域知识心智。"宝忠取片机"就是格力人提高专业领域知识心智的经典案例。"宝忠取片机"是格力员工张宝忠自行开发的能够自动从冲床下取出冲压成型的零部件的机器。该机器的研发成功离不开张宝忠在格力接受的一系列培训以及其本人不断的工作实践。张宝忠1995年进入格力，从一名普通的基层员工到拥有国家专利的技术骨干，张宝忠感触颇深，"在格力，只要我肯干、肯学，公司都全力支持。每当我有创新的想法，公司都鼓励我自主学习、付诸现实，并且提供资金、设备、学习条件以及优越的学习环境支持。我能够从一名只有高中学历的保修员，成长为一名掌握机械设计软件和程序的技术员，这种能力的提升离不开格力对我的鼓励与培养。"

第三，完善说服分享沟通心智。说服分享沟通心智是指企业员工能够积极地去理解其他员工的感受和需求，选择合适的渠道与场合，有效地将自己所要表达的思想内容和情感意识传播出去，并且能够使对方受到感染、引起共鸣的能力，是一个人情商的表现。格力认为，员工需要尽快地融入岗位、融入团队、融入组织当中，得到同事、领导等的理解、信任与支持，使说服分享沟通心智逐渐得到完善，从而更好地获得工作上的成功。比如，格力会为每一届新加入格力的员工举办"入职欢迎会"㊀，让新员工能够近距离接触公司领导，并给他们在欢迎会中分享初入公司的经历与心得的机会，使其能够尽快融入格力这个大家庭，同时加强与同事、领导之间的沟通，完善个人的说服分享沟通心智。又如，格力开展素质拓展培训项目以及换位思考、感恩人生等体验课程㊁，让员工充分发表自己的思想与观点，也让他们感受到公司的关怀。员工在分享观点、吐露心声的过程中，也将自己的想法与情感意识传播出去，让其他员工深受感染，从而更好地凝结员工之间的情感，加强团队精神的建设。

2. 明确发展目标，实现自我超越

明确企业未来的战略发展目标，能增强企业的凝聚力和向心力，从而让全体员工集中力量，共同朝着发展目标努力学习、前进，并在这过程中实现自我超越。要明确企业发展目标，格力人必须审视企业内外环境，识别格力在技术、人才、管理等方面已具备的能力和资源，同时认识存在的问题与不足并加以学习改进。格力通过小组讨论、召开干部总结会议、完成述职报告等方式，让干部不断明确工作目标、理清工作思路，围绕公司战略，结合部门实际，创造性地去开展工作。

开展讨论，制定目标。格力开展主题发言、小组讨论、专题研究等活动，让格力人对企业未来发展方向有所把握，从而制定切合实际的目标以更好地开展工作。比如，格力一直注重创新和对创新成果的保护，为了全面提升知识产权的创造、运用、保护及管理能力，格力自上而下设置了一个完善的知识产权战略架构，还成立了知识产权战略推进小组，多次开展

㊀ 珠海格力电器股份有限公司. 创想格力 点燃激情[N]. 格力电器报，2008-11-20.
㊁ 珠海格力电器股份有限公司. 在快乐、共享中拓展出格力的蓝天[N]. 格力电器报，2012-08-05.

讨论并制定出知识产权战略的近、中、远期目标[一],期望通过实现各阶段战略目标提高格力持续发展的能力,使每一位格力人不断超越自我。

干部会议,传达目标。格力通过召开干部总结会议,指出目前各单位存在的与企业发展不相适应的问题,并就此提出接下来的工作要求,明确格力未来一年的战略规划和目标,并对目标进行分解,以目标为导向制定细化的工作方案,以此明确干部,尤其是党员领导干部对企业目标的认识。比如,2005年召开的干部大会上,格力领导人做了主题为"打造精品企业、制造精品产品、创立精品品牌"的重要讲话,并对2006年及今后的工作目标提出了明确的思路与方向[二],紧接着,各部门分厂中层干部及骨干围绕领导人的讲话精神,就如何在具体工作中落实目标以及今后围绕目标所开展的各项工作设想进行了分组学习、讨论,从而有效传达目标。

述职报告,修正目标。格力要求各部门干部每年年初对过去一年的工作进行总结并反思,围绕未来公司总体经营工作部署等要求阐述未来一年工作重点,并完成述职报告。[三]格力通过述职报告来检查干部是否实现了目标,是否与时俱进提出了新的发展目标,并且通过专家团队对其提出建议,帮助其对工作计划做出适当纠正与完善,从而促使干部带领员工不断朝着新的目标前进,在不断的自我学习和组织学习的过程中,实现自我超越。

3. 共享企业愿景,形成文化共识

企业愿景是指一个组织共同追求的美好目标和精神向往,其往往能够

[一] 珠海格力电器股份有限公司. 英国媒体:格力是中国知识产权倡导者[N]. 格力电器报,2013-01-05.
[二] 珠海格力电器股份有限公司. 打造精品企业 制造精品产品 创立精品品牌[N]. 格力电器报,2006-01-20.
[三] 格力内部资料:2014年&2015年公司领导工作总结。

凝聚人心，让全体员工欢欣鼓舞，勇于面对困难和挑战，并使员工自觉地学习，不断地朝着愿景前进。文化共识是指企业员工通过工作中不断地学习与实践，逐步形成对企业文化、愿景和价值观的认可，进而提升思想高度、自觉约束自身行为。员工对企业愿景以及格力文化的认同度越高，越会自觉规范行为、努力工作，从而实现自我价值，并为企业创造价值。格力通过开展入职培训、军营年会、榜样表彰大会等多种形式的组织学习，使员工在互相学习与交流中理解并共享企业愿景，强化员工对格力文化的认同感，从而形成文化共识。

首先，开展入职教育学习。在一线员工及大学生入职教育培训的环节中，格力通过入职专题讲座、军训、组织参观格力展厅并讲解格力发展史以及邀请各级领导讲课等学习形式[1]，促使员工共享企业发展愿景并学习格力文化。比如，2014年8月，董明珠为新入职的2014届大学生举行入职专题讲座[2]，讲座上董明珠提及，格力自成立以来，历经组装、研发、掌握核心科技等不同阶段，克服了重重困难，逐步壮大，才拥有了今日的规模，并超越行业许多企业。与此同时，董明珠也给新入职大学生提出勇于挑战自我、敢于承担责任、为格力实现"缔造全球先进工业集团、成就格力百年世界品牌"的美好愿景而努力奋斗的要求。

其次，进行年度总结。格力每年举行军营年会，以军人的食住标准实行军事化管理，同时要求每位党员领导干部与员工骨干代表总结过去、展望未来，就工作中遇到的问题相互交流，对公司发展提出建设性的意见或看法，并进行热烈讨论。一位参加过年会的人力资源部干部说："年会上提出的问题，接下来都会有专人跟进。看到格力这么努力解决员工问题，

---

[1] 格力内部资料：格力培训的创新与发展。

[2] 珠海格力电器股份有限公司.走出校园·拥抱职场新生活[N].格力电器报，2014-09-05.

这么为员工着想,我很感动。"㊀通过军营中的密集互动与思维的激烈碰撞,格力骨干人员之间、骨干与公司领导之间有了更深刻的认识与理解,这不仅强化了骨干对格力文化的认同,也增强了企业的凝聚力与战斗力。

最后,为员工树立标杆。格力通过在企业内部定期评选优秀党员、先进个人及卓越党支部、先进团队挖掘先进事迹,并借表彰大会、光荣榜、格力电器报等方式对榜样力量进行宣传表扬。比如,2016年,格力工会积极推进开展以创一流工作、一流服务、一流业绩、一流团队为主要内容的"工人先锋队"创建活动㊁,在对参评班组的各项工作进行层层考核验收评分后,评选出17个班组为公司级"工人先锋号",在此过程中为格力人营造出"劳动最光荣",基层班组"比、学、赶、超"的浓厚氛围,为全体员工树立学习标杆。格力通过为员工树立榜样,使员工向榜样看齐,并在自己岗位上不断学习,积极工作,为企业奉献,从而持续提升员工的思想境界,形成文化上的共识。

4. 开展协同合作,增强团队力量

团队之间的协同合作是指在团队的基础上,成员之间充分发挥团队精神、互帮互助,从而达到团队最佳工作效率的合作方式。格力始终认为,团队的集体智慧高于个人智慧,当团队开始组织学习、进行协同合作的时候,不仅团队整体能产生出色的效果,而且与其他学习方式相比,个体成员的成长速度也因团队的力量而变得更快,成长效果更明显。此外,每一项协作活动都需要组织持续不断地、逐步深入地学习与改进才能得以强化,团队成员才能在不断改进的过程中实现质的飞跃。哈佛大学教授阿吉

㊀ 珠海格力电器股份有限公司.千亿企业的战斗力是如何炼成的[N].格力电器报,2016-03-05.
㊁ 张丽萍.2016年度公司级"工人先锋号"评选落幕[N].格力电器报,2017-06-05.

里斯曾提出"双环学习"的思想，认为在改正错误的过程中，组织应当进一步追根溯源，对现有的程序、政策、目标等提出质疑并进行合理的修正与调整，实现组织良性发展。㊀格力通过定期开展例会、建立跨职能团队等团队协同合作方式，使员工自身在实践中得以成长，也使团队力量有效增强。

第一，定期开展例会，及时讨论总结并反思。开展例会不仅能够加强部门内部、部门与部门之间的沟通与合作，还能够集思广益、共同学习，从而高效地解决问题。格力注重发挥基层党支部的战斗堡垒作用，积极定期组织党员认真学习党中央的方针政策，鼓足正能量，从而带动员工一起更好地开展工作。格力各部门会定期开展例会，部门成员一起就近期开展的项目现状与存在的问题进行讨论、学习并商量出解决方案，并及时总结反思日常工作存在的不足，员工之间在此过程中进行相互交流与学习，从而增强团队协作能力，实现企业的有效管理。比如，格力生产部每个月会召开一次产供销例会，㊁一次探讨新设备、新工艺例会，每周会开展两次汇报出口相关事宜例会等，开例会时间会根据不同情况有所调整。在会议中，各个科室针对例会内容进行探讨、学习并落实行动方案，不仅能加强团队成员对项目、工作的思考，还能提高团队学习、协作能力。又如，格力会定期开展由质控部负责的以周为单位的质量循环管理工作活动㊂，通过组织各部门开展例会总结周一至周五工作中所遇到的质量问题。各部门利用周末时间进行讨论、反思并学习，总结经验，以推动各部门质量活动的开展，达到提高质量水平的目的。

第二，建立跨职能团队，凝聚团队力量。组建跨职能团队，能够集合

㊀ 克里斯·阿吉里斯.组织学习[M].2版.北京：中国人民大学出版社，2004.
㊁ 调研访谈：生产部，2016-04-27.
㊂ 调研访谈：质控部老员工，2016-04-15.

多方意见，加强各部门之间的团队协作能力。格力十分重视以组建跨职能团队的方式来开展组织学习，以此培养团队成员的思考能力，营造互动式学习氛围，从而凝聚团队力量，增强团队协同合作能力。比如，在产品创意的形成阶段，由家技部或商技部、工业设计中心和工艺部等跨职能部门组成产品策划团队，该团队对收集到的顾客与市场信息进行学习、分析和讨论，确保方案具有可行性，继而形成创意、概念，得出产品策划方案。又如，格力组织跨职能部门团队对研发项目进行"三层论证"（见原则14），每一层论证都经过多个部门共同学习并共同解决问题。具体来说，一项研发设计的初步方案提出后，由工艺部、工业设计中心等部门组成的跨职能部门团队的成员提出初步论证，就方案的各个方面提出问题并互相进行讨论，形成产品策划方案；然后由家技部或商技部主导提出详细方案论证，各部门成员再次进行讨论与交流，将产品研发过程中存在的潜在问题暴露出来；最后由技术研发、工艺质控、科管部等多个部门共同合作，对方案进行全方位的技术论证，在知识的相互传递与协同互补中解决问题，为接下来组建产品研发团队打下基础。各相关单位通过组织学习，凝聚了多个部门与团队的力量，为产品开发方案的实施做好准备，从而推动了研发活动的有效开展。

方法28　提供机制保障，促进组织学习

机制保障是指保障组织学习活动顺利开展的一系列运作机制。为了让员工、团队之间更好地开展组织学习活动，格力提供了一系列的机制保障措施，具体包括平台保障与制度保障。

1. 搭建知识库，提供平台保障

知识库是指企业当中用以积累、存放知识的平台。在企业中，每一位员工都需要进行学习以实现自我提升，并在不断的学习中形成自己独特的体会、经验与技能。但这些学习成果并不能自发地促进组织整体学习能力的提升，而且一旦人才频繁流动，员工积攒的知识和技能也会被带走，新来的员工只能从头开始开展工作，这将使企业难以形成可持续的知识传承。因此，格力在组织学习过程中，通过构建知识库，将个人的隐性知识外化成组织内的显性知识，并以书面化、条理化的形式及时储存在格力知识库中，加强知识积累。格力目前构建了由业务性、经验性、理论性知识组成的格力知识库。

第一，在作业流程中提炼业务性知识。业务性知识是关于办事操作步骤的知识。业务性知识提炼后的具体形式有技术标准指导及作业指导书等。比如，格力会将研发、采购、生产等所有相关的作业指导书录入知识库。格力人可根据需要在知识库中搜寻作业指导书，只要按该指导书操作步骤，即可得到相应的指导结果。若有相关标准，则可将其直接用于研发，若没有则会根据开发情况新增标准。又如，格力每完成一项新产品的开发，相应的技术标准会归入技术标准平台。如果格力要开发一个新的空调产品，技术人员会先从技术标准平台中搜寻，确定是否有相应的标准。作业指导书能够帮助新人快速掌握相应操作流程和办事步骤。

第二，在问题解决中沉淀经验性知识。经验性知识是指从反复实践中得到的经验，在格力具体表现为经验总结报告、失效案例分析报告等。比如，格力会将所出现的问题及其解决方案及时总结，形成分析报告，存入知识库里，当下一次遇到类似问题，员工能在知识库里搜寻知识，从而快速解决问题，提高工作效率。又如，在产品开发或生产制造中会出现某些零部件失效、失灵和出现故障等问题，格力技术人员会针对问题进行分析并形成失效案例，每一失效案例都有相应的分析报告，对问题解决的方法进行经验总结，这些案例及报告都系统化、体系化地纳入格力知识库中，作为今后解决相关研发设计问题的参考依据，避免问题再次发生。

第三，在开放合作中积累理论性知识。理论性知识是指概括性、系统性、理论性强的具有普遍意义的知识，具体包括格力内部的理论培训资料，院士专家指导材料，产学研合作、供应链合作中用于工作与交流的资料等。例如，格力会不定期邀请外部导师或者是公司内部高级讲师对内部员工进行相应培训，并将培训材料以及讲义等资料进行积累，让格力新员工更快了解自身工作内容。又如，格力会不定期邀请各个领域的院士专家召开座谈会，并将院士专家发表的重要讲话以书面形式记录下来，作为理论性知识进行储存与积累。

不仅如此，各个部门之间的资料可以相互流动，以此熟悉各部门的运作，方便工作上的交流与分享。格力通过搭建知识库，让新老员工时刻能查到自己想要的知识与信息，不仅为格力人提供了平台保障，还能促进员工与团队的组织学习，为格力不断创造价值。

2. 健全学习机制，提供制度保障

学习机制是企业进行组织学习的基础保障。在企业内部，进行任何工作都离不开制度的约束，组织学习亦是如此。为了使组织学习更加科学化、规范化，格力构建了全员参与创新机制、企业培训机制、知识管理考核机制、员工激励机制等一系列制度，并在组织学习的过程中，不断健全、完善学习机制，为团队开展组织学习提供制度保障。

首先，开展全员参与创新机制。格力认为开展全员参与创新机制能够

激发员工主动学习的积极性，提高学习创造力，从而有效推动组织学习的顺利开展。比如，格力建立全员参与的创新发展机制，开展全员创新活动，鼓励全体员工提出创新想法，同时制定"提案和推进并行奖励"制度鼓励全员创新，让员工积极地对研发设计、生产制造等方面的问题提出合理建议，然后由受理部门进行收集并组织相关单位对该建议进行讨论、评价，推动格力不断创新。

其次，构建企业培训机制。为了规范企业的培训工作，确保各项培训活动的顺利开展，格力目前已建立并逐步完善员工培训管理机制。格力每年为员工提供入职培训、在岗培训、专项重要课题培训、前沿课题培训、关键岗位培训、素质拓展培训、外出交流学习等丰富的学习内容，同时还鼓励员工进行自我开发学习，为员工提供了多项培训渠道。此外，格力还制订了公司层面、部门以及分厂层面等年度培训计划以及专项培训计划，使得研发、生产、销售、质控等方面的培训项目更具针对性和有效性。

再次，健全知识管理考核机制。格力十分鼓励员工应聘内部培训讲师，将自己的核心知识和技能传授并分享给大家。格力通过知识管理考核机制，使得员工个体的经验、知识和技能能够在组织内部传播开来，为组织的知识创新提供原始知识积累，让知识得到有效管理，从而真正成为格力最重要的资源并发挥作用。

最后，完善员工激励机制。为了让全体员工更有激情、更有动力地参与到组织学习中来，格力进一步完善公司激励体系，大力推出科技进步奖、管理创新奖、合理化建议奖、公司效益奖、年终奖等奖项，以及开展科技专家、希望之星、先进个人、创新标兵、金牌员工等荣誉评选活动[⊖]，为全体员工营造良好的创新氛围，鼓励员工在工作中持续不断地开展学习

⊖ 格力电器：2013年年度报告。

活动，从而最大限度地激发员工学习的积极性。

格力的学习型组织并不是一个自我封闭的系统，而是在强化内部组织学习的同时，注重建设一个开放性的学习型组织。贝塔朗菲认为，封闭系统与开放系统之间的区别在于封闭系统与周边环境没有任何交流，而开放系统，像一个有机体一样，必须与其环境进行相互作用以维持自身的生命活力和存在。开放系统从其周边环境获得各种输入，并对输入进行筛选和转换，然后再以某种产品或服务的方式返还给环境。开放系统的生存和发展有赖于其内部的创造转换能力和与外部互动共生、适应外部环境变化而进行有效反应的能力。

格力开展学习型组织建设，注重发挥党员干部的模范带头作用，激发员工的创造性和工作热情，同时，也注重加强与外部环境的创新交流和互动，积极利用外部的创新资源开展组织学习。例如，2015年，格力成功获批建设国家重点实验室，此后每年都有十多个研究课题向社会开放，使得格力在研发机制上逐渐成为一个开放性的学习型组织。

第5章
双核驱动

格力以双核驱动企业价值创造过程，即创新和质量为企业价值创造活动的开展提供持续动力（如图5-1所示）。

第一，格力重视方法创新，创造了创新三部曲（三新导向、三现原则、三项步骤）的创新驱动源方法和质控四重奏（D-CTFP）的质量管控源方法，遵循科学的方法开展创新实践和质量控制。

第二，格力的创新驱动基于自主构建的"一心二链三基四有"的自主创新工程体系，掌握核心科技，赢得发展主动权。

第三，格力的质量驱动基于自主构建的"一核四纵五横"的全面质量控制体系，不断追求完美质量。

在格力管理屋这座思想大厦中，两大体系并称为格力模式的两个"发动机"，驱动着格力价值创造的四个过程，并为四个价值创造过程源源不断地输送动能。

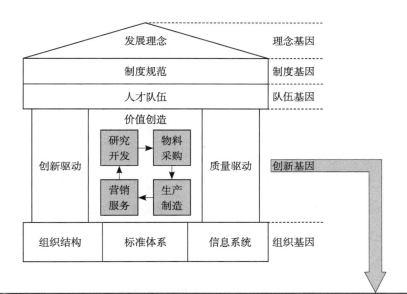

原则11　遵循科学的方法开展创新实践和质量控制
【方法29】创新三部曲：三新导向、三现原则、三项步骤
【方法30】质控四重奏：质量技术创新循环D-CTFP
原则12　坚持自主创新，掌握核心科技
【方法31】构建全面、开放、持续的基于掌握核心科技的自主创新工程体系，有序开展创新活动
【方法32】掌握核心科技，赢得发展主动权
【方法33】强化知识产权保护，优化知识产权管理。通过制定知识产权战略、搭建知识产权平台，提高知识产权保护意识，营造良好的产权环境
原则13　建设质控体系，追求完美质量
【方法34】坚持三大质量管理理念
【方法35】严控四大价值创造流程
【方法36】夯实五大质量管理基石

图5-1　格力管理屋之创新基因

原则11　遵循科学的方法开展创新实践和质量控制

格力坚持以双核驱动企业价值创造过程，即创新和质量为企业价值创造活动的开展提供持续动力。其中，格力的创新驱动力来源于格力"一心二链三基四有"的自主创新工程体系，质量驱动力来源于格力"一核四纵五横"的全面质量控制体系。在格力管理屋这座管理大厦中，创新和质量两大体系就像格力管理模式的两个发动机，驱动着格力价值创造的四个过程，为其源源不断地输送动能。

系统方法论是指导人们认识世界、改造世界的系统分析方法，可以帮助人们以问题为导向，构建概念框架，进行系统研究和分析。系统方法论既源于企业家对企业经营管理的系统思考，也来自全体员工在工作实践中对客观规律的科学总结。在格力，创新三部曲和质控四重奏是格力企业家智慧的结晶，也是指导全体员工开展工作的源方法。

对于企业创新，董明珠强调，创新要以问题为导向，以为企业和社会创造价值为目标，发现新问题、提出新方法、取得新成绩。她提出，在问题解决的过程中要坚持现时、现地、现人的原则，相关责任人要及时深入现场、解决问题。朱江洪则认为，技术创新有三个步骤：观察、灵感和试验。面对矛盾和困难的时候，格力人强调发现新问题、提出新方法、取得新成绩的三新导向，坚持现时、现地、现人地深入现场解决问题的三现原则，遵循观察、灵感和试验的三项步骤开展创新实践活动，这就是格力在创新领域的系统方法论——创新三部曲。

"质控四重奏"（质量技术创新循环 D-CTFP）是董明珠于 2016 年在韩国举办的全球制造和质量创新大会上首次公开提出来的一个关于质量管理问题解决的闭环管理方法，从顾客需求引领、检测技术驱动、失效机理研究和过程系统优化四个环节逆向驱动质量问题的持续改善。该方法在大会上引起了积极的反响，也在格力的质量管理实践中得到了成功的应用。目前，这个方法正在转化为国家标准。

方法29　创新三部曲：三新导向、三现原则、三项步骤

格力的发展史，就是一部不断立足市场需要、满足消费者需求的创新史。因为创新，才有了格力的存在；因为创新，才有了格力今天的辉煌。创新说神秘但又不神秘，经过多年的实践，格力逐步摸索出企业创新的思路和规律，这就是"创新三部曲"（如图5-2所示）。

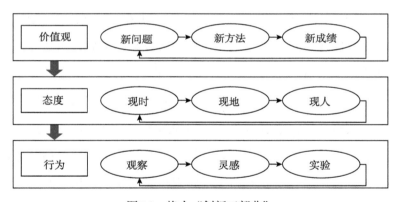

图5-2　格力"创新三部曲"

"创新三部曲"是格力人创造性总结出的用于开展价值创造的系统性创新方法论，是格力基于近30年创新实践凝结而成的理论智慧，是指导格力人在研究开发、生产制造、营销服务等领域开展持续创新的价值导向、基本原则和基本方法，主要由三个部分组成：

- 在价值观上，强调发现新问题、提出新方法、取得新成绩的"三新导向"。

- 在态度上，坚持现时、现地、现人的"三现原则"。
- 在行为上，遵循观察、灵感、试验的"三项步骤"。在"创新三部曲"的指引下，格力不断创造新的知识和方法，获得了可持续的竞争优势，取得了一系列突破性创新成果，并且由这些创新成果转化成的产品深受消费者青睐，创造了巨大的经济价值、社会价值和环境价值。

从系统论层面看，格力"创新三部曲"帮助格力人创造性地解决在生产运营中常常遇到的复杂性问题。这些问题是指在现实世界中的人类活动所表现出来的不能精确定义、无法精确说明又复杂交错的问题。对于这些问题的解决，首先，需要从对现实世界的观察开始，透过现象看本质，对问题进行根定义，找出问题的关键和原因；其次，对问题进行理论抽象，用系统理论对问题进行深入分析并提出解决方案；最后，用新方法、新方案进行实践验证，解决问题，取得新的工作成绩。格力创新三部曲开展"现实—抽象—现实"的往复循环，对客观实践进行反复的现时、现地、现人观察，获得灵感，通过试验验证问题解决方式是否可行，这符合人们认识和改造世界的一般规律。格力"创新三部曲"是对技术创新理论的发展和创新，它强调用三新导向和三现原则指导创新，强调创新的过程是由现实世界（观察现象，提出问题）到抽象世界（获得灵感，提出方案）再回到现实世界（开展试验对比，直面问题完善改进，形成新的方法）的过程，是一个立足于实践观察，但高于实践思考，又回到实践验证的价值创造过程。

1. 坚持提出新问题、采用新方法、取得新成绩的三新价值导向

董明珠提出，格力开展创新活动，要以发现新问题、提出新方法、取

得新成绩为工作导向和价值取向。所谓发现新问题，就是要求员工在工作实际中认真审视出现的新矛盾、新事物和新环境，识别新问题，找准新方向。格力人善于对客观事件进行反复的观察，透过现象看本质，从而发现新问题。有时，提出问题比解决问题更重要。所谓提出新方法，就是不断总结提炼出新方法，指导创新活动的开展，不断解决新问题、创造新价值。格力所取得的新技术和新方法不仅能长期指导和支撑企业生产运营实践，还以制度、标准、专利、工艺、生产看板和知识管理平台等方式作为知识沉淀下来。所谓新成绩，是指格力在创新过程中所提出的新方法不仅能够指导新的生产管理实践，还能够推动格力、社会和国家发展进步，创造出新的经济价值、社会价值和环境价值。格力在发展实践中始终坚持"三新导向"，不断发现新问题、提出新方法和取得新成绩。截至2017年年底，格力申请了35 209项专利，总结了一批科学的工艺方法，制定了一套有效的管理制度，开发出一系列品质优越的产品，这都是"三新导向"所带来的成果。

2. 秉持现人、现时、现地三现原则的工作态度

董明珠和朱江洪均要求格力人以"现时、现地、现人"的三现原则开展创新活动，将三现原则贯彻到研究开发、物料采购、生产制造、营销服务、行政管理的各个方面、各个环节、各个过程。现时，是指及时、实时地发现问题、提出解决方法；现地，是指深入现场、立足一线开展观察活动，搜集所需信息，开展分析和研究，并最终解决问题；现人，是指以明确的制度体系严格规定每位员工的工作职责，确保企业的经营管理事事有人负责。

现时、现地、现人的三现原则，就是生产人员要及时地深入生产实

际、研发实际、问题发生的场地，现场观察相关物品和环境；就是研发人员要适时地参加行业的各种学术论坛、技术交流会、产品博览会，了解行业发展动态，掌握技术前沿信息；就是科研人员和干部经常深入生产一线，了解生产情况，现场解决生产问题；就是营销人员要经常深入市场调研，获得第一手的市场动态信息；就是售后服务人员及时赶赴出现产品使用问题的现场，现场解决存在的问题，指导消费者正确使用产品；就是职能部门管理人员深入了解管理实践，发现问题难点，提出改进方法，完善管理机制，提高管理绩效。

例如，对于质量管理，董明珠提出的"人人都是质检员，处处都是质控点，时时要有质量观"的要求，就是"三现原则"在质量管理领域的具体应用。首先，"人人都是质检员"强调全员参与质量改善活动，并通过质量责任制明确从车间工人、科室人员、部长到董事长的质量管理职责，确保质量活动有现人负责、质量问题有现人解决。其次，"处处都是质控点"是指格力将质量管理贯穿到产品研发设计、生产物料采购、生产制造流程、产品安装、售后服务等价值创造活动，从产品的全生命周期进行质量改进工作。最后，在"时时要有质量观"的要求下，格力通过在生产车间悬挂质量管理宣传标语，设立生产看板传递质量管理信息，张贴生产操作指导文件明确生产岗位操作步骤等，让员工将质量意识时时放在心头、落在行动。而且，为了保证生产过程一旦出现质量问题，能够实时发现并及时妥善地解决，格力大力推行生产车间的信息化和智能化改造，通过引入生产集成控制系统，打通从物料管理、过程控制到自动检测等一系列生产制造环节的信息通道，建成一体化的生产信息系统。通过电子生产看板的形式，生产过程、产品质量、设备状态等信息被实时推送给生产管理人员。

3. 遵循观察、灵感、试验三项步骤的工作路径

朱江洪提出要遵循"观察、灵感、试验"的三个步骤，更加科学有效地开展创新活动。首先，观察是一种有目的、有计划、比较持久的认识活动，是对事物进行深入而非表面的察看，从中了解事物之间的本质和内在联系。观察首先应该坚持三现原则：及时、适时地深入工作现场，观察相关物品和工作情境，找出问题的关键。朱江洪认为，"除非及时适时地深入现场，亲自实地察看，否则就无法确切了解事物问题的方方面面。"格力在深入现场进行观察时，运用"5W1H"发问法，从原因（何因 why）、对象（何事 what）、地点（何地 where）、时间（何时 when）、人员（何人 who）、方法（如何 how）六个方面进行系统思考，由此及彼去搜寻所有可能相关的事实，由表及里去探究现象的本质，查找问题的根源。

其次，灵感是一种领悟，指在观察事物基础上产生的联想与想象，是对存储在大脑中的知识、经验、方法进行重新组合，并与现存事物通过某种形式关联起来，进而产生富有创造力的新思路、新方法。灵感是从现实世界中的问题或想法上升到抽象世界中的方法与对策的理性思考过程。在观察的基础上，大脑不断思考并整合长期以来内化的知识、积累的经验，通过理论分析追溯问题根源，对提出的问题或创意进行剖析，直至明确，并针对问题或创意构建出概念框架，提出问题解决方案或创意实施方案。在灵感阶段可能形成不止一套的问题解决方案或创意实施方案，大多时候需要穷举所有可能或可行的方案，以便在接下来的试验阶段参考和使用。

最后，试验是指借助专业的仪器和设备，参照科学的操作规范，把设想、灵感加以验证的过程，需要不断尝试、反复操作直至问题解决。试验是将抽象世界的灵感落实到现实世界问题的过程，可能需要对所有的解决方案进行逐个检验。在实践检验过程中，可能会产生与设想相悖的数据或

结果，也可能会碰到意料之外的困难。此时，设计、研究与开发人员需要穷尽所有可能的方法，不断试错与试验，并基于反馈结果不断修正方案。通过循环往复的过程，最终找到一种相对可靠的方案彻底解决问题，由此相伴而生的是格力在技术上的进步和在方法上的改善。格力强调问题解决的价值创造导向，任何问题的解决，都应该以推动格力的发展和进步作为落脚点。

2005年冬天的某一天，朱江洪到洛阳进行市场调研，听到一位经销商说"格力的空调制冷很好，但制热效果不佳"。随后，朱江洪便跟随经销商找到有制热问题的空调一探究竟。经过仔细观察，他发现空调制热与安装环境有密切关系，在干燥的地方制热效果良好，但在湿度较高的地方就容易结霜进而影响制热效果。结合已有经验和查阅大量资料，他了解目前全世界的空调都采用定时化霜的设计，即开机一小时需化霜10分钟，在这化霜的10分钟里空调就停止制热，这也就是客户投诉的不制热问题的根源所在。深入现场、发现问题之后，经过长时间的深思熟虑，朱江洪终于产生灵感，意识到中国幅员辽阔，东西南北温度、湿度差异显著，定时化霜设计明显有失合理性，智能化霜应是一个更佳的选择。于是，他便提出了"有霜即化，无霜不化，多霜多化，少霜少化"的解决方案。方案形成之后，朱江洪便命令研发人员即刻展开试验，进行智能化霜技术攻关。设计、研究与开发人员展开细致的实践检验，在试验过程中不断优化解决方案，通过试验反馈结果再次进行观察，产生新的灵感，形成具体方案后再指导试验，最终克服重重困难，智能化霜设计彻底解决了售后反映的空调不制热问题。

格力"创新三部曲"并不是一个线性链条，而是一个闭环：通过现时（及时、适时）深入现场、深入实践进行观察，在思考分析中产生灵感，提出新的解决方法,并在试验中进行检验;通过对试验现象与结果的观察,产生新的灵感,指引下一步试验,直到发现的问题得到解决或灵感产生的创意得到落实。

格力的创新实践是全方面、全方位、全过程、全员化的创新,包括技术研发、生产管理、营销服务、物料采购等流程。格力"创新三部曲"不仅仅是解决问题的方法与工具,更是指导格力创新实践的思路和原则,凝聚了格力人的思想智慧与实践智慧,在格力的发展中起着举足轻重的作用。

方法30　质控四重奏:质量技术创新循环D-CTFP

闭环管理将企业的某项管理流程视为封闭的循环,使矛盾和问题在决策、控制、反馈、再决策、再控制、再反馈的循环中得到持续改善。格力强调闭环管理的重要性,将顾客与结果导向的倒逼思想应用到质量管理的实践中,提出质量问题解决的基本方法:"质控四重奏"(质量技术创新循环 D-CTFP),建立了顾客需求引领、检测技术驱动、失效机理研究、过程系统优化的质量问题闭环管理方法,推动质量问题得到持续改善。该方法由董明珠于 2016 年在韩国举办的全球制造和质量创新大会上首次公开提出(如图 5-3 所示)。

1. 顾客需求引领

格力始终认为"消费者的每一件小事都是格力的大事""对质量问题仁慈就是对消费者残忍"。顾客需求导向是质量管理理论和实践的核心,质量就是要以最少的失效满足顾客需要。多位质量管理泰斗将顾客导向看作质量管理的核心。例如,戴明博士将质量的内涵阐述为"符合要求";

《朱兰质量手册》第三版则给出质量的普遍性定义,认为质量即意味着"适用性"。

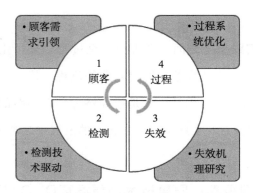

图5-3 质控四重奏(质量技术创新循环D-CTFP)

客户需求是客户的目标、需要、愿望及期望。实现顾客需求引领的前提是充分界定清楚顾客需求的内涵,格力将客户需求分为内部客户需求和外部客户需求,强调质量管理要同时满足内外部顾客的适应性需求。

从研发、采购、制造到服务的价值链中,所有下游工序都是上游环节的内部客户。下游各环节内部客户的需求主要包括成本管控需求、检验需求、运输安全需求等,需要在上游的产品研发、设计环节就充分考虑,以便价值链下游的运营活动能够有效而低成本地开展。例如,在格力,从提出产品设计方案,到做出产品样机并正式投产,需要经历严格的从立项评审、方案评审、样机评审到确认评审的"四道评审"的研发质量管控流程。其中,立项评审是为了确保产品开发项目是建立在充分的市场调研、技术分析的基础上的,对产品的性能特点、工作原理、技术难点等进行可行性评估,明确对于该产品的研发格力现有的技术基础是什么、还存在哪些需要突破的技术瓶颈。方案评审是对确定的产品项目方案进行整体把关,确认产品方案是否合理可行、是否满足市场需求、技术指标是否符合标准、成本管控是否到位等。样机评审是指格力试制分厂完成新产品的样机试制，并与其他设计、工艺、质量单位的人员一起对机器结构进行严格的审查，提前确认产品方案是否会给装配环节带来零部件易装错、装反的问题，结构设计是否符合公司的标准化、自动化要求，通过对新产品样机进行反复严格的试验，评估新产品开发方案是否能达到预期的质量水平。只有多方明确了产品样机均达到公司要求、各种问题均得到解决后，方能提交公司主管技术和质量的副总以及公司的技术总工进行确认评审。通过四道评审的严格把关和筛选，不断优化产品方案、提高产品方案的质量，从而促进后续的产品试制、规模生产、营销服务等环节的顺利开展。

外部客户则是指最终产品的经销商、消费者等，外部顾客需求包括产品基础功能需求、产品外观需求、产品可靠性需求和性价比需求等。实践中，在顾客需求导向的指导下，格力通过信息化、智能化等手段，建立顾客信息实时反馈系统，全面识别、高效采集售后维修、顾客使用反馈等信息，并建立专业化的研究团队，通过大数据统计总结产品出现缺陷和问题的场景，分析总结其中的失效机理，从而使产品得到持续改进，以保证产品的适用性。例如，格力销往全球的空调中，有近 100 万台风冷多联机空调安装了 GPRS 通信模块，目前已收集了大量空调运行数据。⊖依托大数据技术，格力实现了对这些多联机空调设备的位置、运行状态、安装调试、故障数据的采集，从而对客户购买产品的适用状态进行实时监控，对产品故障进行及时处理与分析，为用户提供更加智能便捷的使用体验。

⊖ 调研访谈：格力大数据中心主任谭泽汉，2018-02-11。

2. 检测技术驱动

卓越的质量管理绩效除了得益于先进的管理方法，还要有坚实的质量技术基础提供支撑。格力强调通过检测活动及时发现质量问题，即通过将检测结果与所设定的标准进行比较，判定质量控制是否达到预期要求，及时发现潜在的质量隐患，进而触发后续的失效机理研究分析，带动质量技术研究突破，推动产品生产流程再造，最终形成一个自驱动的质量技术创新循环。

经过多年自主研发，格力掌握了一批拥有自主知识产权的质量检测技术，形成了行业领先的质量检测技术体系，为格力质量管理体系的运行打下坚实的技术基础。

入厂零部件检测机制。格力的筛选分厂对重要的核心零部件采取全检的方式进行检测。为了提高检测效率，筛选分厂立足多年的质量检测经验，注重在零部件检测技术和方法上大力进行创新，不断改进检测流程和方法，形成了由加速寿命检测技术、入厂快速测试技术和可靠性测试技术等组成的质量检测技术体系。格力在筛选分厂的公告栏上，张贴着每个季度新获得检测专利授权的列表。据筛选厂长介绍，目前他们已经获得了200多项检测方法方面的专利授权，建立了能对入厂零部件开展快速高效并且权威的检验的质量技术体系，大大降低了入厂零件检测的成本，为入厂核心零部件全检提供了技术基础，保证了格力产品的整机质量。

整机质量检测机制。格力重点针对产品开发、设计、生产等环节的质量检测检验技术进行研究，自主研发出包括设计系统仿真技术、智能开发设计系统和生产集成控制系统等在内的整机质量检测技术体系，为格力整机产品的质量提供技术保障。格力新型的系统仿真技术实现了对包括空调零部件选型、试验、生产运输等环节的整个产品开发过程进行全面仿真，能够为空调整机开发提供技术保障。格力的智能开发设计系统和生产集成控制系统集成了设计功能评测、生产在线检测、客户端远程监控、远程售后数据收集、快速故障处理等功能板块，有力地保障了空调的设计质量和生产质量的持续改善。

3. 失效机理研究

只有找到问题的根本原因，才能真正找到改善方法，彻底解决问题。失效机理研究是格力质控四重奏中的核心环节，实现质量持续改善的重要一环就是对发生的质量事故逆向追溯。只有明确质量问题产生原因，才能"顺藤摸瓜"地反向追溯质量事故责任人，实现质量管理的权责明确，并为进一步地提出质量改进措施打下基础。此外，对失效机理进行分析，辨明质量问题根源，找到问题解决的方法和途径，质量才能得到持续改善。

调研中，格力筛选分厂厂长经常提到一句话，"魔鬼都藏在细节里。"格力往往针对质量管理实践中由质量检测发现的一些细微之处的质量隐患以及实际发生的质量事故，通过由检测中心、质控部综合实验室和工艺部试验中心组成的质量技术研发平台开展检测方法研究和失效机理研究，发现导致质量问题的原因，为下一步开展质量技术基础研究和提出质量问题解决方案指明方向，进一步完善和优化设计、工艺标准，有效提升格力在检测触发和失效研究方面的基础性能力。例如，某次格力出口海外的一批货被客户投诉存在外包装印刷字体褪色的情况。经过实地调查，格力工作人员发现原来是空调在港口存放以及海运的过程中，遭到太阳暴晒，从而导致包装上商标的褪色。为此，格力专门成立了一个研究小组，研究油墨在暴晒下褪色的内在机理和解决措施，最终开发出了一种防褪色的印刷油墨，解决了这一问题。可见，失效机理分析为格力质量问题的解决奠定了技术基础。

4. 过程系统优化

辨明失效机理，质量只能得到一时的改善。经过失效机理分析辨明质量问题的根源所在之后，为了避免相同质量问题重复出现，格力从技术和管理两方面开展过程系统优化。一方面，格力将质量事故带来的经验、教训以文本化形式沉淀为组织内部的显性知识，从而在企业内部学习推广；另一方面，格力针对质量问题反映出的管理问题开展制度建设，优化质量管理流程，封堵质量管理体系现存的漏洞。

推动质量技术创新转化为专利、标准等成果。格力的失效机理研究带来一系列新的质量技术突破，提出一系列质量流程再造方案。相应地，新的技术、流程需要通过建立与质量相关的技术标准、工艺标准、操作标准等标准体系来加以固化。例如，格力强调建立基于台账管理的研发设计纠错系统，避免重复性的产品研发设计缺陷。很多表面上看是生产环节产生的质量问题往往是由研发设计异常造成的，产品开发方案的优劣直接影响生产成品的质量。格力研发设计台账纠错系统是格力知识管理体系的重要组成部分。通过由质控部牵头对零部件失效、整机抽检异常和售后反馈投诉信息进行分析研究，即通过检测技术驱动、失效机理研究来排查失效原因，然后再对原有的标准、体系进行反查，验证其合理性。如果发现原有的标准体系存在缺失、不足或漏洞，将通过标准优化、流程重置等进行完善，通过不断循环最终将产品研发设计经验教训沉淀为标准体系，将研发设计经验教训由个体的隐性知识转变为组织内文本化的显性知识，方便研发设计经验教训的交流与传承。格力台账纠错系统还能够实现向研发人员智能推送相关的成功和失败案例，减少类似质量问题的发生。

开展管理创新，实现质量管理流程系统优化。格力立足于检测控制环节所获得的数据资料，通过失效机理的相关分析研究得出改进方案，按照改进方案针对生产流程开展优化调整，持续改进生产环节质量控制的不足之处。格力从两方面开展生产过程质量控制的持续改进，一方面在管理方式上，合理引入过程控制方法，推动过程控制的持续改进；另一方面从质量工具上，通过鼓励自主开发、主动引进创新性质量控制工具以推动过程优化，从细节之处提高过程管理能力。

格力降低空调制冷剂泄漏率的质控过程完整地遵循了 D-CTFP 的四个环节，是 D-CTFP 方法在格力质量管理实践中的成功应用。通过对消费者反馈信息的收集和分析，格力发现对于空调系统，制冷剂泄漏是非常严重的质量事故，会直接导致空调功能瘫痪，影响消费者使用体验，也会污染环境，加剧臭氧层的空洞化，还给空调厂商带来高额的维修成本。为了降低空调系统制冷剂泄漏的售后故障率，格力在检测技术方面研究在线电子制冷剂泄漏检测检出率低的原因，开发出一种静置检漏的新型方法；在失效机理研究方面，探索如何提高铜管焊接的可靠性，发明出了更可靠的焊接保护装置；在过程系统优化方面，提出对焊接工人进行分级管理，焊接过程全程要防尘、防水、防油等管理流程改进，并对生产工艺流程进行创新，在铜管焊接生产线安装智能充氮保护装置、引入自动化焊接技术等。最终，这个质量改进项目的成果以专利和标准形式进行了固化，新增设计规范标准 1 份、工艺质量技术标准 9 份和国家专利技术 9 项。在 D-CTFP 方法的指导下，格力空调的制冷剂泄漏率逐年降低，取得了良好的经济、社会和环境效益。

原则12　坚持自主创新，掌握核心科技

"只有自主创新才是真正有价值的创新㊀"，董明珠强调，坚持自主创新是企业积极应对激烈的国际竞争的重要举措，中国企业应该通过自主创新掌握核心技术、研发先进产品，进而深度参与国际竞争，获得国际认可㊁。

方法31　构建全面、开放、持续的基于掌握核心科技的自主创新工程体系，有序开展创新活动

坚持自主创新，企业必须得有一套开展创新活动的机制和条件。在持续不断的创新实践中，格力逐步构建了"基于掌握核心科技的自主创新工程体系"（如图5-4所示）。这个体系是格力自主创新思想的智慧结晶，是格力系统创新能力的集中体现，深受国家及行业的认可，并荣获了2014年度国家科学技术进步奖"企业技术创新工程类"二等奖。㊂结合其特征，格力"基于掌握核心科技的自主创新工程体系"可以概括为"一心二链三基四有"。

1. 坚持"一心"理念，开展"二链"活动

"一心"是指理念体系，是格力自主创新工程体系的灵魂，指导格力开展自主创新活动。格力自主创新工程体系的核心理念是"坚持自主创

㊀ 董明珠. 真正创新应该加两个字叫"自主创新"[EB/OL].(2015-07-30)[2018-04-12]. http://tech.sina.com.cn/e/2015-07-30/doc-ifxfpcxz3977764.shtml.

㊁ 李翀. 董明珠：应对国际竞争需要自主创新掌握核心技术[EB/OL].(2018-03-19)[2018-04-12]. http://news.cyol.com/content/2018-03/19/content_17033899.htm.

㊂ 杨迪. 格力"自主创新工程体系"获科技进步奖[N/OL]. 三湘都市报，2015-01-13[2018-03-29]. http://epaper.voc.com.cn/sxdsb/html/2015-01/13/content_928875.htm?div=-1.

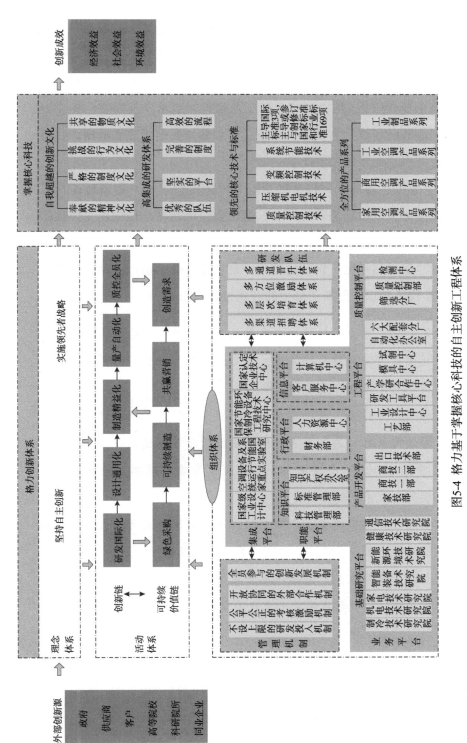

图5-4 格力基于掌握核心科技的自主创新工程体系

注：该体系曾荣获2014年度国家科学技术进步奖"企业技术创新工程奖"二等奖。

新，实施领先者战略"。在"缔造全球先进工业集团、成就格力百年世界品牌"愿景的引领下⊖，格力以"弘扬工业精神，追求完美质量，提供专业服务，创造舒适环境"为使命，坚持自我创新，实施领先者战略，在制冷领域不断巩固其全球领先地位。

"二链"是指活动体系，包括创新链和可持续价值链。创新链是指以企业为创新主体，以市场需求为导向，通过创新活动将其他创新主体连接起来，以实现知识经济化与创新系统优化目标的功能结构模式。⊖格力的创新链是指"研发国际化—设计通用化—制造精益化—量产自动化—质控全员化"，反映了知识在创新活动中的转化过程。

- 研发国际化是格力既坚持自主发展又重视开放合作的具体体现。格力通过搭建国际科技合作基地，与海内外高等院校、科研院所、中介机构等展开深入的产学研合作。
- 设计通用化是指格力采取通用化、模块化的做法实现研发设计活动降本增效的目标。具体而言，格力在新产品开发过程中坚持设计标准通用化、工艺标准模块化，以达到节约设计成本、缩短开发周期、实现高效生产的目的。
- 制造精益化是格力精益生产的基础，通过对价值流动过程的分析推进作业流程的重组与再造，进而实现精益生产。
- 量产自动化是指在生产流程中尽量减少人的机械劳动，通过给生产线配置机械手、机器人实现全流程的自动化，提高生产效率。

⊖ 格力电器. 企业文化[EB/OL]. [2018-04-12].http://www.gree.com.cn/pczwb/gygl/qywh/index.shtml.

⊖ 邢超. 创新链与产业链结合的有效组织方式：以大科学工程为例[J]. 科学学与科学技术管理，2012, 33(10):116-120.

- 质控全员化是指全员参与质控，人人都是质检员，通过质量管控小组、质量自检互检等多种形式开展全员质量改善。

可持续价值链是企业面对来自经济、社会和环境的挑战而探索的一整套解决方案和经营模式，形成可持续生产和可持续消费一体化的价值链体系。[一]格力的可持续价值链是指"绿色采购—可持续制造—共赢营销—创造需求"，代表了创新活动的价值属性，反映着创新过程中价值的转移和创造。首先，绿色采购是指在格力对产品绿色、环保的要求下，通过与供应商签订绿色合同尽可能保证零部件的绿色、环保。格力将零部件的技术标准与质量指标写进合同，然后通过筛选分厂对所有采购的零部件进行全面检验，从源头保证零部件的零缺陷。其次，可持续制造是指格力通过构建系统集成的信息化体系来确保生产制造环节的柔性化与集约化。再次，共赢营销是指格力在与经销商合作过程中采取年终返利、淡季返利、经销商持股等多种方式实现共赢。最后，创造需求是指格力通过多渠道获取用户需求，将格力先进的技术与用户需求相结合，共同融入产品设计之中，创造出既有技术亮点又能满足用户需求的产品。总之，两条链相互作用，形成创新链驱动价值链、价值链支撑创新链的可持续研发活动，共同推进格力自主创新实践。

2. 完善"三基"体系，打造"四有"成果

"三基"是指组织体系，包括创新平台、管理机制和研发队伍。

（1）创新平台是企业为了提高技术创新能力而自行组建或受政府部门批准组建的研发载体，一个多层次、高水平的创新平台有利于企业在科技

[一] 鲁桐. 可持续价值链：一个新的解决方案[J]. 学术研究，2013(8):63-72.

投入、人才引进培养、重点项目开发和关键技术研发等方面取得阶段性成果。㊀格力的创新平台可归纳为集成平台、职能平台和业务平台三大类。

第一，集成平台是指能够统筹企业各项研发活动的平台，对企业各类创新资源进行有序的组织和管理，从而达到支撑企业研发的目的。集成平台的功能主要有承担国家及省市级的科研项目、与外部企业展开合作、促进企业内部各项研发活动的顺利开展。集成平台反映了企业综合研发实力、统筹企业创新资源的能力。格力的集成平台包括空调设备及系统运行节能国家重点实验室、国家节能环保制冷设备工程技术研究中心、国家认定企业技术中心、国家级工业设计中心，集成平台的搭建为格力顺利开展基础技术、前沿技术的研究奠定了坚实的基础。

第二，职能平台是指贯穿企业研发活动全流程，承载特定研发辅助功能的平台。格力的职能平台包括知识平台、行政平台和信息平台，这三类平台均渗透于产品研发过程的每一个阶段，为格力开展知识沉淀与管理、综合事务管理、工业化与信息化融合等提供了基础保障。

第三，业务平台是指具体开展各类技术研发、产品开发工作的功能性环境和场所。格力的业务平台包括基础研发平台、产品开发平台、工程平台和质量控制平台。这四类平台涉及从产品创意产生到项目立项、技术预研、产品设计与开发、产品测试与验证、产品发布与售前售后技术服务支持的各个方面，每一类平台都为产品开发流程中的某一个环节提供具体的技术支持。格力的业务平台贯穿研发活动的全流程，为格力进行产品设计与开发、质量管控等提供了强有力的支撑。

（2）管理机制是指企业管理系统的结构及运行机理，它本质上是管理系统的内在联系，决定了企业管理效率等核心问题。格力的管理机制包括

㊀ 张振刚，余传鹏.创新平台：企业研究开发院的构建[M].北京：机械工业出版社，2013.

研发投入机制、考核激励机制、外部合作机制和全员参与的创新机制。

第一，研发投入机制是指格力在研发投入上坚持无上限，但无上限不是无条件、盲目地投入，而是有规划、有计划地投入。同时，格力宽容科研人员在创新中的失败，但不允许犯重复错误。

第二，考核激励机制是格力人才培养的重要组成部分，格力针对研发人员采取了与普通员工不同的考核与激励机制。在考核机制方面，研发人员除了普通的 KPI 之外，还有项目制考核，即研发人员参与的项目进度、项目承担的工作、项目取得的成果、项目团队合作与协调等多维度考核；在激励机制方面，格力每年举办科技创新大会，奖励那些在科技创新和管理创新方面取得突出成就的员工或团队。

第三，外部合作机制是格力在自主研发的基础上，坚持以我为主的开放式创新，与高校、科研机构、行业协会等开展产学研合作。通过与外部组织的合作，格力可以获得科技创新领域最新的资讯与技术研究方向，进而对这些前瞻领域展开深入研究与探索，不断增强企业自身的市场竞争力。

第四，全员参与的创新机制是格力员工主人翁意识的集中体现，人人都可以参与创新，并在创新与创造发明过程中实现个人价值。格力通过开展全员提案改善活动推进全员创新，使全体员工积极地对公司的管理、设计、生产等方面提出合理意见。

（3）格力高度重视研发队伍的建设，从引、育、用、留等方面构建了多渠道的招聘体系、多层次的培育体系、多方位的激励体系和多通道的晋升体系。

- 多渠道的招聘体系为格力输送了源源不断的新鲜血液。格力高度重视研发人员的招聘,研发人员在招聘过程中除了普通的面试之外,还需经过专业的技术面试。通过专业的技术面试,格力可以对研发人员的知识体系进行系统了解。

- 多层次的培育体系促进新员工更快、更好地与格力融为一体,不断进步和成长。格力在培育研发人员过程中除了给予他们常规的培训外,还会给研发人员分配专业的导师,由导师以传帮带的形式带领研发人员在项目中成长、在试验中获得知识、在知识沉淀库中学习前人的经验总结。
- 多方位的激励体系鼓励员工勇于创新、追求卓越,为企业发展做出贡献。研发人员的激励是丰富多样的,最受研发人员重视的便是一年一度的科技奖励大会。格力会从内部科研项目中评选出特等奖及一二三等奖,奖励那些为格力研发做出卓越贡献的个人或团队。
- 多通道的晋升体系为有才华、肯实干、愿拼搏的员工提供了实现自我价值的机会。研发人员的晋升路线有两条,一条是继续在技术领域深入研究,另一条是转到管理岗位从事管理工作。两条路线都给研发人员提供了广阔的发展空间,只要肯干,无论是技术人才还是管理人才都可以实现自我价值。

坚持"一心"的核心理念,遵循"二链"的活动流程,依托"三基"的组织体系,格力通过创新实践打造了"四有"成果——自我超越的创新文化、高集成的研发体系、原创性的核心技术与标准、全方位的产品系列。格力"一心二链三基四有"的自主创新工程体系推动企业实现了从"规模驱动业绩增长"到"创新驱动持续发展"的战略转变(如图5-4所示)。

方法32　掌握核心科技，赢得发展主动权

核心科技是指企业以基础研究和应用研究为基础，经过长期积累形成的一系列具有核心性、价值性和难以模仿性的技术集合体。格力围绕自我超越的创新文化、高集成的研发体系、自主研发的核心技术、全方位的产品系列开展自主创新，掌握核心科技，在发展变革中牢牢把握主动权。

1. 营造创新文化，不断自我超越

创新文化是指企业在开展创新活动过程中所创造和形成的一种以鼓励创新、包容失败为核心价值观，以有利于创新的组织结构与制度为保障，以员工创新行为为外在表现形式的一种文化。⊖在知识经济时代，创新文化是企业软实力的集中体现，它塑造了企业和员工的道德标准、行为准则、工作作风、经营思想、价值取向等，推动着企业的发展与进步。

董明珠认为，格力可以被模仿，但不能被超越，要不被超越就必须实现自我超越，真正的竞争对手是我们自己。㊀格力非常重视营造创新文化，要求员工不断超越自我。自我超越的创新文化，为格力实施领先者战略提供了不竭的精神动力和思想源泉。格力的创新文化独具特色，可归纳为四个方面：奉献的精神文化、严格的制度文化、挑战的行为文化和共享的物质文化。

第一，营造奉献的精神文化。格力的奉献精神不是无条件的奉献，而是"先奉献，后回报；有奉献，必回报"的精神文化。格力人具有很强的

⊖ 葛宝山，谭凌峰，生帆，马鸿佳. 创新文化、双元学习与动态能力关系研究[J]. 科学学研究，2016，34(4):630-640.
㊀ 黄进，黄应来. 格力集团董事长董明珠做客广东职工大讲堂谈自主创新 "创新就是要不断超越自己" [N/OL]. 南方日报，2016-03-25[2018-04-12]. http://epaper.southcn.com/nfdaily/html/2016-03/25/content_7530061.htm.

奉献精神，这种精神已经深深烙印在每一位格力人的心中。在这样的企业文化熏陶下，格力培养了一批又一批踏踏实实为企业奉献的优秀员工，他们脚踏实地，不计较个人得失，在为人处世过程中有一种神圣的责任感和使命感，一心想着如何将事情做得更好。

第二，打造严格的制度文化。在制度建设上，格力人的眼光会变得很"挑剔"，通过狠抓各项基础工作持续推进制度的与时俱进，针对频繁出现的问题不断完善规章制度，并对制度进行创新，以健全的制度体系强化企业管理、技术管理、质量管理等工作，从根本上解决问题。格力对各个部门、机构或组织都制定了完善的、严格的制度，对干部、行政人员、一线员工也制定了相应的行为准则，切实做到凡事有制度可依、有制度必依、违反制度必究，任何人都不得逾矩。为了与时俱进，格力要求企管部及相关部门对制度进行创新，体现出制度的创新性、先进性、科学性。比如，格力对研发项目过程制定了严格的"三层论证""四道评审"机制，并以制度的形式固化下来，任何一个科研项目都要经过它的层层考验。

第三，树立挑战的行为文化。随着顾客对产品使用体验要求的不断提高，产品设计能否为消费者带来艺术以及美的享受对产品的成败具有重要影响。为了满足消费者需求，格力鼓励员工不断挑战自我，并在这个过程中取得进步、获得提升。董明珠提出要坚持"高标准、高品质、高品位"的三高原则，对设计的要求是高品位，对工程的要求是高品质，对质量的要求是高标准，以此不断激发研发人员，也让研发人员学会自我挑战。在格力内部，这样的例子举不胜举，四联机空调的国内创举、叉车大王曹祥云用叉车开酒瓶、全球首创的光伏空调等。其中，格力光伏空调的诞生可谓是格力挑战的行为文化的集中体现：在光伏空调研发过程中，研发团队不断进行挑战，经过10个月的努力，突破了巨型电机的制造工艺，显著提升了离心机的加工精度。在整个项目中，会议讨论次数达 683 次，试验烧毁的电机数达 865 个，每台价值几十万元。然而，种种困难并未吓倒研发团队，为了研发出光伏空调，格力人极具挑战精神，经过无数个日日夜夜的奋战，最终推出"不用花电费的中央空调"——光伏直驱变频离心机系统。2013 年 12 月 21 日，经中科院专家组鉴定，格力首创的"不用电费的中央空调"——光伏直驱变频离心机通过"国际领先""全球首创"认定。

第四，建设共享的物质文化。格力一直坚持与员工共赢、共享的原则，高度重视在自身发展壮大过程中为全体员工搭建共享的创新平台，帮助员工提升综合能力，进而实现个人价值。结合具体实践，格力共享的物质文化可以概括为两个共享：

- 知识的共享。比如，格力为每位员工提供技能培训，鼓励每位员工开展试验检验创意，让每位员工都有机会不断进步，并且为员工开放知识沉淀平台，供员工开展自主学习。
- 成果的共享。比如，设立面向全体员工的科技进步奖，并细分为科技创新奖、工艺技术奖、管理创新奖 3 大类、12 个小类，坚持"公开、公正、公平"和"尊重知识、尊重人才"的原则，每年奖励创新项目超过 100 项。

2. 构建研发体系，实现高度集成

高度集成的研发体系包括优秀的队伍、坚实的平台、完善的制度和高效的流程。多年来，高度集成的研发体系为格力开展创新活动提供了强有力的支撑。一个健全的研发体系少不了人才、平台与机制，这三个要素相辅相成，相互促进，缺一不可。格力高度集成的研发体系把这三个要素做

到了极致。

一是优秀的研发队伍。只有强大、优秀的研发队伍才能支撑得起格力高度集成的研发体系。经过近30年的努力,格力目前自主培育了一支1万多人的研发队伍,为格力提供源源不断的动力。

二是坚实的研发平台。格力的实验室拥有各类高精尖的实验检测设备,先后获得"国家认可实验室""UL最高等级实验室"等一系列荣誉称号,可以进行热平衡、噪声、破坏性、可靠性、全天候环境模拟等实验,这在国内空调界算得上首屈一指。截至2017年年底,格力获批建设了1个空调设备及系统运行节能国家重点实验室、1个国家节能环保制冷设备工程技术研究中心、1个国家认定企业技术中心和1个国家级工业设计中心,这些实验室及技术中心均是国家技术创新体系的重要组成部分。格力成为我国家电行业第一家,也是唯一一家获国家科技部同意建立国家重点实验室的企业。此外,格力还拥有制冷技术研究院、机电技术研究院、家电技术研究院、智能装备技术研究院、新能源环境技术研究院、健康技术研究院、通信技术研究院等12大研究院,建有72个研究所、727个先进实验室,为技术创新提供了强大的研发平台。

三是完善的流程制度。无规矩不成方圆,一旦缺失了健全、完善的制度保障,任何优美的事物最后都会沦落为虚无。在研发队伍建设以及研发平台搭建的基础上,格力不仅构建了"产品规划—研究开发—中间试验"三大技术创新子体系,而且建立了"五方提出、三层论证、四道评审"的高效研发管理流程,并以制度的形式固化下来指导研发,推进研发流程的高效运行。

3. 提升技术能力,打造核心技术

领先的核心技术与标准包括质量控制技术、压缩机电机技术、变频控

制技术、系统节能技术等，同时也包括格力主导或参与制定的国际标准、国家标准和行业标准。领先的核心技术保证格力引领行业发展，走在制冷行业的科技前沿。

（1）大规模的专利。专利是衡量一个企业技术创新能力最直接、最简洁，也是最有效的指标，企业可以通过申请大量的专利树立行业壁垒，构筑一条难以逾越的护城河，将小、散、差且无技术的企业排除在行业竞争之外，推进行业良性、健康发展。格力的专利每年都在高速增长，截至2017年年底，格力在国内外累计申请技术专利35 209项（如图5-5所示）。大规模的专利积累也是格力能够在中国空调界独占鳌头的根本原因之一。

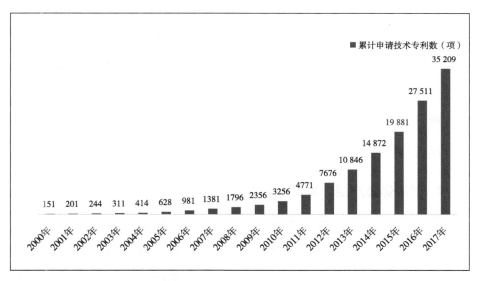

图5-5　格力累计申请技术专利数

（2）高水平的技术。"冰冻三尺，非一日之寒。"同样地，技术的产生也不是一蹴而就的，尤其是高水平的技术更需要"厚积而薄发"。经过10多年的自主创新，格力不仅具备了压缩机、电机等核心部件的自制能力，而且掌握了包括超低温数码多联机组、高效离心式冷水机组、1赫兹低频控制技术、超高效定速压缩机、R290环保冷媒空调、永磁同步变频离心式冷水机组、无稀土磁阻变频压缩机、双级变频压缩机、光伏直驱变频离心机系统、磁悬浮变频离心式制冷压缩机及冷水机等24项"国际领先"成果，填补了全球制冷行业的技术空白。

（3）严全新的标准。格力的标准化建设是一个系统化的工程，既包括技术标准也包括管理标准，具有"严、全、新"的典型特征。其中，"严"体现在格力的标准严于国家标准甚至国际标准，"全"体现在全面覆盖的标准体系，"新"体现在持续更新完善标准体系。在技术标准方面，格力高度重视企业内部标准体系建设，积极主持或参与国际、国家及行业标准的制定，引领行业技术发展方向。截至2016年年底，格力主导国际标准3项，主导或参与制修订国际标准和行业标准169项，建立由上万份国际标准、国家标准和企业标准组成的标准体系，覆盖技术研究、产品开发及工艺设计等方面。在管理标准方面，格力针对管理实践中具有重复性特征的管理活动进行科学总结，结合企业实际发展情况，制定了具有科学性、普适性与实践性的制度与规范，促使企业管理更加系统化、科学化。

4. 创造优质产品，丰富品类系列

格力全方位的优质产品系列包括家用空调产品系列、商用空调产品系列、工业空调产品系列和工业制品系列。格力产品的优质体现为产品的原创性、独特性，原创就是从0到1的创造，实现由无到有的突破，唯有原创性的产品才能深入人心，才能深受消费者的信赖与喜爱。格力一直坚持打造原创性产品，U型、I型、画时代空调的设计打破了人们的固有观念，让人们重新认识空调；光伏空调的出现不但惊艳了世界，还颠覆了人们的传统看法，原来真有"不用交电费的空调"。

丰富的产品系列使格力能够给全球消费者带来价值，格力将优质的产品送到消费者的手中，同时产品的销售也为格力带来了丰厚的经济效益，扩大了格力的国际影响力。随着全球消费需求持续增长、结构加快升级，如何满足消费者日益多元化的需求是企业家不断思索的问题。在众多答案下，产品多元化不失为一种较优策略。借助消费升级的步伐，格力持续推出新产品，以期满足全球消费者各异的"口味"。截至2017年年底，格力的产品系列已全方位涵盖家用空调、商用空调、工业空调等20个大类、400个系列、12 700多种品种规格的产品，远销160多个国家和地区，全球用户超4亿。

方法33　强化知识产权保护，优化知识产权管理

创新已成为经济社会发展的主要驱动力，创新驱动发展战略已上升为国家发展战略，良好的知识产权制度能够为创新活动营造公平、开放、透明的市场环境，而缺乏知识产权保护会严重挫伤企业创新的积极性，不利于创新驱动发展战略的实施。为了激励员工创新，也为了促进行业健康、有序发展，格力高度重视知识产权管理与保护，具体体现在制定知识产权战略、搭建知识产权管理平台、提升产权保护意识三个方面。

1. 制定知识产权战略，强化知识产权保护

格力高度重视对创新和创新成果的保护，坚持将知识产权与整个公司发展战略紧密结合，把知识产权管理贯穿到整个公司运作的过程中。格力以"进攻+防御"为定位，以专利质量为核心制定专利战略。格力知识产权战略的落地有两个抓手：第一，制定并完善了知识产权管理制度。这些

制度文件包括《企业知识产权管理办法》《专利管理办法》《商标管理办法》《格力电器著作权管理办法》等。这些制度文件涵盖知识产权的各个领域，为格力知识产权管理提供了重要指导。第二，搭建了以专利管理业务、专利信息利用、专利创造业务三大业务体系构成的知识产权管理网络。其中，格力的专利质量是指申请专利以发明专利为主，强调原创性与独特性。在专业、高效的知识产权管理网络的基础上，格力结合自身专利申请情况，开展专利分析，并利用统计学方法和技巧使这些信息转化为具有预测功能的竞争情报。竞争情报不仅可以为企业的技术研究及产品开发提供决策参考，而且利于企业做好专利布局，规避专利风险，提升企业的创新能力和创新水平。

2. 搭建知识产权平台，优化知识产权管理

为了优化知识产权管理，格力于2016年上半年将原隶属于科管部的知识产权室独立为知识产权办公室，将知识产权管理业务从单一的专利管理延伸至创新管理和知识产权资产管理，开展企业知识产权运营事务，提升企业专利资产价值。在优化知识产权管理的具体过程中，知识产权办公室搭建并健全了知识产权管理平台。这些平台包括"全流程专利管理平台""科技创新平台"及"技术沉淀平台"。⊖具体而言，"全流程专利管理平台"涵盖了从立项开发到专利生命终结的全部16个管理模块，实现了与项目管理平台、PDM管理平台的有效对接，极大地缩短了专利申请周期，提高了参与人员的工作效率；"科技创新平台"对格力产品所涉及的600万件专利进行了详细技术分类，技术人员在研发过程中遇到研发难点时，可以快速、精准定位相关信息，把握最新技术研究方向及趋势；"技

⊖ 格力内部资料：科管部2015年干部述职报告。

术沉淀平台"是格力知识产权管理系统中技术路线图管理模块，技术人员在研发过程中，可以随时根据技术导航目录查阅对应技术主题的技术路线，防止重复研发、低水平研发。

3. 提高产权保护意识，营造良好产权环境

在具体实践过程中，格力既高度重视提升员工的知识产权保护意识，又积极携手同行业公司共创良好的知识产权保护环境。第一，格力每年都会制订详细的培训计划及完善的课程体系，在公司范围内开展知识产权培训；同时，格力定期向全体员工发送知识产权周报、月报，以及专利月报、最新专利资讯等，使全体员工了解最新的专利技术，以及社会上商标侵权、专利侵权等纠纷与案件，开拓员工视野，加深员工对知识产权保护重要性的认识。第二，格力与同行业公司共建知识产权联盟，规范行业知识产权竞争环境。2017年10月，由格力牵头成立了我国首个空调行业知识产权联盟[⊖]，该联盟包含众多空调企业，旨在提升中国空调产业技术创新水平，规范空调产业的知识产权管理，提升中国空调产业在全球空调产业链中的核心地位。

原则13　建设质控体系，追求完美质量

在完美质量理念的引领下，格力将质量管理活动贯穿到产品研发设计、零部件采购、生产制造、营销服务等价值链环节，不断健全质量管理的技术基础、标准体系、制度规范、信息系统和组织保障，形成了"一核

⊖ 新华网. 携手打造"中国创造"新高地，中国首个空调行业知识产权联盟成立[EB/OL]. (2017-10-30)[2018-04-12].http://www.xinhuanet.com/tech/2017/10/30/c_1121876624.htm.

"四纵五横"的全面质量管控体系。格力的全面质量管理体系是在质量理念体系引导下,由纵向和横向两个视角划分的质量活动体系和质量支撑体系两大子系统构成的(如图 5-6 所示)。其中,"一核"是格力的质量理念体系,包含"追求完美质量"的质量管理核心理念、"人人都是质检员"的全员质控原则、"完美质量是斗争出来的"质量斗争哲学;"四纵"为格力的质量活动体系,刻画了格力以"质量预防五步法"和"质量技术创新循环 D-CTFP"为指导方法,对四大价值创造流程开展全面质量管控的过程;"五横"为质量支撑体系,是上述质量活动体系得以有序开展的基础和条件。

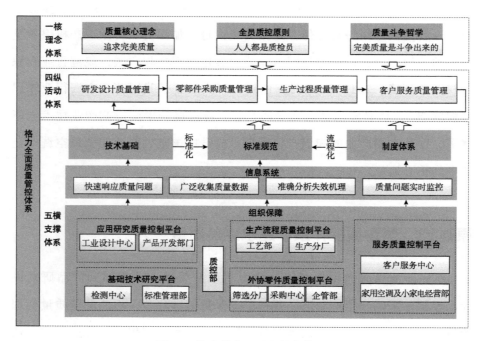

图5-6 格力的全面质量管控体系

注:"T9全面质量控制模式的构建与实施"项目获得中国质量协会质量技术奖一等奖。

格力以完美质量为追求，以全面质量管控体系为核心，以"质量预防五步法"和"质量技术创新循环 D-CTFP"为方法，总结提炼出格力完美质量管理模式。实践中，格力的完美质量管理模式取得良好成效，依托此模式，格力近几年质量水平逐年提升，全公司产品售后故障率连续多年平均降幅 20%。根据中国标准化研究院顾客满意度测评中心的评测数据，格力的顾客满意度、忠诚度连续七年保持行业第一。2017 年，格力的"'让世界爱上中国造'格力'完美质量'管理模式"成果获得中国质量最高奖：第三届中国质量奖。

方法34　坚持三大质量管理理念

格力全面质量管控体系的"一核"是指质量理念体系，是格力质量管理活动的灵魂与核心。质量活动系统和质量支撑系统如果缺乏质量管理理念的方向指领，格力的企业质量管理系统将成为一盘散沙。实践中，格力形成了"追求完美质量"的核心质量理念、"人人都是质检员"的全员质控原则和"完美质量是斗争出来的"质量斗争哲学，三者构成了格力质量理念体系的主要内容。

1. 形成"追求完美质量"的核心质量理念

从创业初期所坚持的"零缺陷"理念，到现在"追求完美质量"的核心质量理念，格力质量管理理念的内涵在不断丰富和发展。格力的完美质量理念有三层含义，一是追求产品"零缺陷"。"零缺陷"理念要求每位员工都具备强烈的质量意识，以高标准要求自己，怀着"鸡蛋里面挑骨头"的工作态度不断对产品质量进行改善，以"无需售后服务才是最好的服务"的产品理念，开展质量管理工作。二是提高产品的价值。格力强调以顾客需求为驱动，通过技术创新不断提升产品的使用功能和视觉功能，提高产品的适用性，使得产品具有完善的功能和完美的外观，为消费者营造舒适环境、创造美好体验。三是产品节能绿色环保。格力强调产品应是环境友好的，并投入大量资金、配置研发人员开展环保技术的研发，目前已掌握 1 赫兹变频技术、新冷媒技术、磁悬浮轴承技术、双级直流变频离心热泵技术等一系列空调节能环保核心技术，自主研发了格力光伏中央空调、"用电省一半"的变频变容家庭中央空调等环保产品。其中，"1 赫兹变频技术"于 2012 年荣获中国国家科学技术进步奖。

2. 坚持"人人都是质检员"的全员质控原则

在质量管理实践中，董明珠提出"人人都是质检员"的全员质控原则，强调格力质量管理活动需要全体员工的集体参与。六西格玛质量管理方法认为员工思想观念的改变是保持质量改善成果所必需的。在格力，全员参与质量改善活动主要有两种具体形式。

（1）开展 QC 质量小组等群众性质量改进活动。全员质量改善活动自格力成立之初便已孕育萌芽。在格力发展早期，针对质量问题频发的情况，朱江洪通过整顿动员大会凝聚了人心，统一了思想，纠正了过去格力内部存在的重量轻质的不良认识。明确思想之后，格力大力发动群众把工作中暴露的质量问题一一挖掘出来，逐条进行研究、分析和归类，最后落实到各部门进行限期整改。这是格力开展群众性全员质量活动的源头，格力全体员工初步认识到全员参与对于质量管理的重要性。

如今，格力群众性全员质量改善活动演化为 QC 质量小组的形式，并被确立为格力质量管理的基本制度。格力要求产品售后服务获取的所有故障件都返回公司，通过电子标签实现编码化，一一记录在信息系统上，从而积累了大量有关产品生产、零部件采购等方面质量问题的数据。格力每年度都会根据这些反馈信息制订 QC 质量小组的项目计划，格力全体员工均可以围绕这些质量问题，以个人或者团队的方式进行自主立项，研究提出质量问题的解决方案。格力企管部负责对各项目进行从立项到结题的进度管理，并每年组织开展一次公司级 QC 项目成果发布会，由每个单位先评比推选出本部门的优秀 QC 项目成果，并进一步向公司推荐。格力 QC 质量小组活动开展非常活跃，不仅在格力内部取得了培养质量意识、解决质量问题的良好成效，而且多次获得国家和省市各级 QC 质量小组奖项。例如，2017 年格力石家庄、武汉等生产基地的 QC 质量小组均荣获"全国优秀质量管理小组"称号。

（2）加强员工自主质量管理的意识，强调员工要承担质量自检、互检的责任。质量自检是指生产操作岗位的员工对自己承担的工作自主进行质量检验；质量互检是指员工之间对生产的产品或完成的工作任务相互进行质量检验，包括上下生产工序之间相互监督、质检员对操作者工作的检验、抽检验货员对成品的抽检验货等，以便实现上下工序间或不同工序间相互对生产的产品进行检验。

为了使得员工质量自检、互检工作得到有效落实，格力专门制定了详细的工艺及检验作业指导标准文件，明确了各岗位自检、互检的制度要求，形成了一套系统成熟的岗位质量自、互检的质量控制制度和方法：

- 各岗位的工人对各自承担的生产工序进行质量检验。
- 下道工序的工人对上道工序生产的产品进行检验。
- 各工序岗位之间对所交接的有关事项进行检验。

- 班组质量检验员对本班组工人生产的产品质量进行专岗专职检验。
- 班组抽检员对本班组工人生产的产品质量进行抽检。
- 成品验货实验室对已入库的产品质量进行出货验货。

此外，格力加强对员工的质量培训，通过故障现象复现、失效机理展开、实地操作演练等教学方式，强化全体工人参与质量活动的主动意识和专业技能；通过制度宣传和培训，让生产员工了解和认同制度内容，自发地遵守公司提出的质量自检、互检工作要求，对自己的岗位负责，真正实现"人人都是质检员"。

3. 提出"完美质量是斗争出来的"质量斗争哲学

董明珠提出"完美质量是斗争出来的"质量斗争哲学，要求包括质量管理人员在内的全体格力人坚决同质量工作中所存在的弄虚作假、管理不严等不良现象做斗争。"完美质量是斗争出来的"既是一种文化，也是一种制度，还是一种实践。这一质量斗争哲学深深地刻在每一位格力人的脑海里，在质量斗争文化的引导下，格力加强质量管理制度建设，指导格力人开展三大质量管理斗争。

一是坚决与产品质量不佳的供应商做斗争。首先，为了保证入厂零部件的质量，格力在内部建立筛选分厂对入厂核心零部件进行全面检验，努力将采购的不合格零部件筛选出来，避免不合格零部件给整机产品质量带来隐患。其次，格力建立"三权机制"，由筛选分厂、企业管理部和物资采购中心共同负责供应商的开发和管理，避免采购权力过度集中，使采购过程更加公开透明，从而与采购腐败、暗箱操作等可能带来零部件质量问题的不良行为进行斗争。最后，格力与供应商签订"四项协议"，以契约形式从产品的性能特征、产品质量保证、反腐败和供货及时性与准确性四个方面要求供应商,保障供应商的供货质量。

二是与员工的不当生产操作行为做斗争。朱江洪和董明珠均颁布过总经理令,对生产过程中会严重影响产品质量的十几处关键生产操作进行严格的规定,员工如果违反,一经发现将受到严厉的处分。从格力早期的总经理令到如今的总裁令,这些规定言简意赅,有效避免了员工在生产操作中出现不当的操作行为。在公司层面禁令的指导精神下,格力的生产部门还制定了具体化的"安全生产15条禁令",坚决与不良生产操作行为做斗争。

三是与质量问题和事故做斗争。格力建立了两级质量例会制度,及时发现质量问题、追溯质量责任,集思广益分析事故原因,强化员工质量意识。格力质量控制部建立了质量管理群,周末由群里的质量管理负责人对一周质量工作进行总结,对存在的质量问题进行"批斗"并责成相关负责单位进行质量整改,对表现良好的人员和团体进行表扬和鼓励,对成功的经验和做法进行宣传和示范,从而积极与质量问题和事故做斗争。

方法35 严控四大价值创造流程

格力认为,"无需售后服务才是最好的服务",以完美质量作为质量管理的最高追求,力图将质量问题消除于消费者使用之前,保证产品的适用性和可靠性,避免产品在使用过程中出现质量问题。为实现这一目标,格力提出独具特色的完美质量保证模式(perfect quality assurance model,PQAM),强调从产品研发开发、采购物流、生产制造和营销服务的价值创造全过程开展事前和事后质量管控。事前过程严控是指格力利用自主总结的正向质量预防五步法,按照需求调研、计划制订、执行落实、检验检查、改进优化的五步骤，对研发设计、采购物流、生产制造到营销服务等价值创造活动进行严格的过程管理，将质量问题消除在消费者使用之前。事后追根溯源则是指格力以顾客需求为驱动，利用自主研究总结出的质量技术创新循环 D-CTFP，利用检测技术的研究与突破，提高对产品故障的检出能力，逆向激发产品研发、工艺技术、供应链等环节的进步，保证产品质量。一旦出现质量事故，通过层层机制反向追溯质量问题产生的根源，一方面对质量问题产生的根本原因进行分析，了解质量事故产生的机理，避免下次再次发生；另一方面，基于事故原因对事故主体逆向追责，保证质量行为和质量责任相匹配，将质量责任主体明确到个人，强化对个人的约束，有效避免质量问题的发生。

1. 强化研发质量，从源头消除质量隐患

格力强调，"质量要从研发源头进行防控！"预防性管理意味着对那些常常被忽略的经营环节进行管理，在质量事件发生之前采取行动；制定质量管理目标并设定清楚的优先级，重视问题的预防而非事后补救；综合利用工具和方法，以动态的、积极的管理风格取代被动的管理习惯。真正做到预防性管理是创造性和有效变革的起点。

格力极其重视从研究开发的源头上把握产品质量，认为研发质量对于空调的整机质量起到决定性作用，良好的研发质量能够将重大质量隐患消除在价值链的前端，避免研发环节产生的质量问题流向生产、销售、售后等环节，有效避免研发质量问题在价值链下游被几何级数式地放大。格力在产品研发的流程管理上建有严格的机制，即要求"三层论证、四道评审"。"层层把关"是格力产品研发流程的最大特色。一旦发现缺陷和问题，格力要研发人员及时立案整改，从源头上对质量问题进行跟踪解决（见原则 14）。

此外，格力逐步构建研发台账纠错系统，避免研发环节出现简单重复的错误。德国吉森大学教授迈克尔·弗里斯的研究证实，一种积极的错误管理文化和机制会带来更高的利润率。美国学者埃德蒙森的研究还证实，当组织的员工相信，他们犯错不会遭到指责或嘲笑的时候，组织的创新能力会更高。人为的错误不可能完全避免，那么关键就在于如何预防错误、管理错误。格力在质量管理中，建立了一套错误管理机制，这从两个方面来体现：一是格力建立了鼓励创新、宽容失败的文化。创新本质上有风险，格力能够宽容员工在开展创新活动时犯的新错误，但不提倡宽容员工犯的简单重复错误。二是格力建立了一套基于错误管理的知识平台体系，而研发台账纠错系统是其关键组成部分。据格力执行总裁黄辉介绍，格力要求研发人员在创新实践活动中时刻总结经验和教训，并以文本形式记录下来形成显性知识，使得研发经验教训不会因为员工的转岗或离职而流失。当一个岗位的新员工进行某项新的研发工作时，知识管理系统会智能化地将之前负责这项工作的员工的个人经验总结推送给他，从而帮助其避免前人曾经犯过的错误。即便出错，也能迅速识别错误，有效、协调地处理错误。这个系统显著地提高了格力产品研发的质量和效率。

2. 设立筛选分厂，严格管控进货质量

改革开放初期，中国制造业配套水平普遍不佳，供应商质量管理水平较低，企业外协外购的零部件质量难以得到充分保障。1995年，格力基于国内制造业的现状，在企业内部成立筛选分厂。筛选分厂是格力专门设立的负责外协外购零部件质量把关与预防的职能单位，这在当时行业内属于首创之举。格力以筛选分厂的成立为基础，建立了一套物料入厂质量控制体系，如图 5-7 所示。

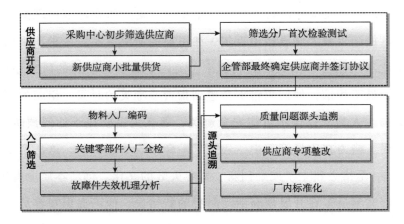

图5-7 物料入厂质量控制体系

格力对筛选分厂的职能有着清晰明确的定位,就是"要确保来料均是合格品"。目前,筛选分厂针对外协外购物料质量主要行使两大职能:

- 对外协外购物料进行各类入厂检测试验,针对核心零部件还要进行100%全检控制,从而像一把"筛子"一样将存在质量问题来料过滤在生产线之外,以近乎完美的零部件质量保证卓越的整机质量。
- 筛选分厂下设试验中心,能够开展各类零部件的型式试验、可靠性试验,并以此为基础开展各类有关检测试验的研究和创新,从技术角度深入分析失效机理,从管理及体系角度推进事故源头整改,举一反三,杜绝问题重复发生。

外协外购件的质量管理涉及供应商、入厂检验、生产制造等环节的多重把关。格力以"三权结构、四项协议"为原则开展供应商开发和日常管理,以提高采购质量,避免采购腐败(见原则15)。为实现对外协外购件规范化、系统化的全过程质量管理,格力筛选分厂主导建立了外协外购件的"三全"质量管控体系,即"全过程检验、全品管流程、关键项目

100%全检"。在此体系下,从质量保障协议的签订、入厂检验规格书的完善、供应商关键岗位和工序的把关要求、供应商出库检测要求到生产线在线把关要求等方面,使得格力供应商积极提升自身的质量管理能力和水平,有力地从源头保证了格力外协外购物料的质量。

3. 加强信息化建设,实时管控制造过程

格力高度重视科学管理,认为只有大量收集数据进行深度分析,质量问题才能被更加有效地发现和解决。格力于1997年便已全面推广应用自行设计开发的计算机网络管理系统,实现了公司在生产、物流、销售、财务等管理领域的联网。目前格力依靠自主开发的以及外购的机器人、数控机床、智能制造设备,大力推行生产自动化、信息化建设,努力向智能制造发展,逐步实现了产品生产流程的实时质量管控。

一是建立了零部件质量问题追溯机制。格力借助ERP、MES等信息系统,在各生产基地建立了关键物料的集中管控平台,实现了供应链的信息化管理。首先,格力建立首批来料、型式试验、全检等程序化的系统自动质量检验模式,根据物料种类的差异选择特定的检验模式,快速有效地实现对物料质量的程序化检验。其次,格力建立对电机、电容等关键物料的智能化、一站式的检验平台,提升了检验工作效率和质量。最后,格力通过物流编码化管理,能够对零部件质量问题反向追责,向供应商寻求相应的赔偿,并及时要求供应商开展针对性质量整改。通过建立零部件质量问题追溯机制,从而确保出现异常的物料得到系统性处理,实现了物料质量信息的共享和质量问题的可控可追溯。

二是实现了制造过程的实时质量监控。首先,格力研发出生产过程智能测试终端设备,能够对生产过程测试数据进行网络化收集和智能化管理,

实现对生产过程的实时监控、自动检测、异常预警等功能，例如能够对生产线上装配的零件进行识别防错。其次，对生产过程进行数据化监控和分析。格力采用自主研发的生产工艺数据平台，对生产过程进行信息化管理，实时记录产品生产过程中的关键数据，并对收集到的生产过程信息进行数据挖掘，得出生产状况的分析报表，达到监控、分析和追溯的目的。

三是可视化操作指导保证生产装配准确高效。可视化操作指导是指员工在生产线向电脑输入整机成品代码即可查到相关联的产品设计总图、产品走线图、装配指示图等产品技术文件，以及产品说明书、包装箱等附属印刷品的图片和装箱流程图，使得员工能够根据电脑的图文指导资料进行生产和装配。格力将操作指导流程可视化，使得员工可以在线快速查阅相关生产文件，解决了生产线频繁转换所带来的大量纸质生产指导文件的管理难题，也能减少纸张打印、降低经营成本，并提高装配的准确性和效率。

四是自动检测设备实现整机质量异常自动判定。格力通过开发产品自动检测设备，结合移动通信技术，实现对空调成品的在线智能检测、异常自动判定和故障数据分析。被测机器的各项运行参数被采集并传输到工业云平台，云平台通过调取数据库内同型号机器在相同工况下的各项运行参数进行对比分析，快速准确地得出被测机器的测试结果，从而形成一整套自动化整机测试系统。测试数据经过云平台的进一步汇总、分析、归类，最终在数据库里进行备案。该系统解决了传统人工测试一致性差、数据无法追溯的问题，有效保证了空调整机测试的可靠性。

4. 提高服务质量，售后信息驱动质量改善

空调行业对产品质量素有"三分生产，七分安装"的说法，提高服务质量对保证空调产品质量的重要性可见一斑。首先，格力强化安装队伍的

培训，通过由各销售公司和网点的安装技术主管或技术骨干开展空调安装技术规范培训的讲座，加大对安装规范的宣传和教育，使安装工人从安装技能和职业道德意识等方面获得提升。其次，格力建立了一套空调安装质量巡视监督机制，采取定期和不定期的方式，安排巡视员分批对全国各地区各网点安装服务进行巡查，并根据调查情况对各地空调安装质量进行评分，将最终结果在公司内部公开发布，对做得好的地区予以表彰，对做得差的地区予以通报批评。凭借着强大的安装队伍和严格的监督制度，格力的空调安装质量得到有效保障。

一旦产品使用过程中出现质量问题，高效的维修服务是及时消除消费者不良使用体验的关键。为了保证售后维修服务的精准高效，格力建立了一套三层级售后服务响应机制。

- "销售网点"严格按照时间节点要求上门维修。格力要求对于大部分仅涉及通用配件的事故在 24 小时内给予维修，对于少数涉及专用配件的事故原则上在 3 天内完成维修。
- "售服分中心"建立维修配件库存保障机制。格力要求各地售后服务分中心必须严格按照公司维修配件安全库存量的要求，按照三个月的维修需求进行配件储备。
- "总公司"建立售后数据平台。格力在总部建立了售后服务数据平台，收集了关于各销售区域的每一单售后维修服务，以及相应的维修配件需求、库存和使用情况的信息，并通过大数据分析建立维修需求预测模型，更加合理智能地在区域间调配维修人员和维修配件。

只有辨明根本原因，才能真正找到改善方法，彻底解决质量问题。除了提高安装、维修服务质量，格力还致力于通过两大途径收集售后信息，逆向驱动质量的持续改善。

第一，通过一线售后单位及时反馈售后信息。格力要求各地区经销商在负责提供售后维修服务的同时，还要收集、整理和反馈售后维修信息，并将维修更换下来的故障零部件回收到格力总部，由格力筛选分厂试验中心、售后复核室对故障零部件进行失效机理分析，寻求问题的解决方案并处罚相关质量责任人。针对每单售后问题，每单追责、每单核查，最终做到"四不放过"，即"原因不分析清楚不放过、措施不确定不放过、责任不落实不放过、标准不完善不放过"。通过对客户反馈信息进行深入挖掘，查找问题根源，处罚相关责任人，逆向驱动价值链上游的采购、检验、制造等环节针对性地开展质量改善活动。

第二，依托信息化手段实时获取空调运行数据。格力通过GPRS数据采集系统、空调机组网络通信技术和远程监控控制技术，建立智能化的售后质量监测系统，对运行的机组进行实时监控和数据采集，并及时将系统故障信息分类上传到售后维护系统和设计评测系统，有效实现产品开发环节和售后环节的连通，使得研究部门能够及时开展诊断分析，判定故障组件，确定故障原因，划分质量责任，将质量问题及时反馈到相应的设计、采购、生产和销售等部门，使得质量问题得到迅速解决。

方法36 夯实五大质量管理基石

格力全面质量管控体系中的"五横"是指质量支撑体系。格力加强质量基础建设，通过健全质量管理制度、夯实质量技术基础、加强质量标准建设、建立质量信息系统、完善质量组织体系，使得上述价值创造活动根植于坚实的基础之上，有力地保障和支撑了格力质量管理体系的落实和运行。

1. 健全质量管理制度，严格规范质量行为

第一，建立质量领导约束激励制度。格力自成立以来就特别重视干部队伍的建设，激励各级领导在质量管理中发挥重要作用。董明珠有一个形象的比喻，"干部是风，员工是草，风向哪边吹，草向哪边倒。"格力通过建立质量厂长制度，保证质量管理的领导干部切实履行质量责任，在质量管理中充分发挥模范带头作用。

在格力，各部门单位在质量管理方面的第一负责人就是质量厂长。格力针对质量厂长特别设立了重大质量事故"一票否决制"、质量KPI指标考核制度、月度质量绩效评估制度等约束激励机制，使得质量厂长在质量计划、质量控制、质量改进等各方面工作中都身先士卒、积极行动，确保有充分的领导力来提高质量管控的有效性。在质量管理实践中，质量管理领导还要在组织调动相关资源、开展跨部门合作等方面发挥作用。在对各种质量事故的分析调查中，格力秉承"质量问题不过夜"的态度，这同样需要干部队伍开展组织领导、下属员工齐心奋战来实现。

第二，设立两级质量例会制度。格力专门建立了总公司和分厂两个层级的质量例会制度。具体而言，由公司高层领导主持公司级质量例会；由各分厂（部门）主管领导主持分厂级每周质量例会，每周按不同质量板块轮流召开。尽管会议形式不断变化、不断创新，但自格力成立以来，质量例会从未中断，而是逐渐制度化、规范化，并成为格力在质量管理上取得卓越绩效的有力支撑。

格力的质量例会制度保证质量管理活动得到实时跟进，及时发现新情况、新问题，推广新标准、新技术，从而不断推进质量管理创新。首先，通过质量例会的形式，与会人员有效运用质量管理工具针对质量案例开

展分析，自由发表个人意见，集思广益，深入分析质量事故发生原因。其次，质量例会在强化企业员工质量意识的同时，也加强了员工对质量工具的运用、交流以及学习。最后，通过在质量例会上组织和协调各方资源，参会人员对公司质量管理的组织方式、运作机制有了更深入的了解，提升了开展系统性思考进而解决问题的经验与能力。

2. 夯实质量技术基础，科学管理质量活动

格力对质量技术研发活动投入大量人力和财力资源。经过多年自主研发，格力掌握了一批拥有自主知识产权的质量技术，形成了行业领先的质量技术体系，为格力科学有效地开展质量管理活动打下了坚实的技术基础。

开展仿真技术研究，提高研究开发质量。格力拥有新型系统仿真技术，能够实现对结构、流体、电磁、震动噪声、强度、耐久性、碰撞与防护、热分析等的仿真模拟分析，为空调整机开发提供技术保障。格力将仿真模拟技术同传统设计方法相结合，极大地提升了产品研发设计的效率和质量。

开展检测方法创新，快速准确识别问题。格力在质量检测技术上大力创新，形成了由加速寿命检测技术、入厂快速测试技术、可靠性测试技术等组成的质量检测技术体系。目前，格力已获得了200多项检测方法方面的专利授权，建立了一套权威的检测技术体系，能够快速、高效地对入厂零部件进行检测。

开展失效机理研究，寻找质量问题根源。格力强调开展材料、电子等领域的基础研究，加强对空调设计、工艺和生产等环节质量问题的失效机理研究，强化格力的质量基础能力。例如，格力成立电子元器件失效分析室，对空调核心的变频器、控制器、电容等元器件进行失效分析试验，提高了对电子元器件失效机理的认识。

3. 加强质量标准建设，驱动质量水平提升

标准建设在质量管理中具有基础性地位。格力致力于总结格力特色的质量管理标准，建立严于国家和国际标准、覆盖产品价值创造全过程的质量技术标准体系，以此推动质量管理水平的提升。

首先，质量技术标准领先。格力不仅仅满足于达到国家或国际质量标准，而是坚持以市场和消费者的需求为导向，不断把握消费者未来的需求趋势，建立部分领先于国家标准、国际标准的格力企业质量标准体系，逆向驱动空调质量水平的提升。以家用空调产品检验标准为例，截至2016年年底，格力制定了1582项严于国家标准、国际标准的检测检验项目，其中零部件检验标准1402项、整机检验标准180项。

其次，标准覆盖价值创造全流程。格力目前拥有国际标准、国家标准、企业标准1万多份，标准覆盖产品的设计、采购、工艺、检验、安装服务等全过程，为格力开展全价值流程质量管控提供了依据。

最后，格力积极开展质量管理标准的总结和输出。格力强调将质量管理流程、机制和体系固定下来，开展对质量管理实践的理论建构，先后提炼出格力的T9全面质量管控模式、完美质量管理模式、D-CTFP方法等企业质量管理标准，还通过参与各级质量成果评奖、参与质量技术论坛或大会、与供应商开展合作等方式对外传播和推广企业质量管理标准，积极争取将格力的企业质量管理标准转化为国家标准。例如，格力自主总结提炼的质量技术创新循环D-CTFP方法。格力不仅将该方法成功应用于企业质量管理实践，还正在积极将其转化为国家标准。

4. 建立质量信息系统，快速响应质量问题

格力的质量管理信息系统包括研发设计系统、供应链协同系统、生产集成控制系统、售后服务信息平台等。格力通过建设大数据中心、工业云平台，实时收集、持续更新价值创造各环节的生产信息，打通质量管理过程中的"信息孤岛"，开展数据挖掘和深度学习，实现实时监控质量过程、快速响应质量问题、广泛收集质量数据、深度分析失效机理，对产品的全生命周期进行有效质量管控的目的。

第一，建立产品生命周期管理平台（PLM）。格力建设 PLM 平台，实现了从产品需求、设计、工艺、生产、销售到服务等过程的产品全生命周期质量管理。

- 强调以标准化、模块化的思路开展产品零部件、组件、关键结构等研发设计模块数据的分类管理，建立集中、规范的标准件数据库和工艺基础数据库。
- 在系统中应用多种防错校验插件，集成多种研究开发工具，提高产品研发设计的图文质量。
- 形成物料清单（BOM）结构比较、点检功能。BOM 即物料清单，是信息系统能够识别的产品结构数据文件。点检制是指按照一定的标准、一定的周期，对制度规定的环节进行检查，以便较早发现质量隐患，及时加以调整修正。

格力 PLM 平台采用点检制对产品设计 BOM 数据与数据库中的标准进行结构比较，及时发现产品设计物料清单中的异常。

第二，建立供应链协同系统（SCM）。格力建立了连接企业供应链各个环节的供应链协同系统，通过改善与供应商的业务处理流程，与供应商

进行密切的信息交换，强化了对质量事件的管理能力和响应速度。例如，格力建立落地反冲机制，利用信息化系统将物料的供货批次和生产订单绑定、生产订单和机身条码绑定。空调所用物料在后续的使用过程中出现任何物料质量异常，都可以通过信息系统进行追溯，找到该物料的供应单位，从而针对性地要求供应商提升零部件的质量水平。

第三，引入生产集成控制系统。如前文所述，格力建立生产集成控制系统，从四方面实现对生产过程质量的集成控制：一是建立了零部件质量问题追溯机制；二是打通生产制造各环节的信息通道，实现从物料管理到过程控制等生产过程实时信息反馈和在线质量监测；三是将生产操作指导文件可视化，提高生产线效率；四是通过自动检测设备实现整机自动判定质量异常。

第四，售后服务信息平台。格力建立顾客信息实时反馈系统，全面识别、高效采集售后维修、顾客使用情况等反馈信息，通过大数据分析失效机理，提出改进方案，使得在售后过程中发现的产品质量问题得到及时解决，产品质量得到持续改善。例如，格力构建空调云服务平台，将部分空调的 GPRS 通信模块收集的空调运行信息、故障信息等数据统一实时上传至云服务平台，云服务中心的工程师基于这些数据开展失效机理分析、远程事故诊断，并协助售后人员进行现场设备维护，以及提醒用户适时更换零部件。

5. 完善质量组织体系，实现质量协同管理

格力的质量管理组织体系主要包括研发设计质量控制平台、生产流程质量控制平台、零部件入厂质量控制平台、服务质量控制平台和质量技术研究平台。格力强调多部门协同参与质量改善活动，各质量管理相关部

门、团队为共同的质量目标而奋斗，努力为顾客创造价值。

第一，研发设计质量控制平台由格力工业设计中心和各产品技术部组成，共同负责对产品设计开发和工艺开发环节进行质量管控。一项新产品的全价值链质量管控，一般始于格力的研发设计质量控制平台，由工业设计中心和各产品技术部提出产品方案，并由试制分厂进行样品试制和批量中试，经过方案评审、样机评审和确认评审后，向零部件入厂质量控制平台输出产品方案所需零部件的技术参数，以及向生产计划部提供产品方案以便生产线排产。

第二，零部件入厂质量控制平台由物资采购中心、企管部、筛选分厂组成，三个部门形成采购管理相互制衡和监督的"三权结构"，为零部件质控和供应商管理活动提供组织保障。其中，物资采购中心负责联系新的供应商，收集整理供应商资料；筛选分厂负责对供应商初次提供的样品进行测验，并对正式供货的零部件进行质量检验和筛选；企管部负责对现有供应商资质进行考核及评估。

第三，生产流程质量控制平台由质控部、工艺部和各大生产分厂的质控科室组成。一方面，格力质控部和工艺部通过定时向各个生产分厂派驻驻厂人员，让质控人员和工艺人员深入生产一线，实现对空调自制件和整机生产过程的质量监控和工艺支持。另一方面，家用空调和商用空调在生产装配上存在差异，空调的控制器、冷凝器、蒸发器等核心零部件在生产工艺要求上也存在不同，这使得格力各生产分厂质量管理的侧重点也不尽相同。为此，格力各大生产分厂均各自成立有质量管控科室，针对各分厂差异化的生产实践，因地制宜地开展质量管理。最终，在产品出厂环节，格力质控部根据产品标准对出厂前的成品随机抽样并送至实验室进行专检，符合标准方能上市销售。

第四，服务质量平台由客户服务中心、家用空调经营部组成，其中，家用空调经营部负责销售人员、安装人员的培训事宜，制定严格的销售服务、安装服务制度规范员工行为，确保为消费者提供优质服务。客户服务中心负责售后信息的收集以及各销售网点服务质量的评价工作，并将收集到的质量反馈信息传达给质控部。质控部对质量问题进行分类、对质量责任进行划分，并向负责零部件质量、生产过程质量、研发质量管控的部门追究责任。例如，采购零部件质量问题要向筛选分厂、企管部、物资采购中心追责，因供应商质量管理不当而产生的质量问题还要向供应商提出赔偿要求。

第五，质量技术研究平台由检测中心、试验中心等部门构成。格力依托既有的国家级重点实验室、国家级企业技术中心和国家级工程技术研究中心的资源，专门成立"材料失效分析实验室""电子元器件失效分析实验室"等实验室，构建了集检验、测试、失效分析、方法研究、标准创新等多项职能于一体的综合性质量技术研究平台。目前，该研究平台已具备开展制冷行业内各类常规试验、型式试验、可靠性试验、舒适性试验、环境模拟试验以及各类失效分析试验的能力，并获得CNAS国家认可实验室、CQC认可实验室、UL认可实验室、TUV认可实验室等多项国家和国际实验室机构认证。格力质量技术研究平台有力支撑了检测方法研究和失效机理分析的开展，能够发现深层的问题根源，提出有效的解决方案，提升格力质量管控的基础性能力。

第6章
价值创造

企业存在的意义就是创造价值，而只有持续地进行价值创造才是保持企业长盛不衰、基业长青的根本。研发、采购、制造和营销作为格力生产经营的基本活动，是价值创造的基础（如图6-1所示）。四类基本活动构成了价值链上螺旋上升的驱动力，推动着格力价值创造的持续开展。

第一，格力遵循"五方提出、三层论证、四道评审"的研发流程，构建"产品规划、研究开发、中间试验"三大技术创新子体系，实现对研发活动的周全规划与科学管理。

第二，格力既严格管控供应商，又激励、帮扶供应商，在确保采购质量的同时，实现与供应商的长期共创发展；同时强调零部件自制，及时响应市场需求，保障质量一致性。

第三，格力重视对生产流程的持续改善，通过齐套排产、定额配送、落地反冲等方法消除浪费，严格控制成本。

第四，格力创新营销和服务模式，遵循"先款后货"，实行"淡季返利"，构建区域性销售公司，提供"体验—安装—运维"三位一体的服务等，双向传递并提升价值。

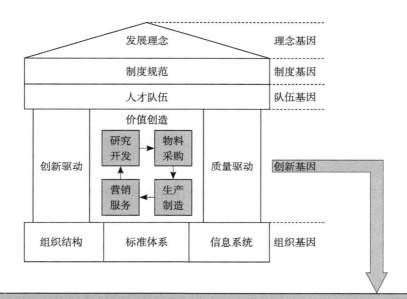

图6-1 格力管理屋之创新基因

【原则14　周全规划、科学管理研发活动
【方法37】制定"534"法则，管控研发流程
【方法38】构建三大技术创新子体系，提升产品研发效率
【原则15　严格管控采购流程，并与供应商长期共创发展
【方法39】严格管控供应商，保证采购质量
【方法40】帮扶激励供应商，实现共同成长
【方法41】关键零部件自制，提升产品品质
【原则16　持续改善生产流程，消除浪费，严格控制成本
【方法42】"一张纸一滴水"，成本控制从细节做起
【方法43】定额管理，消除物料浪费
【方法44】持续改善，解决生产问题
【方法45】因地制宜，优化生产流程
【原则17　创新营销和服务模式，双向传递并提升价值
【方法46】创新营销模式，推进价值双向传递
【方法47】全面提高服务水平，持续提升服务价值

原则14　周全规划、科学管理研发活动

"企业的生命力源自核心技术[1]",在董明珠看来,企业要生存发展必须高度重视掌握核心技术[1]。为了抢占科技创新制高点,格力坚持"研发投入无上限",为研发活动开展提供宽松的创新氛围,极大激发了员工的研发热情。在格力展厅,有这样一句标语,"以技术领先型企业的标准要求自己,在技术研发上追求极致",这正是格力致力于掌握核心科技的真实写照。

凡事都有规则,格力给予研发活动自由并不意味着员工可以无视流程和规则。自由和规则是一体之两面,没有规则的自由是盲目和低效的。为了使"无上限"的支持能够有的放矢,使研发活动的开展更加高效,格力在近30年的实践中,逐步摸索出一套行之有效的研发管控流程和技术创新体系。首先,通过运用以"五方提出、三层论证、四道评审"为关键节点的"534"法则,规范研发流程,保证研发活动开展更具科学性、系统性与严谨性;其次,通过打造以"规划—研发—中试"为核心环节的技术创新子体系,支撑研发活动,确保格力产品开发的高效率、高质量与高标准。

方法37　制定"534"法则,管控研发流程

从整体上看,格力以全面、系统、严谨的要求对产品研发流程中的关键节点进行管控。通过"五方提出,三层论证,四道评审"的标准化流程

---

[1] 罗伯特. 格力:用创新引领未来[EB/OL]. (2016-05-05)[2018-04-12]. http://finance.huanqiu.com/roll/2016-05/8862753.html.

[1] 新浪财经. 董明珠于2015中国企业领袖年会发言[EB/OL]. (2015-12-17)[2018-04-12]. http://finance.sina.com.cn/hy/20151217/172024035242.shtml.

（如图6-2所示），格力对新产品设计和开发进行充分论证与优化，进而增强产品的实用性和创新性。

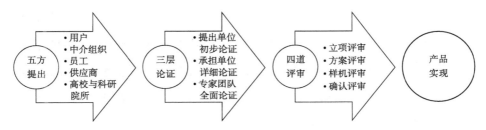

图6-2　公司产品研发设计总体流程

1. 五方提出，明确研发方向

五方是指用户、中介组织、员工、供应商及高校与科研院所，格力研发流程中的"五方提出"是指产品设计要满足五方提出的要求，是格力研发活动的创意来源，产品策划团队需要将获取的研发创意融入产品策划方案。

（1）了解用户需求，把握市场动态。优秀的企业需要不断创造出消费者想要的产品，董明珠坚信，"消费者的需求就是企业的追求。"⊖为了更好地了解消费者需求，把握市场发展动态，格力搭建了获取消费者需求信息的四大渠道。首先，消费者可以通过格力官网服务中心或客服热线直接向格力总部反映问题或提出建议，格力也面向社会开放"来访预约"平台，诚邀消费者亲临格力总部面对面交流。其次，格力依托其强大的销售网络，通过遍布全球的一线专卖店，直接向消费者征求意见。再次，格力注重在安装维修过程中收集用户意见并及时反馈给公司相关部门进行技术改善。最后，格力通过主动组建调研小组，针对消费者最关心的热点问题开

⊖　砺石商业评论. 董明珠：做企业或产品要牢记消费者的需求就是你的追求[EB/OL]. (2016-10-10)[2018-04-12]. http://www.askci.com/news/hlw/20161010/13411268405.shtml.

展实地调研。

以格力"三缸双级变容压缩机技术"为例。最初格力注意到,我国北方广大农村地区及城乡接合部的家庭仍在冬季使用散煤取暖,这不仅存在安全隐患,还对空气质量造成影响。为了给消费者营造舒适良好的生活环境,格力组建了专门的调研小组,深入群众做调研。通过连续多日的问卷走访,格力明确了消费者对清洁供暖、低温制热的详细需求,为此后格力研发三缸双级变容压缩机技术、推出格力"暖家王"家用多联机提供了明确的研发方向,极大地提高了研发效率。

(2)加强中介合作,广泛获取资讯。自主研发不是闭门造车,为了及时掌握技术前沿动态,获取最新、最全行业资讯,格力与中介组织广泛开展合作。当前,格力已与中国家电协会、中国质量协会、著名认证机构与检测机构等单位建立了良好的合作。著名的认证机构与检测机构有SGS、UL、AHRI等。其中,SGS全称是通标标准技术服务有限公司,它是全球领先的检验、鉴定、测试和认证机构,是全球公认的质量和诚信基准[1];UL全称是美国保险商试验所,是美国最有权威的,也是世界上从事安全试验和鉴定的较大的机构[2];AHRI全称是美国制冷空调与供暖协会,是全球最具权威的认证机构之一,AHRI认证代表着空调产品进入北美市场的门槛,没有AHRI认证的产品很难在北美市场销售[3]。

以格力与SGS的合作为例。多年来,格力与SGS展开了深入合作,借助SGS在全球技术标准方面的优势,积极向SGS了解全球最新技术标

---

[1] 格力电器.格力再获SGS认可 得全球首张北美认证授权实验室资质证书[EB/OL]. (2018-01-17)[2018-04-12]. http://www.sohu.com/a/217162510_401369.

[2] 格力电器.格力再获UL"全球唯一认证" 海外发展再跃新阶[EB/OL]. (2017-10-19)[2018-04-12]. http://www.sohu.com/a/196973014_401369.

[3] 制冷快报.格力成为国内唯一获AHRI表彰企业[EB/OL]. (2015-04-09)[2018-04-12]. http://bao.hvacr.cn/201504_2056620.html.

准，在SGS的协助下制定并提高自身的标准体系，不断与世界标准接轨。最终，2018年1月，格力的实验室获得SGS的认可，荣获了全球首张北美认证授权实验室资质证书，这个证书是北美认证客户测试计划等级最高的实验室认可证书。与此同时，格力的11位工程师也获得由SGS颁发的全球最高等级LEVEL 4工程师资格认定证书。这标志着格力可以自主地进行测试、结构检查和报告编写，只需把最终报告提交给SGS审核就可以获得SGS的北美认证，不但提高了认证的自主性，还大大缩短了整个认证周期。

（3）营造全员提案氛围，鼓励工作持续改善。在格力看来，凝练研发方向，不仅需要寻求外部组织和个人的帮助，更要依靠和发动格力员工建言献策。为此，格力在公司范围内组织开展以"三个统一，六大阶段"为核心的全员提案改善工作。通过构建统一标准等级、统一考评维度、统一系统平台，实现全员提案工作全面系统管理；同时在推广应用过程中，遵循文件学习、问题反馈、集中答疑、系统试用、实施推广、返回标准六大实施阶段，确保员工了解、认同、参与提案工作，提高提案有效性，并推动提案落实。

具体而言，工艺部联合计算机中心开发了统一的提案改善系统，面向各部门和分厂的所有员工开放；并设置"一线员工提案率""人均有效提案数""超期一周以上提案数"三个考评维度，以严格要求提升提案质量；同时，格力制定了统一的提案效益评价标准，根据提案效果按照有形效益或无形效益两个标准进行评价，并给予奖励。在具体开展过程中，格力通过开展培训活动、培养员工的提案意识，规范员工提案行为；并通过系统流程推动提案落实以满足员工自我实现需求，激发员工提案热情，鼓励工作持续改善。截至2016年11月，格力各单位共提出提案13.2万条，落实奖励 8.8 万条，提案采纳完成率 67%，提案改善为格力带来了巨大的经济效益。

（4）**强化供应商协同，建立伙伴关系**。格力与供应商建立良好的合作伙伴关系，可以与供应商共享技术与最新成果，加快产品开发速度，缩短产品开发周期。㊀在格力看来，企业研发成果的商业化首先体现在对供应商产品需求的变化上。强化供应商协同，可以帮助格力及时掌握其他下游公司的技术动向，对技术领域的前瞻性、研发的可行性与时效性开展更加科学和准确的分析。同时，与供应商建立良好的合作伙伴关系，格力可以更快速地实现零部件的通用化与标准化，优化零部件性能，提高研发效率。

（5）**加强产学研合作，共同开展科技攻关**。企业作为创新主体可以借助高等院校与科研院所扎实的基础研究实力实现前沿技术的专项攻关与突破。能否建立良好的信任关系与开放态度对产学研合作的顺利开展至关重要。在格力看来，不能因为担心被抄袭就拒绝开放合作，对创意最好的保护是投入更多的资源加快研发的步伐。㊁当前，产学研合作已经成为格力完全自主可控的开放式创新模式中的重要一环，格力已与清华大学、上海交通大学、美国能源部勃艮第实验室、澳大利亚新南威尔士大学等国内外著名高校及科研机构建立密切合作关系。㊂此外，格力通过其"空调设备及系统运行节能国家重点实验室"科研平台，面向行业和社会的发展需求，开展基础研究、应用研究和前沿共性技术研究，通过开放研究课题，进一步加强科研合作和学术交流。㊃

㊀ 米歇尔 R. 利恩德. 采购与供应管理[M]. 北京：机械工业出版社，2003.
㊁ 调研访谈，2018-02-11.
㊂ 同上.
㊃ 格力电器. 空调设备及系统运行节能国家重点实验室2018年开放课题申请指南[EB/OL]. (2018-03-27)[2018-04-12]. http://www.gree.com.cn/pczwb/xwzx/glfb/20180327/detail-18173.shtml.

以格力与东南大学合作的"夏热冬冷地区建筑冷热湿一体化高效处理技术与装备"项目为例。格力注意到，我国夏热冬冷地区建筑能耗巨大，现有技术存在整体能效低、舒适性差、装置功能单一、设备重复投资等问题㊀，而解决这些问题需要运用热力学、传热学、流体力学、电学、光学、建筑环境学等多个基础学科知识，以及计算机软件编程、数理建模等多种专业工具。综合考虑后，格力选择与东南大学能源与环境学院开展产学研合作，借助东南大学扎实的基础科研能力，共同开展科技攻关，最终攻克了基于热驱动溶液除湿和电驱动热化制冷循环两条技术路径的冷热湿一体化高效处理技术，从根本上摆脱了传统定点控制空调的固有缺陷，该项目最终荣获2013年度"国家技术发明二等奖"。㊁

2. 三层论证，拟定技术方案

格力的"三层论证"包括提出单位初步论证、承担单位详细方案论证以及由格力内外部专家团队进行的全面论证。在对大型研发项目开展论证时，参与的各单位职责明确。经过提出单位初步论证后，产品策划团队进一步完善产品策划方案；经过承担单位详细论证、专家团队全面论证后，项目承担单位进一步完善产品开发方案，及时解决技术、工艺等潜在问题。

第一，提出单位初步论证。由格力家技部、商技部或出口技术部主导，工业设计中心、工艺部以及市场经营部等相关单位参与，共同组建跨职能部门的产品策划专项组，该专项组作为项目提出单位，通过前期的市场调研、市场信息收集和市场需求评估，对收集到的信息进行充分整合，

㊀ 中国新闻网.东南大学获2013年度国家科学技术奖励4项二等奖[EB/OL]. (2014-01-10) [2018-04-12]. http://www.chinanews.com/edu/2014/01-10/5723104.shtml.

㊁ 人民网. 四年三获国家奖：格力科技厚积薄发[EB/OL]. (2015-01-13)[2018-04-12]. http://homea.people.com.cn/n/2015/0113/c41390-26375657.html.

制定产品策划方案，并对该方案进行初步论证。论证的主要内容包括该产品是否符合市场需求，格力是否有相关产品，格力是否有相关技术基础等。

第二，承担单位详细论证。经过提出单位初步论证后，产品策划方案移交给家技部、商技部或出口技术部，接收该方案的部门即为项目承担单位，该项目承担单位负责将产品策划方案进一步完善、细化成产品开发方案。而后，在项目承担单位主导下，工业设计中心、工艺部、质控部、模具分厂等相关单位共同参与，对该产品开发方案进行详细论证。论证主要集中在项目的经济性、便利性，以及技术、工艺、模具的可行性等各个方面。经过详细论证，各单位针对细节问题提出建设性意见，并协助项目承担单位进行完善，最终形成较为完善的产品开发方案。

第三，专家团队全面论证。专家团队由公司内外部专家组成，其中内部专家由公司家技部、商技部、工艺部、质控部、市场经营部、标管部、科管部、检测中心、试制分厂等多个部门组成，外部专家由供应商、经销商、行业协会、高等院校、研究院所等组成。专家团队对产品开发方案进行全方位的项目技术方案论证，从设计、工艺、生产、安装使用等方面进行审查、严格把关，针对可能出现的问题提前给出解决方案。经充分论证后，项目承担单位需对产品开发方案做进一步的完善与修改。

在实际运作过程中，为了提高企业资源的利用效率，针对不同的项目类型，格力采取灵活的策略明确各单位职能。在进行小型研发项目的论证时，提出单位与承担单位可能是同一个单位。以格力新型螺柱焊接工艺改进项目为例。工艺部曾研发了一种新型螺柱焊接工艺，具有良好的抗腐蚀性，可以替代抗腐蚀较差的钨极氩弧焊工艺，用来焊接空气能热水器水箱内胆固定螺柱。但是该工艺存在良品率偏低的问题。为改进工艺，提高良品率，工艺部抽调部门内部相关成员组建项目攻关小组，提出"降低空气能热水器箱螺柱焊接不良率"改进方案,并开展自我论证,同时提出单位与承担单位履行职责,并邀请筛选分厂、空八分厂等单位的专家团队对项目进行严格把关,确保项目开展的科学性、系统性与严谨性。㊀

3. 四道评审,把关研发进程

格力的"四道评审"是指对技术开发和产品开发均按规定进行立项评审、方案评审、样机评审和确认评审,通过严格的评审流程保证技术的先进性、提升技术的实用性。

第一,立项评审。立项评审由项目开发部门,如家技部、商技部或出口技术部主导,工艺部、质控部、工业设计中心、科管部、标管部、市场经营部等相关部门协作,共同针对立项报告进行评审。立项报告由产品开发部门根据市场调研、专利分析等资料完成,包含理论分析、实际数据对比、可行性分析等内容。立项评审的内容包括产品开发与技术研究项目是否具有重要价值,是否满足市场需求,是否符合企业整体技术战略,成本是否可行等。

第二,方案评审。方案评审由项目开发部门,如家技部、商技部或出口技术部主导,工艺部、质控部、工业设计中心、科管部、标管部、模具分厂等相关部门协作,共同针对产品设计方案进行评审。格力通常采用会议形式和PDM平台进行方案评审,方案评审的内容包括项目设计方案是否可行,工艺是否满足生产要求,标准是否达到企业要求等。

第三,样机评审。样机评审由项目开发部门,如家技部、商技部或出口技术部主导,工艺部、质控部、工业设计中心、科管部、标管部、模具分厂、试制分厂等相关部门协作,共同针对样机进行评审。样机评审是对

㊀ 格力内部资料:工艺部——降低空气能热水器箱螺柱焊接不良率。

样机稳定性、合理性和可靠性进行验证的过程。整个样机评审的内容涵盖了图文设计、试装、样机结构与性能验证，确认样机是否达到设计要求，项目的输出目标是否达到了项目的立项要求、是否达到开发任务的目标，样机是否符合相关国家标准和企业标准，可靠性指标是否满足要求，图文是否完整等。

第四，确认评审。确认评审由项目开发部门，如家技部、商技部或出口技术部主导，工艺部、质控部、工业设计中心、科管部、标管部、模具分厂、试制分厂、生产分厂等相关部门协作，共同开展确认评审。确认评审的内容是通过开展小批次生产，对小批量样机的各项指标是否符合相关国家标准和企业标准等进行全方位评审，及时发现并解决产品问题，同时通过对前期试制、测试问题的整改情况进行验证，对产品批量生产予以综合评估。在具体操作过程中，不仅需要质控部对结构、试验情况进行检查，而且需要科管部对关键输出节点进行审查。经多方确认后，再交由公司主管技术、质量副总以及技术总工亲自审批，做最后的评审决策（如图6-3所示）。

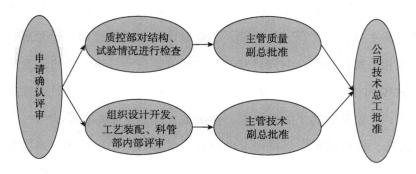

图6-3 新产品确认评审流程

以格力的车用尿素智能机为例。车用尿素是柴油车尾气排放处理系统中的必需添加剂。格力通过自主研发全球首创车用尿素智能机，实现"超纯净水制备、热泵节能加热、自动搅拌、智能监测、自动存储"五位一体功能,完美解决传统车用尿素面临的"白色污染、长途运输、仓储投资"三大问题,提供一站式解决方案。[⊖]格力车用尿素智能机在研发过程当中经历了严格的评审过程。

- 在立项评审阶段,研究人员通过样品性能分析与技术评估,确保车用尿素智能机项目的技术可行性。

- 在方案评审阶段,格力通过对车用尿素市场研究发现,我国车用尿素液市场容量很大,但存在环境污染、运输成本高、监管困难等问题。车用尿素智能机项目能够有效解决当前问题,及时把握市场发展机遇。同时,项目符合格力绿色环保技术发展战线,获得评审委员会的一致同意并通过。

- 在样机评审阶段,格力通过对样机进行反复极限测试,验证各项指标是否达到研发要求,符合国家和企业标准,保证产品的稳定性和可靠性。

- 在确认评审阶段,经过小批量试产,确保产品各项性能与测试通过样机保持相同水准后,由公司主管技术、质量副总以及技术总工联合确认审批通过,同意产品量产。

在经过层层严格评审之后,格力才正式对外发布车用尿素智能机,以先进的技术、稳定的质量、创新的功能为商用车氮氧化物减排提供一个更好的解决方案。[⊜]

⊖ 新华网. 为美丽中国加油 格力车用尿素智能机震撼全球首发[EB/OL]. (2017-11-03)[2018-04-12]. http://www.xinhuanet.com/tech/2017-11/03/c_1121902452.htm.

⊜ 中国汽车报网.格力车用尿素智能机 一场全球行业变革或将由它开启[EB/OL].(2017-10-18)[2018-04-12]. http://ev.cnautonews.com/qclbj/201710/t20171018_559277.htm.

方法38 构建三大技术创新子体系，提升产品研发效率

经过近30年的自主研发，格力投入了大量人力、物力、财力，建成了完整的技术创新体系（如图6-4所示），包括产品规划、研究开发和中间试验三大子体系，三大子体系密切协作，确保格力产品开发的高效率、高质量、高标准。

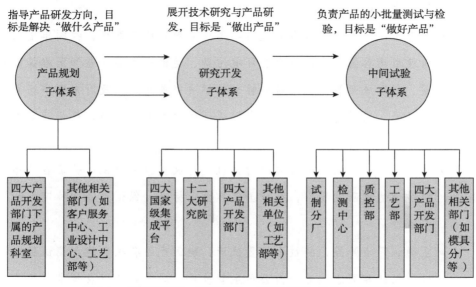

图6-4 "产品规划—研究开发—中间试验"技术创新子体系

1. 产品规划子体系，决策做什么产品

产品规划子体系主要负责公司整体的产品规划，指导研究开发子体系的产品研发方向，目标是解决"做什么产品"。结合格力的实践，产品规划子体系主要由产品开发部门主导，其他相关单位（如客户服务中心、工业设计中心、工艺部、标管部、科管部等）共同参与，共同组建一个跨职能部门的产品策划团队。该产品策划团队负责收集各种情报信息、整理研发创

意,并将研发创意转化成产品策划方案,该方案需融入"五方提出"。经过"三层论证"之后,产品策划方案进一步细化,进而形成产品开发方案。

格力产品规划子体系的具体运作过程可以格力油烟空调为例展开阐述。格力通过市场小组调研发现,消费市场上尚无针对厨房的专用空调。厨房往往油烟重、环境潮湿、气温高,消费者迫切需要一款既能送来清凉新鲜空气,又能抗油烟、耐腐蚀、易拆洗的空调。格力了解到该信息后,委派技术人员深入厨房采集相关环境参数,并将这些参数调整到模拟试验中,经过反复运行检测,成功推出厨房专用空调,获得市场一致好评。 ⊖

2. 研究开发子体系,努力做出产品

研究开发子体系主要开展技术研究与产品开发,以保证研发按质、按时、按量完成,目标是"做出产品"。格力的研究开发子体系涉及的部门包括4大国家级集成平台、12大研究院、4大产品开发部门与工艺部等。研究开发子体系在运行过程中,由国家级集成平台为研发活动提供平台支持,各相关研究院集中开展专项技术研究,再由产品开发部门利用新技术开展产品研发工作,最后由工艺部进行工艺设计与开发。各部门从平台、技术、性能、工艺等不同环节出发,相互协同,共同推进产品研发进程。

在努力做出产品时,除相关部门相互协作外,格力研究开发子体系还综合运用两大措施保证高效率、高质量做出产品。第一,运用系统仿真技术。格力在开展研发活动过程中,将从国际上引进的先进的仿真系统融入工艺设计、工艺验证等关键阶段,力求在产品开发阶段做到精益设计。第二,开展台账纠错管理。台账纠错管理系统是将设计、生产、服务环节所产生的质量问题,经过失效机理分析,追溯产品设计源头,将前期产品设计缺陷以台

⊖ 齐家网. 格力专业厨房空调,为您打造完美的现代厨房[EB/OL]. (2016-09-20)[2018-04-12]. http://zixun.jia.com/article/408465.html.

账的形式记录下来，并沉淀到台账管理系统，指导后续的产品设计，既能减少研发资源的浪费，又能加快研发进度，有效提高研发成功率。

3. 中间试验子体系，确保做出好产品

中间试验子体系主要负责产品的中试，及时发现潜在问题，并反馈给研究开发子体系开展技术、工艺及性能的改进，避免大规模生产时出现质量问题，目标是"做好产品"。格力的中间试验子体系涉及的部门主要包括试制分厂、检测中心、质控部、模具分厂、工艺部、工业设计中心以及产品开发部门（家技部、商技一部、商技二部、出口技术部）等。

在确保做出好产品时，格力中间试验子体系的具体运作过程可以用格力 GMV 智睿家用多联机进行解读。2018 年 3 月，格力在中国家电及消费电子博览会上发布了"用电省一半"的格力 GMV 智睿家用多联机。该产品的特殊之处在于应用了"国际领先"的变频变容压缩机技术，在保障节能性和舒适性的基础上，最大限度地为用户节省电费开支。格力 GMV 智睿家用多联机在研发过程中经历了严格的中试验证。作为改进型产品，先由试制分厂严格按照产品设计方案试制样机。试制完成后，交由检测中心对样机进行性能检测。通过模拟不同的现实环境，确保样机满足不同情况下的性能要求，保障样机自如地进行单双缸模式切换，并解决产品低负荷、低能效等异常问题。经过多轮极限测试，在确保产品功效稳定后，再由试制分厂进行小批量试制。试制完成后，格力组织试制分厂、工艺部、质控部、检测中心等相关部门对试制产品的性能、质量、工艺、装配等展开评估，确保试制产品各方面指标与实验室数据相匹配。经过严格中试的格力 GMV 智睿家用多联机，以稳定的性能、优良的品质为消费者带来了舒适的生活体验。

原则15　严格管控采购流程，并与供应商长期共创发展

对生产制造型企业来说，采购是企业生产经营和价值创造的关键环节。采购价格的高低、采购质量的好坏、供货的及时与否会对企业的持续有效运转产生连锁反应。如何制定合适的采购策略，选择并管理供应商，保证供货的低成本、高质量，保证生产是采购管理的重要内容。㊀格力物资采购中心的门前曾写着"按质、按价、按时、按量"八个大字，这八个字是格力采购活动所遵循的指南。㊁在八字指南指导下，格力坚持严格管控采购流程，通过"三权结构"与"四项协议"并举的方式从源头杜绝了采购腐败及其带来的不良影响。在日常管理过程中，格力注重对质量的把关，并通过向供应商输出管理标准、技术标准、成套设备等方式提升供货质量，同时开展人员培训，形成文化认同，与供应商共赢发展。

方法39　严格管控供应商，保证采购质量

在传统采购活动中，暗箱操作、腐败以及劣币驱逐良币等现象普遍存在。采购权力过于集中、缺乏监管机制常常是产生腐败的原因。㊂当采购权力过于集中在某一个体时，采购人员利用手中的权力去谋取个人私利的可能性将大大增加。因此，让权力在阳光下运行，保证掌权者不以权谋私，滥用职权，是格力采购管理的重要着力点。如何保证权力有约束、受监督，这对任何一个企业都是难题。格力电器在长期实践探索中，逐渐形成了"三权结构"和"四项协议"并举的采购管理机制，通过"三权结构"

㊀ 苏尼尔·乔普拉，等.供应链管理[M].北京：清华大学出版社，2014.
㊁ 调研访谈：筛选分厂，2016-04-14.
㊂ 宋玉卿.企业采购腐败控制研究[J].物流技术，2009，28(4):13-15.

形成不能腐的约束机制，通过"四项协议"形成不敢腐的处罚机制，真正把权力关在制度的笼子里。

通过"三权结构"形成不能腐的约束机制，保证供应商开发过程的公平、公正、公开。分权与制衡有利于防止权力过于集中，避免权力滥用。格力在供应商开发时遵循"分权与制衡"的思想，通过"三权结构"实现部门之间的分权与制衡，即采取筛选分厂、企业管理部、物资采购中心三者共同开发、独立运作、互相监督的机制。其中，物资采购中心负责供应商资料的收集和样品的提供；筛选分厂负责对供应商提供的样品以及和供应商合作生产的外协外购零部件进行质量全检；企管部外管负责对供应商资质的考核及评估。当供应商的选择和评审不再仅由一个部门决定时，采购过程就会更加公平、公正、公开、透明。⊖

在供应商开发的过程中，格力设置了一系列评价指标对供应商进行全方位的审核及评价，进而选择符合格力文化与发展理念的供应商，与之成为长久的合作伙伴。格力首先基于供应商的质量保障能力（包括过程控制、检验手段、检验标准等），对供应商进行评价分类。因为供应商的质量保障能力直接影响其提供的零部件的质量，所以格力非常注重对供应商质量保障能力的评价，并将其作为选择供应商的重要依据。其次，格力结合自身需求以及合作关系的类型和紧密度，对合作双方质量控制体系的相容性、互补性进行判断。最后，格力综合评价候选供应商，选择最合适的合作伙伴。

通过"三权结构"，"按质、按价、按时、按量"八字指南的采购标准得到严格落实，格力电器真正做到从材料源头开始对消费者负责。"三权结构"的独特之处在于格力成立了独一无二的"筛选分厂"，将格力质量管

⊖ 梅震.三权分立在采购物流管理中的应用[J].科学咨询：决策管理，2008(3):37.

理的思想从源头树立，同时筛选分厂、企业管理部、物资采购中心三者相互联系，相互配合，缺一不可，成为格力供应商开发过程最坚实的保障。

通过"四项协议"形成不敢腐的处罚机制，保证供应环节受到有效监督。格力早期对供应商的管理主要由格力原本的外管部负责，按照管理自己的配套生产分厂的方式管理供应商。这种做法将供应商生产管理的责任揽到自己身上，过度干涉了供应商的内部经营管理事务，虽然使供应商的供货能力有所提升，但是耗费了格力大量的人力、物力，造成采购管理部门人员的大幅超编。而随着外管部从独立的部门划归到企管部管辖，格力对外部供应商管理的思路也发生了转变，开始重视使用正式契约管理供应商[⊖]，既保障了外部供应零部件产品的可靠性，又减少了人力、物力的浪费。

格力与新开发供应商签署《产品协议》《质量保证协议》《廉政协议》《供货协议》四项协议，通过协议条款和监督机制有效制约和监管供应商的日常供货过程，从产品的性能特征、产品质量约束、反腐败和供货及时性与准确性四个方面保障供应商的供货质量。在分权思想的指导下，格力同供应商的四项协议也分别由不同部门负责签订。"四项协议"不只是四个独立的文本，更是约束力的象征，体现着格力事事有制度的思想。通过制度的科学制定、严格执行，格力真正保证物料供应环节得到有效监督。

除了在开发过程中对供应商进行约束，对供货过程的管理也是格力供应商管理的重要环节。对于新开发的供应商，格力采取审慎的态度，在合作初期只会签订少量的订单，等到供应商的供货质量和供货能力得到初步验证之后，才开始加大供货量。而在与供应商长期合作的过程中，格力也注重对供应商的严格管控，确保供应商按质、按时、按量供货。

⊖ 王夏阳. 契约激励、信息共享与供应链的动态协调[J]. 管理世界，2005(4):106-115.

1995年5月,格力有一批空调出现大面积的"死机"现象。空调开动不久就突然停止工作,需要重新启动,但过一会儿又故障重现。消费者纷纷投诉,售后部门应接不暇,焦头烂额。格力在检查故障空调后,发现问题出在一个片状电容身上,由于该批电容原有材料一时缺货,供应商擅自更换新材料。为此,格力派出大批人员到全国各地,把这一批号的电容全部更换掉,不仅花费了上百万元,还造成了极其恶劣的影响。一个小小的不合格电容,差点让格力倒闭。电容事件让格力意识到产品质量对企业发展的重要性,也意识到严格管理供应商供货质量的重要性。董明珠在访谈中提到,在她的推动下○,经过朱江洪组织召开公司总经理办公会议研究决定○,格力成立了业内独一无二的筛选分厂。作为格力外购零部件的"海关",筛选分厂对外协外购件进行全面检验。而在对供应商的日常管理中,格力也有着自己的独到之处。

对供应商进行分级管理,定期开展动态评级。 格力采取分级管理、动态调整的方式对供应商进行日常考核管理,实行季度评级和年度评级。评级的依据是供应商所供物料在入厂检验、生产使用、售后反馈等过程中的质量数据。○评级分为A、B、C、D四个级别○,若供应商三个月的质量评分降到了C或D级,格力就会分别给予其亮黄牌和红牌处理,并对该供应商的采购规模进行限制。当供应商无法按时、按质、按量地完成供货任务时,采购中心将对相应供应商处罚违约金;当外协外购零部件出现质量异常时,由质量问题的发现单位将质量异常信息上传至信息系统,

---

○ 闵杰.董明珠:一路斗争过来[N]. 中国新闻周刊,2018-07-23.
○ 格力内部资料:1995年度格力电器公司办公会议纪要。
○ 刘丽文.企业供应链管理的基本策略之一:物料采购管理策略[J]. 中国管理科学,2001.
○ 张莉,王谦.供应链管理模式下企业对采购物料的分类研究[J]. 管理评论,2009,21(4):104-110.

由外管部负责相应的追责和处罚，同时采购中心将降低对该供应商的采购额度。

实行总经理质量背书制，质量责任落实到个人。格力将质量看作生命一样重要，除了举行供应商日常的质量报告会，一旦发现某批外协外购零部件存在重大质量问题，格力还将要求供应商的总经理亲自来到格力对其质量整改活动进行背书，立下军令状来明确在什么时间点以怎样的手段达到何种质量水平。供应商的总经理还应就整改措施进行专题汇报，并以《质量保证协议》的补充协议方式同格力签订新的改进指标。

实施负面清单制度，建立采购黑名单。对于多次发生质量异常问题的供应商，格力会对其建立质量负面清单，限制其在部分产品领域的供货数量，同时对涉及问题进行告知，督促其整改，对多次警告后仍未按要求整改的，格力会将其列入物料采购的黑名单，从格力的供应商储备中淘汰。进入采购黑名单的企业，将无法再被纳入格力的供应商体系。

格力通过分级别管理，引入红黄牌淘汰及黑名单机制，确保供货渠道的优化和物料采购质量的提升。为了成为格力的合作伙伴，众多供应商纷纷通过提高供货质量和供货效率的方式来赢得格力对于其产品的认可，进而维持长期的供货关系。

方法40　帮扶激励供应商，实现共同成长

空调作为季节特征比较明显的产品，生产规模存在淡旺季的差别。当订单发生变化，采购人员就要立即做出反应，确保物料能够"按质、按价、按时、按量"供货。拥有一批坚实的供应商合作伙伴，是格力能够从一个只有一条生产线的小厂迅速成为千亿级的大型企业的秘诀之一，也是

格力保持基业长青、打造百年企业的重要支撑。

格力在成立初期除了依托原有注塑车间具有空调塑料外壳、钣金外壳的生产能力之外，其他零部件全部依靠采购。同春兰、华宝等当时的大型空调企业相比，由于格力对零部件的需求量较小，供应商不太愿意同格力进行生意上的往来。当时空调市场需求空前高涨，关键零部件的稳定采购决定着空调整机的有效生产，这也让格力意识到拥有稳定合作伙伴的重要性。

稳定的合作伙伴意味着稳定且有质量保证的供货渠道[1]，对格力而言，也有助于减少采购腐败，降低开发新的供应商伙伴的成本。格力非常注重与供应商建立长期合作关系，通过与重要原材料供应商建立深层次的战略合作，确保物料能够平稳供应。[2]对供应商而言，在与格力合作的过程中，借助格力在管理和技术方面的帮扶，他们也得到了生产质量的改善、技术标准的提升。

长期合作的基础是能够互利共赢，共同成长。作为一家有责任感的企业，格力致力于通过扶持和激励机制，带动供应商质量水平的提升。格力基于供应商的质量保障能力，结合产品零部件对整机质量的重要性程度，制定分类控制的政策方案。针对那些质量保障能力不强但提升空间巨大的企业，格力提出"扶上马还要送一程"，在文化、方法、技术、标准、检测设备和人才培训等方面对其进行扶持；针对优秀的供应商，格力则对其进行激励，让每个供应商都能共享格力的发展成果，在长期合作过程中不断进步和发展。

通过管理理念输出，促进供应商规范发展。为了推动行业发展，帮助

---

[1] 程晖.加强供应商管理，建立合作伙伴关系[J].价值工程，2005, 24(4):43-45.
[2] 郝皓，夏健明.基于制造外包的供应商协同生产管理模式研究[J].中国流通经济，2009, 23(10):38-41.

供应商提高质量管理水平,从而提升整体供应链质量,格力帮助供应商成立质量管理小组,将其对质量管理的理念输出给供应商,对供应商的质量管理进行持续改善。质量管理小组的成立,以及相关质量目标、改善项目的设立,确保了格力向供应商反馈的质量问题得到快速有效的解决,同时在供应商内部形成质量改善的良好氛围。格力通过对供应商供货的历史质量数据进行分析,并结合以往的管理经验,制定质量预防控制方案并推动供应商落实相关预防整改工作。格力通过质量管理理念的输出,带动供应商更加规范化发展。

通过技术标准输出,提升供应商技术水平。在标准制定和实施上,格力内部的企业标准通常高于国家标准和行业标准。除了将技术标准严格落实到生产经营环节,格力还将检验方法、过程、结论分析汇总成检测标准体系,并与长期合作的供应商进行交流及共享。通过向供应商推广格力的技术标准,格力提升了供应商供货质量和技术水平。格力电器空调启动电容的标准输出就是一个典型的例子。空调启动电容是空调电机启动的关键部件,格力曾经因为供应商电容质量问题几近倒闭,所以非常重视电容的质量标准。对于空调启动电容,国家的标准是在70℃工况下,1.25倍额定电压,运行600个小时,电容容值不能下降3%。㊀为了提高空调整机的可靠性,格力内部制定的空调启动电容标准为2000个小时运行时长,远高于国家标准。格力积极地将启动电容的企业标准输出到合作商X公司,建立新的合作标准。通过标准的提升,X公司也得到快速发展,逐渐成为电容行业的佼佼者。

通过成套设备输出,解决供应商技术难题。除了将标准对外输出,格力采购中心协同筛选分厂积极将具有自主知识产权的一些先进设备,按照

㊀ 调研访谈:企管部,2016-04-15。

市场运作的模式,向供应商推广,让其具备先进的检测能力,以确保供应商产品质量可控和满足格力的采购标准,最终达到供应商与格力的双赢。例如,格力向供应商输出其自主研发的真空绕阻检测设备。空调压缩机内部的绝缘线在潮湿环境下工作时,由于线圈绕在铁芯上,生产过程中线圈缠绕可能导致漆包线上的漆脱落,当压缩机使用久了,线圈会发热老化,绝缘层可能会出现短路现象,并导致压缩机报废。对空调而言,压缩机是核心部件,所以保证线圈的绝缘性至关重要。为了能够检测线圈的绝缘性,格力筛选分厂进行了一系列创新实践,研制了真空条件下检测绕阻的方法。格力将真空绕组检验一系列设备提供给压缩机供应商,此后,因漆包线老化造成的压缩机故障便很少发生。

开展人员培训,带动供应商可持续发展。"授人以鱼不如授人以渔",对供应商人员进行培训,提升供应商的可持续发展能力是格力供应链管理的基础。格力对供应商的检测人员开展检测技巧、过程能力分析等专题培训,提高供应商检测人员的专业素质,统一检测标准流程,规范检测结果的输出形式。此外,针对供应商质控人员,格力定期组织开展质量培训活动,提升供应商质控人员的质量管理水平。

培养文化认同,深化供应商合作关系。供应链管理需要上下游企业在生产、物流、技术以及突发事件的管理上通力协作,而协作的基础是企业间的互利互信。格力在进行供应链管理过程中,不仅和供应商建立伙伴关系,而且注重培养企业之间的共同价值观,树立文化认同。格力用奉献的精神文化、严格的制度文化、挑战的行为文化、共享的物质文化影响和熏陶供应商,在深入合作中培养默契,共同成长,使得格力与供应商之间的业务合作越来越紧密,协调也更加顺畅。

除了上述方式帮助供应商提升质量以及技术水平外,格力还通过质量激励制度激发供应商开展质量管理的积极性。当供应商质量整改效果明显时，格力会给予一定物质激励。同时，格力通过对供应商进行质量评级，提高对质量状况长期良好的供应商的采购额度，通过加大采购的方式与优质供应商密切合作。此外，格力从不拖欠供应商货款，保持供应链的良性循环，保证供应商在与格力合作的过程中能够真正受益。

例如，某次格力在入厂检验中发现一批外部采购的截止阀故障率较高。为此，格力对相关的供应商提出了一系列质量改进的严格要求，并通过标准输出、人员培训、检验设备帮扶等措施，不仅使得格力外部物料采购质量得到保障，而且推动供应商的质量管理和控制水平得到极大提升。这家公司在同格力的长期合作中不断进步，现已发展为销售额近百亿元的上市公司。㊀

格力作为家电行业的标杆企业，通过构建供应链质量管理体系，不仅确保了自身的零部件质量和产品质量，而且通过向供应链上游传递格力领先的零部件标准、检测技术和质量文化等，使得格力配套供应链企业的质量理念、质量技术以及产品质量水平不断提升，有力地带动了供应链上游企业在质量管理理念、技术和标准等方面的协同进步，营造出注重质量、求真务实的产业氛围。

方法41 关键零部件自制，提升产品品质

格力在发展初期只是一个空调组装厂，只有一条简单的生产线，零部件主要靠外部采购。由于核心零部件要靠外部采购，采购部门经常要看供应商的脸色，排队购买零部件成为采购部门的家常便饭。格力的老员工介

㊀ 调研访谈：筛选分厂，2016-04-14.

绍,早期为了抢到控制器和冷凝器部件,采购人员曾日夜蹲守在厂商门口。受制于人的痛楚让格力意识到自主配套的重要性。对格力而言,命运从来都要掌握在自己手中,所以对于什么零部件需要采购,什么零部件需要自制,格力始终有着自己的想法。

格力坚信,企业若想不被淘汰就必须依靠自己。因此,核心零部件依赖他人显然不符合格力的发展理念。一方面,格力空调市场规模的不断扩张需要自主配套以降低成本;另一方面,对于质量要求的提升以及对于市场环境不断变化所需的快速响应能力也是格力关键零部件自制的重要原因,单纯依靠供应商显然不能满足格力长远发展的要求。2004年,格力收购了凌达压缩机、格力电工、新元电子,致力于将核心的、影响关键质量的、能显著降低成本的零部件由公司自制。

此外,通过自主进行核心部件的生产配套,格力提高了生产计划统筹的自由度。当市场环境及需求发生变化时,格力就可以快速调整生产计划予以响应和落实。1997年,格力窗机快速抢占重庆市场就是最好的例证。那一年,格力早期的空调窗机已经基本停产,开始主要生产柜式空调和分体机。当年重庆暴雨,暴雨之后天气暴热,有些受灾居民被安置在帐篷里,而帐篷更适合窗机的安装和使用。由于窗机逐渐退出市场,许多供应商已经不再生产窗机零部件。但是由于格力拥有模具、钣金件的自主配套能力,格力高层决定立即复工生产窗机。配套分厂也开始切换生产线,新一批窗机当天即被生产出来并用飞机空运到重庆,受到消费者的热抢,格力空调一举奠定了在重庆市场的地位。

零部件自制不仅有利于快速占领市场,而且有利于加快新产品进入市场的速度。格力拥有独立的模具分厂,具备各类模具的开模能力,进而自主生产各类零部件,使得新产品开发从初试到中试再到投产所需的时间大大缩短。在消费者需求日益高涨的今天，核心零部件自制有效支持了产品的快速开发，保证了格力能够迅速满足消费者需求，进而引领行业发展。

除了在响应速度上快人一步，零部件自制也有效地保证了格力产品质量的一致性。格力通过质量控制部对配套分厂进行统一的质量管理，配套分厂与总装分厂采用同样的组织架构和管理标准进行质量控制，使得出厂零部件质量的一致性得到保障。此外，零部件自制有助于格力降低生产经营成本。依托格力电器高度自动化的生产分厂，两器管路等零部件能够大批量、标准化生产。同时，格力通过生产计划部对配套分厂生产计划进行统一管理，配套分厂严格按照下游装配需要进行生产并直接配送，大大减少了中间的沟通环节，降低了生产所需成本，为新产品开发提供了有力保障，按质、按时、按量的精益生产方式得以在格力有效实施。

对家用电器类产品而言，关键零部件自制也确保了产品的独特性，并使得核心技术不易被他人模仿，因此具备核心零部件的自制能力成为整机生产商加强供应链控制能力、提高核心竞争能力的重要手段。㊀格力自制控制器就是一个典型的例子。在家用电器产品中，控制器如同人类的大脑一样控制着机器的运行。格力很早就意识到电控系统对于家电产品的重要性，要求空调所需的控制器全部自制。经过长期投入和技术创新，格力在空调的控制系统领域拥有了强大的实力。㊁在控制系统领域的精耕细作，也为格力的多元化布局打下了基础。目前，格力已成立智能装备公司生产工业机器人，正是其在控制系统领域的长期研发为智能装备业务的发展打下了坚实的基础。

㊀ 纪雪洪，孙道银，陈元智. 整合还是外包：基于汽车制造业的多案例研究[J]. 管理案例研究与评论，2013，6(2):92-102.

㊁ 调研访谈：控制器分厂，2016-04-29.

格力通过关键零部件自制，为其自主发展道路铺就了坚实的基础。正是依托自主生产，在制造领域不断深耕，格力"让世界爱上中国造"的愿景得以一步步成为现实。

原则16　持续改善生产流程，消除浪费，严格控制成本

对企业发展而言，效率和效益都不能忽视，只有以正确的方式做事[一]，提升工作效率，同时注重成效，才能真正获得效果和收益[二]。所谓效率管理，是指按照标准时间来定量地评价现在的操作效率，并将评价结果和问题点的改善相联系，以实现高效的工作[三]；效益管理是指建立完善的管理机制，实现企业成本降低，盈利水平提升[四]。格力在企业经营过程中，既重视效率管理，实现又快又好地发展，又重视效益管理，开源节流，提升企业经营质量。格力的效率管理体现在对生产系统进行持续改善，效益管理体现在对于成本进行管理和控制。1996 年，董明珠在营销实践中发现格力内部缺少专门的产品成本核算机构，导致市场部门对产品由原料、生产、管理、服务等部分构成的成本结构没有清晰的认识，不利于在与经销商的价格谈判中占据优势。[五]为此，1996 年 1 月，格力建立了节约办公室，力图强化成本管理，并减少生产管理中的浪费现象。董明珠在访谈中提到，1998 年，格力在她的提议下成立成本管理办公室，撤销节约办公室，

[一] Drucker P F. What Makes an Effective Executive. [J]. Harvard Business Review, 2004, 82(6): 387–396.
[二] 吴君民，魏晓卓，宁宣熙. 经济利益的理性思考：效果、效率与效益[J]. 会计研究，2007(3): 26-32.
[三] 加藤治彦. 图解生产实务：生产管理[M]. 北京：东方出版社，2011.
[四] 付钊. 论企业成本和效益管理[J]. 新西部：理论版，2014(8):62.
[五] 调研访谈：原家用空调经营部部长谭爱军，2018-05-31.

在节约办公室原有职能分工和人员安排的基础上,强化成本控制职能,提高全员成本意识。

格力的效率管理是通过定岗定编、工艺定额等标准作业方式提升生产效率,并引入自动化生产设备、物流装备,以及对生产线进行模块化、柔性化、智能化改造,大幅提升人均生产效率。对于效益管理,格力采取全员成本控制的思想,提升全员成本意识,并在生产系统内推进定额领料的创新实践,保证生产系统更加精益化,使得企业经营成本下降、经济效益不断增加。"持续改善生产流程,消除浪费,严格控制成本"是格力人开展"双效管理"的准则。格力坚持消除浪费,抓住一切机会将浪费转化为价值,并将持续改善的思想贯穿于生产制造的每个环节。具体表现为:从节约"一张纸一滴水"做起,进行成本控制;实现物料定额管理;依靠持续改善,解决生产问题;因地制宜开展生产实践,优化生产流程。

方法42 "一张纸一滴水",成本控制从细节做起

企业的经营成本通常包括管理成本、原材料成本以及其他成本等,控制成本有利于满足消费者对高性价比产品的需求并增加企业效益。格力在企业经营方面始终有着危机感,在树立建设百年企业的宏伟目标后,格力着手从文化、制度以及技术等方面加强企业的成本控制。格力的成本控制坚持文化熏陶和制度约束并行的方式,保证每个人都能从细节做起,消除浪费,节约成本。具体表现为,以"一张纸一滴水"的成本意识熏陶,用成本管理体系约束,用成本管理地图法控制。

坚持成本文化熏陶,从"一张纸一滴水"做起。董明珠经常将这样的话挂在嘴边:格力有8万多员工,每人每天节约一块钱不必要的支出,那

么格力一年就可以节省2000多万元的支出！格力从节约"一张纸一滴水"做起的成本控制意识已经深入人心，成为每位格力人共同的文化认同。格力每年一度的干部会选择在军训基地召开。整个年会过程中吃的是简餐，睡的是营房，并且干部与普通员工一样，成为格力成本控制的执行者和带头人。同时，格力成本控制的文化体现在细节之处，2013年，格力成立物资回收中心集中处理公司废料废品。回收人员对公司的废品、不合格品、退回维修件等进行细分拆解和回收处理，实现废物废料的价值最大化。仅废弃物料的回收，每年就给格力带来了将近20亿元的收入。

除了通过文化熏陶，格力将成本控制的理念内化为企业制度来规范员工行为，将勤俭节约、杜绝浪费作为企业制度建设一项很重要的内容。例如，制定《能源、资源节约管理办法》，定期开展公司各部门办公室用电节能专项检查等。生产环节是浪费发生的主要环节，格力通过建立三级成本管理体系，实施分厂经济责任制，让每一位员工成为成本控制的主体，同时实行成本管理地图法，确保成本问题得到明确记录和有效解决。

构建成本管理体系，实行分厂经济责任制。格力建立了从公司到班组的三级成本管理体系。在公司层面，由财务部门对公司整体的成本情况进行统一分析，明确各环节成本管理要求；在部门层面，格力利用公司成本管理平台对生产系统中配套分厂以及总装分厂的成本管理水平进行考核评比；而在班组层面，由生产分厂对每个班组的关键控制点进行识别和管理，进行绩效考核，并根据考核结果进行奖惩。除了自上而下全方位的成本管理体系，格力还实行分厂经济责任制，授权各分厂自主管理、自负盈亏并由企管部对分厂盈亏和财务进行分析，对由于员工操作不熟练导致物料和产品出现报废的问题，由分厂承担经济责任。同时，分厂员工收入由班组负责人进行考核分配，员工出现的物料浪费情况计入考核指标。格力通过经济责任制的形式，约束每个人的行为以减少浪费，进而降低生产成本。

实施成本管理地图法，保证成本问题有效解决。成本地图是格力开展成本控制的一项非常实用的方法，所谓成本管理地图是指用图示的方式将未达标的成本控制点标注出来，以便未来能够有效解决。格力对生产系统各分厂下达成本控制目标，如原材料利用效率、单机物料成本控制等，定期组织二级管理部门对每个分厂、每个板块的成本管理指标进行考核评价，并将考核结果进行公布。格力通过对各配套分厂以及总装分厂的成本进行年度分析，识别成本控制的关键点，形成成本管理地图并下发各生产和配套分厂，指导今后的成本管理工作。通过生产部门持续的评比、改进，不断完善成本管理地图，通过数据对比，形成内外部的标杆引领，进而不断改进成本管理漏洞，做到生产环节的成本控制。

一家优秀的企业，要在竞争中立于不败之地，就必须严格控制不必要的开支。一张纸一滴水的成本控制思想给了格力永续发展的生命力，即使经历了多次金融危机与行业动荡，格力也始终保持着健康成长，并且越做越强。在面对未来的种种不确定环境下，格力总是立足当下，着眼长远，从小事做起，从点滴做起，让每一个人都成为价值创造的主体。

方法43 定额管理，消除物料浪费

物料浪费是企业经营成本居高不下的重要原因。随着格力生产规模的不断扩大，生产机型的种类和数量大幅增加，格力每天要生产成百上千个订单，上百种机型，使用物料多达 5 万多种。格力在早期以产量为标准来考核生产部门，这种方式带来的结果是产量虽增加，但是由于物料库存、质量状态等信息无法准确掌握，物料管理和使用漏洞重重，不仅造成生产物料严重浪费，还滋生了一些采购腐败问题。

2011年年底，格力对物料进行抽查审计时发现，仅某种螺钉，一年就损耗了330多万元。此外，生产分厂的个别员工休息时，有时会将供应商送来尚未使用的成品打包用纸箱垫在地上休息，用完之后直接按照不合格品退给供应商，给供应商造成了损失。㊀由于物料标识不规范，又缺乏信息化监控手段，生产过程中普遍存在未严格按照订单定额使用物料的情况，物料混用、串用、人为损坏、丢失的问题长期得不到解决，造成物料实际耗用与标准耗用差异大。

物料浪费成为格力生产系统的关键问题，也成为格力重点解决的问题。为此，格力针对物料管理和使用中存在的问题进行分析，坚持成品和物料一一对应的生产物料定额管理思想，实现成品入库数量与物料消耗数量"零差异"的目标（如图6-5所示）。通过齐套排产、定额拣选配送和落地反冲结算三举措同步使用的方法，格力消除了物料浪费的瓶颈。借助格力自主开发的信息平台系统，实现实物流和信息流的双向流动；物料按照生产顺序进行流动，从物料的拣选、配送到使用，而物料需求信息则逆向流动，实现物料与成品一一对应，通过逆向看板方式，确保物料从订单到成品实时可视，实现对生产物料全流程的系统、规范、高效的管理，既能消除格力物料浪费，又能杜绝采购腐败。依托定额领料、落地反冲等内部成本控制方法，格力生产经营效率得到提高。在此推动下，格力2012～2014年间公司净利润实现快速增长。

2015年，格力的"家电制造企业基于综合信息平台的生产物料闭环管

㊀ 格力内部资料：格力发资料——大型家电制造企业基于综合信息平台的生产物料闭环管理。

理"项目（格力内部将其项目简称为"定额领料与落地反冲"），在董明珠的大力推动下最终得以有效落实，并获得第二十一届国家级企业管理现代化创新成果一等奖。该奖项的获得，体现了格力在管理创新方面取得的成果赢得国家的认可。

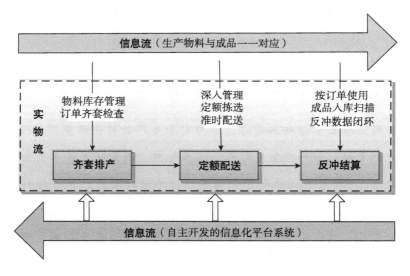

图6-5 物料定额管理流程

1. 齐套排产，精准生产

在企业生产实际中，装配过程中出现的物料不齐套情况往往是影响装配计划顺利执行的主要因素，若产品在物料不齐套的情况下开始装配，会导致生产周期变长、在制品库存积压和生产能力下降。[○]传统的计划排产缺乏有效的管理手段，无法对所需物料的状态进行全面检查，导致风险排产情况大量存在。生产计划下发后又依靠物资供应单位反馈的缺料信息再

○ 刘琼，范正伟，张超勇，等. 物料不齐套引起的混流装配线重排序问题[J]. 计算机集成制造系统，2014, 20(7): 1608-1614.

调整计划，往往临近计划上线生产或生产过程中才发现缺少某种物料，这种情况不但会造成生产计划频繁调整，还会因处理不及时造成生产停线事故。例如，格力郑州分厂曾经因为一批控制器没有生产到位，但是生产部却将生产订单提前进行排产，导致该空调系列的生产线因为控制器缺料而停线，原本安排的生产计划不得不被打乱，造成无效工作的浪费以及产能的损失。

针对风险排产造成停线的浪费问题，格力在物料使用的源头加以控制，装配计划所需的生产物料不齐套则不排产。

- 条码化精准管理物料库存。格力对于生产物料全部使用 RFID 条码进行管理，物料的生产时间、入库时间、质量状况等信息得以实时记录。⊖ 而供应商被要求严格按照订单进行生产，并将物料信息上传信息系统，通过信息平台的连接，供应商的库存情况可以得到有效监控，确保排产前物料库存信息准确，物料质量合格，实物摆放合理。

- 物料齐套性检查。对物料的齐套性，格力从物料库存信息、质量、实物三个方面进行检查，对于检查出不齐套的物料，物资采购中心人员会第一时间进行跟踪追货，确保物料能够及时供给。

为了保障齐套排产的顺利实施，格力企管部用制度条例对物料供应单位进行约束，并制定考核指标和目标，每周对物料供应单位进行考核与通报，严格监督齐套排产的实施。齐套排产的实施有效减少了风险排产情况的发生，显著减少了总装环节缺料停线的情况，使得生产过程更加顺畅，

⊖ 邱胜海，许燕，江伟盛，等. RFID技术在物料管理信息系统中的应用研究[J]. 机械设计与制造，2015(5):256-259.

生产问题在源头得以控制。格力事前控制的质量管理思想在物料管理环节得以一脉相承，使得生产各环节无阻断，无停滞，大大减少了停线造成的浪费。

2. 定额配送，减少库存

物料定额管理的关键在于定额使用，在格力生产计划没有实施统一管理之前，物料需求计划由各分厂计划员编制，分厂领料人员根据需求计划去物料仓库领料。领料以天为周期，由于时间跨度长，物料进度与流水线实际生产进度差异较大，超前、超定额领料的情况较为普遍，导致大量的物料堆积在生产现场，不仅占用了分厂有限的生产场地，还容易造成物料的损坏、丢失，造成成本浪费。为此，格力对物流环节进行整合，通过改变领料模式、生产计划分时区管理、拣选配发物料、创建物料配送看板、逆向物流处理五个环节实现物料的定额拣选配送。⊖

一是由领变配，统一管理。格力将以前由多个单位共同完成的物料配送工作转变成由物流配送中心统一配送，将分厂"领料"改为物流配送中心"配送"物料，通过物流配送中心统管，对整个公司的物流资源进行整合。作为格力的第三方物流，物流配送中心也随之完成了从专业仓储到生产线配送的转变。配送人员按照订单要求将物料及时送到生产现场各岗位，保证了生产的需求，又有效减少了车间生产面积占用。格力通过增加物料到货批次，减少到货批量这一方式，解决了周转环节多、物料交接频繁、领料效率低的问题，大幅减少了装配车间的呆滞物料，车间也更干净整洁，工作效率和管理效益大幅提升。

二是分时区配送，便捷高效。如何将每天数百个生产计划订单所需的

⊖ 珠海格力电器股份有限公司.格力电器的生产物料闭环管理[J].企业管理，2016(2):52-56.

物料按时送到各生产线是格力物料配送的一个难题。为了实现JIT（准时制）和零库存的目标，格力按照物料运输距离、物流方式、物流配送频率的不同，将生产计划进行分时区管理。配送人员提前预留时间进行订单物料的齐套性检查和准备工作，并按照各生产线的进度和时间节点配发物料。配送人员根据订单系统生产电子拣选单快速拣选物料，在拣选单上所有信息一览无余，从而使物料拣选更加准确高效。通过电子拣选系统创建的信息化物料配送看板，物料信息从收货、入库、发料、接收确认等环节实现流动，物料批次和订单一一对应，实现了格力对于物流管理全过程的信息监控。

三是先退后补，定额使用。物料的按时按量配送从系统上控制了正常生产物料的定额发放，虽杜绝了随意领料的现象，但是车间在生产过程中会出现来料不良、生产损坏等问题，需要进行退料和补料工作。当车间产生不合格品、报废品需要退料和补料时，为了保证生产不间断，企业往往采用"先补后退"的方式，但是在操作过程中退料的过程常常被忽略，出现不合格物料只是简单地申请补料，没能真正实现物料定额管理。为控制物料退料、补料数量的一致性，保证物料的定额使用，格力采用"先退后补"的操作方式，物料仓库会根据退料的种类和数量自动补料，并配发到生产分厂，保证物料的使用及处置情况明晰。

3. 反冲结算，杜绝浪费

账物相符是定额领料工作得以顺利开展的基础保障，定额领料在推行初期并未取得明显的效果，主要是物料的结算与使用毫无关系，结算方式以供应商供货数量为准，而生产分厂使用物料是与物资库进行结算，中间环节的浪费则不被统计。不合理的结算方式没有对生产进行严格的约束，造成了严重的浪费现象。为此，格力提出了落地反冲结算的方式，在物料使用与账务结算之间构筑一道桥梁。反冲结算的核心思想就是根据成品的入库数量与该成品使用的物料进行反冲结算，生产一台，反冲结算一台，确保与供应商结算的物料都能使用在成品上。

一台空调产品有几百种零件组成，而每个零件又由多家供应商提供，因此每台成品需要准确找到每种零件对应的每个供应商才能反冲准确。为保证能够反冲结算准确，格力要求各生产分厂严格按照"5个100%"的要求执行，即100%齐套排产、100%拣选配发物料、100%创建物流配送看板、100%按订单使用物料、100%反冲结算。只有每个环节都严格执行到位，定额管理才能真正实现。而通过反冲异常数据，生产过程的物料管理问题也会及时得以暴露，逆向驱动企业在各生产环节开展管理改善。

物料结算方式的改变不仅规范了格力内部流程，解决了格力的各种浪费问题，同时也推动了供应商供货管理的改善。结算方式改变后，根据落地反冲系统反冲的结果数据和供应商进行结算，物料结算种类与数量和公司完成的成品数量有关，促使供应商严格按照格力的生产订单需求，按时按量生产物料，减少了供应商物料的库存积压和物料损失，实现精益生产。物料送货需求以信息化系统为基础，使得信息直观、准确，当物料送到格力物资仓库后，物流中心能够快速配送到生产分厂使用，提高了物料周转效率。供应商和公司严格反冲数据进行结算，不但提高了效率，而且减少了不必要的争议。

通过对物料实行定额管理，格力的生产物料运转流程更加精细化。围绕物料管理的种类、数量、时间和地点四个关键属性进行持续改善，并从齐套排产、定额配送和反冲结算三个核心环节进行流程重组，格力不断细化生产过程物料管理，降低生产过程的物料损耗和浪费，真正实现了准时生产和精益生产。

方法44　持续改善，解决生产问题

　　持续改善是格力始终坚持的做事原则。格力非常注重从两个层面推进生产现场的持续改善，一是自上而下开展的创新提案活动，通过对优秀的建议和提案进行奖励，鼓励员工就生产现场的问题提出自己的看法；二是自下而上开展自主改善活动，通过员工自主发现生产环节有关设备、物流等问题，并开展QC改善活动，将生产现场的问题及时处理，减少生产现场的浪费。

　　创新提案活动面向所有员工，每个人都可以就技术创新、工艺改进等提出自己的想法。格力工艺部联合计算机中心自主开发了提案改善的App，方便员工随时随地将想法上传。工艺部主导全员提案改善工作，实现等级标准统一、考评维度统一、平台管理统一。针对提案改善工作，工艺部定期组织开展"集团全员提案改善管理员分享交流会"，从《全员提案改善管理办法》宣贯、改善工具培训、提案管理优秀单位交流、系统流程答疑等方面开展交流学习。通过建立IE培训体系库，针对应届大学生、入职新员工以及生产班组长进行沙盘模拟实操等。⊖格力每月对提案进行评比，评出"改善提案之星"并给予奖励，每半年进行一次总结，每年召开年度发布会，表彰做得好的单位和个人。

　　格力人在借鉴丰田精益生产理念的基础上，对生产现场的改善活动不断总结，不断积累，已经形成了一套完整的改善范式与处理机制，主要表

⊖　格力内部资料：提案改善工作总结PPT。

现为问题处理的有效性和及时性两个方面。有效性体现为格力坚持科学的方法，做正确的事。为此，格力在日常生产环节从问题源头出发，探索出改善活动八步法（如图6-6所示）。而及时性则体现为格力对生产现场的快速响应。格力人坚持生产现场"三现原则"，建立了问题处理的 AIC（all in control）机制，大大提升了生产效率。

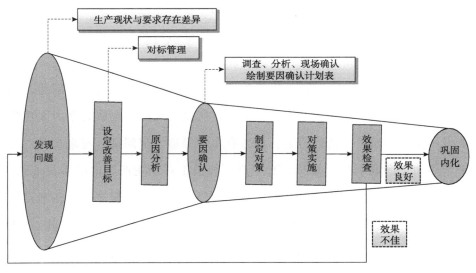

图6-6　格力持续改善八步法㊀

一是坚持科学的方法，保证问题有效解决。在生产现场，每天都可能有问题发生，只有快速找准问题症结，才能尽可能地确保生产流程不间断，保证产品质量不受影响。面对生产问题，格力坚持"现时、现场、现人"的三现原则，"现时"是指及时与实时，对于影响生产的问题要第一时间得到解决，下文提到的快速响应机制则是现时很好的体现；而"现场"使问题源头得以明确，保证了问题现场的真实性。通过对问题现场环境

㊀ 格力内部资料：珠海格力股份有限公司优秀QC小组案例（U酷QC小组成果——降低Φ5管径换热器胀管不良率）。

和发生问题的责任主体进行划定，保证出现问题能够及时、准确、有效地得到处理；"现人"意味着生产现场责任制，相关问题责任人与处理人员要明晰，为此格力制定了安全生产责任制并指定了第一责任人，确保问题一旦发生，责任人必须到场处置。在"三现"原则指引下，格力人通过持续改善八步法不断解决生产问题，优化现场管理。在格力的自主改善实践中，持续改善八步法已经成为改善环节的一套标准范式，保证了生产问题得以有效解决。持续改善八步法使得员工能够追根溯源，找寻问题发生的真正原因，并进行持续改善。

发现问题才能解决问题，持续改善八步法的第一步就是发现问题。格力从来都不是一个喜欢"遮丑"的公司，所以发现问题也成为格力人在日常生产实践中始终坚持的行为。格力有多种渠道发现问题，有来自客户对于产品使用问题的投诉意见，有生产一线员工对于生产异常的实时记录，也有公司长期难以攻克的复杂问题等。问题一经发现，便被记录在案，储存在格力的知识库中。日常的改善活动，便是这些问题的一次大扫除。此外，格力人在选取改善问题时会对问题的重要程度进行衡量，优先解决重要的问题，避免把精力浪费在可以简单解决的小事上。

改善目标是改善活动的潜在驱动力。格力喜欢以高目标激发员工的创造性。但在目标的设定上，格力通常步步为营，进而持续改善。改善小组会首先搜集有关问题的信息，进行问题现状的调查，并根据公司的要求以及各分厂的情况进行对标，向高标准看齐。

原因分析是对问题可能发生的因素进行一个全面的梳理。知其然才能知其所以然，格力的改善小组会应用头脑风暴法，集思广益，利用原因分析树图的方式分析问题可能存在的各类原因，直观地将问题可能发生的原因，从人、机、料、法、环（5M）的角度进行梳理，直至发现其末端因素为止。

要因确认就是透过现象看本质，要真正了解问题的根本原因，必须亲自去调查分析并现场确认，而不是凭借主管臆断去推测。所以，坚持"现时、现地、现人"的三现原则是对问题追根溯源的最佳方式。对于原因分析所得的末端因素，改善小组会结合现场情况来确认问题原因，并绘制末端因素要因确认计划表，标明问题的关键点并制定解决时间表。

对要因进行确认意味着问题的本质得到了清晰的认知，改善小组会根据确认的要因制定切实可行的对策，并定期检查确认对策实施的效果，确保问题得到准确解决。对检查通过的改善方案，格力会将实施方案的经验记录，巩固内化为一种解决问题的方法，确保类似问题不再发生。而检查不通过的方案，改善小组会重新回到问题的源头进行审视，直至问题得以真正解决并记录在案。

二是快速响应，保证问题及时解决。生产系统快速响应能力的高低是衡量生产系统先进与否的重要标志。[一]格力生产系统最重要的特色就是其快速响应能力，为了确保问题得以及时解决，格力建立 AIC（all in control）机制，当生产现场有异常发生时，由质控、生产、工艺等部门组成的 AIC 团队快速反应，到达问题现场，通过现场讨论，找准问题根源并确定解决方案。能够马上解决的一般性的问题，问题处理小组会当场给出解决方案，对于影响产品质量的问题，会立即进行停线处理，待团队制定解决对策之后才可以恢复生产。

对于典型的、经常出现的问题，AIC 团队会进行判定，根据实际情况确定问题的处理级别。格力生产现场的问题处理分为现时、日、月三个等级，对于不能在现场即刻解决的问题会从现场等级上升到日等级，明确需

[一] 王翔飞. 基于供应链管理的生产系统优化[J]. 市场周刊：理论研究，2009(7):28-30.

要用几天去立项改善，而对于一些经常出现而又需要攻关的改善问题，会升级到月改善项目，成为公司科技项目的备选。格力 AIC 还设有 5、15、60 分钟等机制，对于简单的问题要确保 5 分钟内得到及时处理，对于稍复杂的问题，在每周一次的 AIC15 会议上，需要在 15 分钟内制定问题的长期性解决措施，对于需要多方配合、不能在部门内部解决的问题，上升到 AIC60，进行多方协同，使问题得到彻底解决。同时，所有异常问题会被录入到格力生产问题跟进管理系统，问题的解决方案也都会存放到格力的知识库中，通过数据共享供后续借鉴。

方法45　因地制宜，优化生产流程

面对困难迎难而上，不断挑战自我，这是格力引以为傲的成功秘诀。挑战自我意味着不断创新，不断应对企业经营中的困境和生产实践中面临的问题。在格力人骨子里，他们始终保留着创业之初那份不畏困难的勇气和实干精神。在生产实践中，格力人坚持因地制宜，根据具体情况，采取措施解决生产环节发生的问题，不断优化生产流程，创造出一个又一个奇迹。

在格力发展初期，由于受土地资源及发展情况的限制，总部的前期规划并未预见到格力后来急剧的规模壮大。近年来，随着格力规模的持续扩张，总部的生产线设置和生产物流的优化成为格力开展生产实践中需要解决的关键问题。外在因素的制约没有影响珠海总部的发展，相反，在生产过程中，格力人深挖问题根源，找出了切实可行的方案。总部也因此成为创新的垂范，倒逼出如单元细胞线、双模法、垂直物流等极富格力特色的生产实践。

1. 合理利用厂房空间

由于珠海总部规划的历史原因，随着格力规模的持续扩张、产品类别的逐渐丰富，如何有效利用厂房空间，布局生产设备和生产线成为建立连续流程，提升生产效率的关键。在珠海总部，格力生产分厂根据产品类别的不同、场地条件的不同，合理安排生产线设置。通过不断地尝试，格力目前根据产品类别的不同，进行单元线、柔性线、精益线生产方式的差异化设置。由格力工艺部推进并在格力空一分厂落地开展的单元线生产模式[一]，主要应对小订单的生产，利用格力自主培养的多能工，来组装一个产品，保证切换的顺畅。柔性生产线则将多台可以调整的机床联结起来，配以自动运送装置，可以满足中小批量订单的快速生产[二]；而在公司广泛应用的精益线则实现高度自动化，用于同一类型、大批量订单的快速生产。

在设备的布局上，格力按照工序的排列进行布局，减少系列之间大的切换。而对于空间受限影响设备引进和使用的情况，格力采取灵活的做法，实现1+1＞2的效果。钣金分厂双压机就是一个典型的例子。

钣金件作为空调生产领域重要的基础零部件，需求量较大，为了满足不断增长的订单需求，提高生产能力，格力在2014年决定在钣金分厂某车间引进一台800T以上大型冲压设备。设备安装需要设置地面高度部分9.5米以上，设备地基深度4.5米以上。格力总部依河而建，钣金厂房地基为回填土和淤泥，承载力低，难以承受冲压设备的压力。此外，现有钣金车间厂房地面到行车轨道高度低于7.5米，不能满足设备高度的要求。

一方面是大吨位设备在安装上存在问题，另一方面是钣金零件的生产

[一] 刘晨光，廉洁，李文娟，等. 日本式单元化生产：生产方式在日本的最新发展形态[J]. 管理评论，2010，22(5):93-103.

[二] 薛天然，苏春，许映秋. 基于仿真的单元化制造系统柔性布局研究[J]. 机械制造与自动化，2006，35(5):44-47.

能力急需提升。对于这两个关键问题，钣金分厂通过对不同吨位冲压设备进行冲压负荷分析，并从冲床的动态精度考虑提出用 500T 双机组合替代单机 800T 以上大型设备组线方案，来解决过大设备的地基及高度不能满足现有厂房问题，两台 500T 双机组合实现双机连线自动生产，连线中两台单机设备可以独立自动生产两种不同零件，满足总部多品种的柔性生产需求。双机连线组合的方式打造了全新的生产模式，真正实现了 1+1>2 的效果。⊖

2. 推进生产物流优化

从建厂至今，格力总部已累计经历 9 期建设，建成时间跨度长，由于前期并未进行整体的空间布局规划，各期分厂的生产物流规划完全不同，与之配套的物资库房几乎全部是楼库，空间分割严重，利用率低。随着格力出口产能急剧扩大，珠海总部出口订单所要求的小批量、多品种、高频次生产模式的推进，外部物流成为制约生产进一步提升的瓶颈。

格力根据珠海工厂空间布局特点，因地制宜推进整体物流改善，以总装分厂为核心进行物流规划。格力通过将配套分厂生产车间进行迁移，围绕四个总装分厂就近配套，实现原材料入库到成品出库的"一个流"布局，减少周转时间，节约物流成本。⊖格力通过对物料仓库进行改造，提升现有库房库存的流转速度及空间利用效率，有效减少厂内交通压力。结合厂房空间布局实际，格力规划了清晰的物流路线，有效提升了物料的转运效率。

除了在外部物流上进行优化布局，格力随处可见的"垂直物流"也是

⊖ 格力内部资料：格力电器钣金喷涂分厂案例。
⊖ 法布劳格物流咨询（北京）有限公司. 格力电器的生产物流优化[J]. 物流技术与应用，2016, 21(3):108.

格力人智慧的结晶。与国内众多企业厂房设置在底层不同，由于早期受场地面积影响，珠海总部生产车间只能向空中发展，被称作"空中工厂"，生产物料的搬运问题成为分厂内部物流的痛点。针对物料要在不同楼层之间进行转运的情况，格力采用"垂直物流"的方式进行生产流程的优化。预装部件、分拣物料，通过输送链或皮带线直配到岗，大型部件则通过空中传送到岗或者通过工装车来料，减少二次仓储、二次分拣。物料从底层仓储区分拣之后通过 AGV 智能小车自动转运到各生产线，而物料的分装通过格力自主开发的机器人完成，垂直物流同样可以做到如平面物流一样的高效便捷。

借鉴了珠海总部的经验，格力根据实地情况对其他生产基地建设从选址、规划和设计开始，围绕生产自动化、智能化的目标对工厂进行布局。郑州工厂经过整体规划，真正实现物料从配送到成品出库"一个流"，地面无物流车辆转运，依靠传送链和地下隧道，实现内部自制件以空中和地下物流的方式将零件直接传送。因地制宜，持续改善，格力的生产流程也在不断优化中更加先进。

原则17　创新营销和服务模式，双向传递并提升价值

从一家不知名的小厂发展成为家用空调销量及市场占有率连续 23 年在国内空调行业排名第一、连续 13 年领跑全球的世界一流家电企业，是什么让格力一次又一次创造出辉煌的销售成绩？究其原因，不仅在于格力严格的质量管控、持续的自主创新及高效的生产制造，还有赖于其建立的创新营销和服务模式，双向传递并提升价值。首先，格力建立了"先款后货"等一系列交易制度，确保格力及时收回货款，并构建了区域销售体系，形成了"四统

一"营销模式，加速产品价值的双向传递。其次，格力致力于为消费者提供优质的服务，通过打造专业化体验服务、提供高水准安装服务及维修服务，提高消费者对格力产品价值的认知程度，促进企业良性循环。

方法46 创新营销模式，推进价值双向传递

与经销商建立什么样的关系能够更好地应对营销过程中出现的冲突、风险与变化，建立什么样的渠道运行机制能够加速市场资金的回流，保障企业拥有充足的现金流，持续、高效地开展价值创造活动，是格力不断思考的关键问题。首先，格力建立了"先款后货"的交易制度，减少了应收账款，保障市场资金及时回流。其次，格力采取"淡季返利""年终返利"等多种返利措施，激发经销商的销售积极性，提高营销渠道的活力，更高效地将格力产品、服务和价值传递至消费者。再次，格力建立了股份制区域销售公司，极大地强化了经销商的经营动力。最后，基于前期的积累，格力构建了"四统一"营销模式，以统一渠道、统一网络、统一市场、统一服务为抓手，实现营销渠道的自主管控，加速推动了格力产品的规模化和大众化应用。

1. 建立"先款后货"制度，保障市场资金回笼

20世纪90年代初，国内空调销售市场鱼龙混杂，空调厂商普遍沿袭计划经济时期"先发货后付款"的交易模式，各级经销商层层拖欠货款导致空调厂商背负"三角债"的现象极为普遍。

为摆脱"三角债"的困扰，在朱江洪的大力支持下，董明珠率领团队创新营销模式，弃用行业内"先货后款"的代销制，创造性地提出"先款

后货"交易制度，保障企业自身拥有充足的现金流得以良性发展。所谓"先款后货"，是指在制造商与经销商的交易中，经销商需先依据购货的数量、品类、进价等确认货款数额并交付制造商，制造商再据此及时供货，以降低交易冲突与风险。该交易制度一方面有效避免了经销商拖欠货款的可能性，极大地缓解了格力的资金运转压力；另一方面也极大地调动了经销商的主观能动性和销售积极性，推动经销商迅速将产品卖出，从而确保资金流动性，提高销售收益。

然而，新的交易制度在推行初期遇到了重重阻碍。由于不了解"先款后货"交易制度的真正用意和优势所在，许多经销商纷纷对此进行抵制。面对种种反对的声音，格力坚持以诚意赢得信任，采取以点带面的策略，为"先款后货"的推行打开突破口。所谓点，即单次小批量供货，而面，则指大批量交易。格力推行新交易制度首先从单次小批量供货着手。最初，格力选择安徽省的地级市市场作为推行制度的突破口，寻找与格力"情投意合"的经销商。淮南一家电器商店的女经理同意先付款购买20万元的空调产品，是格力"先款后货"交易的最初尝试。起初，女经理对此表示拒绝，但董明珠多次抽出空闲时间亲自到商场帮忙销售并提出建议，以坚持与诚意打动了女经理。双方达成协议，各退一步，一手交钱，一手交货，谁也不吃亏。⊖格力收到货款后立即安排发货，不拖延、不怠慢，用行动证明了格力的诚信，更是坚定了女经理与格力持续合作的信心。之后不久，在芜湖和铜陵市场，多家大型商场也陆续成为格力的合作伙伴。自此，"先款后货"的交易制度逐步推广到大批量交易中，运行渐入正轨。淮南经销商这样评价格力："做格力的产品最省心，最舒心，最放心。"⊜

⊖ 董明珠. 棋行天下[M]. 广州：花城出版社，2000.
⊜ 同上。

2. 首创"淡季返利"政策，提高营销渠道活力

空调销售存在淡旺季，经销商困于销售旺季供不应求的货源缺口与销售淡季供过于求的亏损压力，难以平衡年度内的销售工作。格力则受限于自身生产、服务能力以及资金周转的问题，销售旺季难以及时补充货源和提供配送、安装等服务，致使市场需求空缺无法填补，销售淡季积压大量的产品，耗费了大量的管理成本，企业的资金周转率也因此降低。

为解决双方的难题，格力主要做了以下两方面的工作：首先，多种"返利"，实现与经销商的共赢。1994年，格力创造性提出"淡季返利"政策，即经销商淡季付款提货，格力依据货款支付经销商一定比例利息的福利政策。[一]不同于一般意义上的销售返利，这一政策充分考虑了空调季节性销售的特点，通过返利的形式鼓励经销商在销售淡季付款提货，有效平衡了格力与经销商在销售淡旺季的供求差异。一方面，淡季返利保证了经销商在销售年度内任何月份均能获得利润，极大地调动了经销商的主观能动性，引导经销商在淡旺季合理分配销售工作。另一方面，在返利政策的激励下，越来越多的经销商主动在销售淡季付款提货，也帮助格力减小了淡季的库存压力，提高了资金周转率和利用率，增强了营销渠道的整体活力。不难看出，这一政策的推出是格力与经销商双赢的结果。正如董明珠曾强调的，格力提倡与经销商共赢，这也是"格力模式"的真正魅力所在。[二]此外，格力还出台"年终返利"政策，在保障自身基本利润的基础上，拿出一定比例的利润作为对经销商的返利，以支持经销商的正常运作。不论是"淡季返利"，还是"年终返利"，都是格力秉持着共赢的经营理念所做出的决策，在这过程中，格力坚持以共同利益最大化为目标，使

[一] 调研访谈：原格力家用空调经营部部长谭爱军，2016-04-13.
[二] 格力内部资料：董明珠经典语录，2017.

得营销渠道的活力得到了大幅提高。

其次,诚信践诺,构建良好的合作关系。"人无信不立,业无信不兴,国无信不盛。"诚信,作为企业的生存之本,是增强企业竞争力的根本因素。董明珠曾说,"诚信是商业活动的最佳竞争手段,是市场经济的灵魂。格力始终视诚信为企业的生命,坚持诚信为本的营销理念。"20世纪90年代中期,空调并未完全进入寻常百姓家,空调销售具有较大的竞争压力,众多企业纷纷提出返利拉拢经销商,以扩大产品销售。然而,1994年的夏天全国普遍气温不高、天气宜人,导致国内空调市场销售普遍惨淡,许多空调制造商在年度结算时难以兑现原先承诺的返利金额,引起了经销商的极大不满。与其他厂商不同,当时还处于初创时期的格力,虽营业收入并不可观,但仍秉持诚信经营的理念,坚持兑现对经销商返利的承诺,将"返利"政策落到实处。从此,格力逐渐积累了一批相互认同、相互信任的经销商队伍,建立起长期合作、互惠共赢的合作关系。

在诚信共赢经营理念的指引下,包括"先款后货"制度和"返利"政策在内的极具魄力的举措均取得了显著成效,1995年格力的营业收入翻了七倍,首次超过春兰。⊖同年,国家统计局和央视调查咨询中心联合发布的调查数据显示,格力一跃成为家用空调"全国市场占有率第一位"的企业⊜,惊艳了整个空调行业。

3. 设立区域性销售公司,增强经销商经营动力

发展至20世纪90年代末,空调行业同一区域内经销商之间为争夺利益竞相压价,使许多空调厂商承受了较大的损失。起初,格力实行局部代

⊖ 孟路. 格力故事[N]. 中国青年报, 2013-11-19.
⊜ 凤凰财经. 董明珠:36岁单身母亲为了8岁儿子开始26年战斗[EB/OL]. (2016-09-07)[2018-04-03]. http://finance.ifeng.com/a/20160907/14864212_0.shtml.

理制，致力于让同一区域内多家经销大户共存共荣，初步建立了以一级经销商为主要供应商，二、三级经销商协助销售的区域营销网络。然而，各区域一级经销商之间由于区域间的价格差发生利益争夺，导致地区性价格战、互相串货等现象屡禁不止，扰乱了格力的内部价格体系，促使其销售工作变得十分被动。

面对经销商之间的地区性价格战、互相串货等问题，董明珠基于多年的市场经验，提议让同一区域内的经销商组成利益共同体，齐心协力为区域销售做出贡献。㊀基于此，格力转变发展思路，鼓励经销商以区域销售公司的形式组成利益共同体，进一步优化营销体系，并通过经销商持股的方式，持续地强化经销商的经营动力。首先，建立区域销售公司，实现利益共享。1997年，格力首创了以资产为纽带、以品牌为旗帜的区域性销售公司。以资产为纽带，是指区域性销售公司是由某区域内有实力的经销商共同出资建立的股份制销售公司，出资的经销商各占股份，共同组成"利益共同体"（如图6-7所示），解决了区域内部价格竞争的难题，区域内的经销商都能够为了共同的目标而奋斗。以品牌为旗帜则意味着格力授予区域性销售公司销售格力产品的权利，并基于产品输出实现品牌输出。一方面，经销商可凭借着格力品牌的知名度与美誉度提升销售效率；另一方面，股份制销售公司的形式促使经销商形成"自己也是经营者一员"的强烈意识，强化经销商经营的内在动力，主动承担起共同塑造与传播格力品牌的责任与使命。格力设立区域销售公司的行业创举，帮助格力实现了强化渠道控制、整合销售网络、平衡市场发展、加强服务管理的目标，这种

㊀ 第一财经.改变世界 中国杰出企业家管理思想访谈录 第二季[EB/OL].(2017-8-24)[2018-04-03]. http://www.docuchina.cn/2017/08/14/VIDEyZhb7FCoQDqwp1XuXFnb170814.shtml.

渠道管理模式也因此被誉为"21世纪全新的营销模式"。○

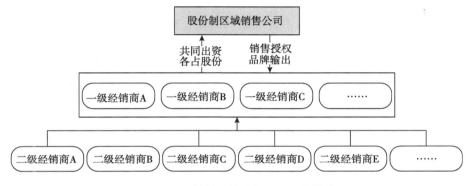

图6-7 股份制区域销售公司运营模式

其次，推行经销商持股，促进共赢发展。经销商持股是指格力吸纳区域销售公司入股，使得区域销售公司与格力共赢发展。其实质是，格力的第二大股东河北京海担保投资有限公司由格力主要的区域销售公司出资成立，通过受让格力股份建立厂商之间的战略伙伴关系，促进格力电器与经销商共同持续健康发展（如图6-8所示）。○换言之，一方面，入股的经销商对格力有提出建议的权利和义务。入股经销商代表各地经销商反馈市场信息，格力能够了解经销商的真正需求，进一步提升营销渠道的经营效率。另一方面，认购格力股份意味着经销商对格力产品、品牌的高度认可。随着格力销售规模、品牌知名度和市场占有率的提升，格力的股价升值，能够为入股经销商带来收益，实现格力与经销商的共赢发展。

4. 构建"四统一"营销模式，促进产品价值双向传递

区域销售公司建设初期，格力对于区域销售公司的管控存在一定的漏

○ 格力展厅"营销创新"板块，2018-03-06.
○ 珠海格力电器股份有限公司简式权益变动报告书（2007年）。

洞，不仅造成了格力与终端和消费者的隔离，市场反馈信息的获取效率降低，而且少数销售公司利用"自治"权力企图获取不合理利益，出现了大量的违规操作、以权谋私等不良现象。因此，格力以"统一渠道、统一网络、统一市场、统一服务"为抓手，构建"四统一"营销模式，实现对营销渠道的自主管控。

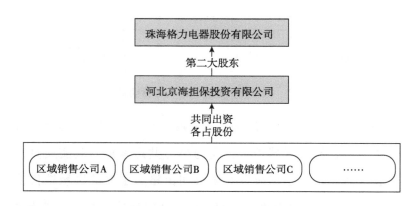

图6-8 经销商持股模式

（1）统一渠道。格力设立区域销售公司，旨在将以经销商为核心力量的渠道权力统一于自己手中，即采用自主建设、独家授权的形式培养格力化的经销商队伍，掌握渠道管理的主动权。首先，自主建设，培养专业的经销商队伍。早期的空调市场，大多数经销商会同时销售多个空调品牌的产品以保证有可观的销售获利，但这种状态会让制造商产品价值的传递效率大幅度降低，销售工作变得更加被动。因此，格力适时地建设区域性销售公司，一方面，促使与格力对接销售工作的经销商群体由传统销售多个品牌的经销商转变为仅销售格力品牌的"格力"经销商，这一角色转变打破了经销商作为完全独立销售个体的局面，打通了格力的自主销售渠道。

另一方面，区域销售公司作为格力的二级销售单位，其销售业务受到总部的统一管理，同时又作为独立法人，具备产权明晰、管理体制相对独立的特点，其销售业绩以销售公司为单位进行独立考核。这一举措无形中强化了各销售公司及其经销商的主人翁意识，促使各销售公司在享有独立销售权利的同时，主动承担起管理区域内经销商队伍、提高销售业绩的责任，经销商的主观能动性得以调动，从而与格力结成统一战线，共同拼搏，更高效地将产品价值传递至消费者。

其次，"一年一授权"，打造高质量的经销商队伍。为持续提高营销渠道的管理质量，改善管理水平，格力进一步推行"一年一授权"的渠道管理机制，通过授权的动态调整逆向驱动各区域销售公司的提质增效。其实质是，格力每年对销售规模较大、销售业绩良好的销售公司进行授权更新，对部分销售业绩较差或违反销售规定的销售公司撤销授权，其授权是否变更取决于区域销售公司的年度销量、市场占有率和品牌美誉度等多方面的综合执行结果。多年来，格力运用"以结果为导向"的思维驱动着营销渠道效率的不断提高与效果的持续改善。例如，早期格力湖北销售公司借格力品牌进行"体外循环"，将格力的资源转移到个人注册的小公司。格力严格执行"授权"制度，于2001年年初在湖北成立了"新欣格力公司"取代湖北格力销售公司。这一关键决策的实施使得销售公司的营销管理质量得到提高，并逆向驱动区域销售公司持续改善不当的市场管理行为。

（2）统一网络。格力构建了具有层级结构的营销网络，不仅在国内地区设立了27家区域性销售公司⊖，全面覆盖华北、华东、华中、华南、东北、西南、西北七大地区，特别加强了长三角、珠三角地区的销售布局，

⊖ 格力展厅"营销创新"板块，2018-03-06。

还于美国、巴西、德国、意大利、南非、俄罗斯、越南、澳大利亚等海外地区全面布局了销售网点㊀。目前,格力在全球拥有3万家专卖店㊁,基本实现了营销网络的全球覆盖,促进网络统一。

不仅如此,考虑到网络层次性的加强可以加速营销网络的统一,格力还布局了以城市为重点,地县为基础,乡镇为依托的三级营销网络,主要依托于格力总部与区域销售公司、办事处、专卖店以及体验店的良好关联,加强营销网络的统一。从层级关系来看,区域销售公司服从于格力总部的管理,办事处、专卖店以及体验店则隶属于相应区域的区域销售公司。从分布来看,区域销售公司主要分布于城市,办事处散布于地县,专卖店与体验店则围绕城市、地县以及乡镇设立,各级组织都能够更加便捷地履行自己的销售职责,大大增强了区域销售的灵活性与适应性,推动了营销渠道各层级之间的高效合作,实现了营销网络的统一。

(3)统一市场。格力统一市场的真正内涵,在于其销售市场始终保持着对价格和货源的统一管控,并依托市场监察员群体,实现市场的规范、统一管理。

首先,建设统一、有序的市场价格体系。格力针对全国各区域销售公司规定了统一进货价格和统一销售价格标准,即不同区域的销售公司从格力总部提货的价格和产品销售价格的标准是全国统一的,以规范市场价格体系。为建设统一、有序的市场价格体系,格力坚决抵制擅自调价行为。例如,2004年轰动全国的"格力与国美"分手事件就起因于国美擅自对格力空调进行降价促销,这严重影响了格力的市场价格体系。对此,格力强烈要求国美停止单方面低价销售的行为,并随后发布声明表示解除合作

㊀ 海外区域网点分布图. 珠海格力电器股份有限公司官网[EB/OL]. [2018-04-03]. http://www.gree.com.cn/pczwb/fwzx/yxwl/index.shtml.

㊁ 格力展厅"营销创新"板块,2018-03-06.

关系⊖，以规范格力空调的市场销售价格。但值得一提的是，格力并不是一味地实行统一，而是以追求各区域市场内供给和需求的平衡为目标，依据自然的供求关系对区域的差异性进行适当调整，这就需要格力充分了解整体的市场信息并对市场进行合理管控。格力正是基于营销渠道与市场的统一，搭建了自身与市场连接的通道，缩短了与市场之间的距离，获取市场信息更加及时、便捷、充分与高效。在充分了解市场的基础上，格力各区域销售公司可根据当地的实际消费水平和消费习惯，在格力规定的销售价格范围内对销售价格进行适度调整，保障了终端的零售价处于合理的水平，从而实现合理地统一市场。

其次，形成统一、严格的产品供应机制。在保证统一价格的前提下，格力基于具有格力特色的区域销售制度，依托布局于全国的区域销售公司，从源头实现各区域销售货源的管控。格力明确规定，区域销售公司是区域内唯一的货源出口，区域内任何经销商不得直接向格力总部提货。为进一步强化货源管控，格力建立条码控制机制，于每台空调机上粘贴对应的条形码，利用网络系统对条形码进行监控与追踪，以防止区域串货、产品丢失现象的发生。

最后，构建科学、规范的市场管理机制。所谓科学、规范的市场管理机制，是指格力营销体系中设立相对独立的负责市场运作的二级销售单位和负责市场调查的市场监察员群体，形成各司其职、各负其责、协调推进、有效制衡的市场管理机制。该市场管理机制的实施，一方面，转变了传统业务员集市场运作和市场调查职责于一身的模式，有效避免了业务员因集权而产生腐败或独断专行的现象，各区域销售公司负责区域市场

⊖ 大众网. 格力对国美绝不低头[EB/OL]. (2004-06-15)[2018-04-03]. http://www.dzwww.com/shenghuoribao/shenghuocaijingxinwen/200406150037.htm.

运作，市场监察员负责市场监管与调查，双方既需要协调配合，又相互制衡，促使格力的市场管理更为规范；另一方面，市场监察员走访区域市场，更为直接地了解区域销售公司的销售业绩、专卖店与体验店的经营状况以及具体产品类别的销售效果等信息，掌握消费者需求的第一手资料，以文本总结、会议等形式向格力经营部汇报，能够有效弥补区域销售公司信息反馈中可能存在的信息缺漏和信息不真实情况，同时以实际走访的形式接触终端消费者，能够提高对消费者需求信息把握的准确性。总的来看，不仅提升了市场的规范化管理水平，还加强了格力对各区域市场的监管力度，形成了更高效的市场管理模式。

（4）统一服务。服务是企业营销中的重要一环。营销渠道、网络与市场的统一帮助格力实现了更快速、广泛、规范的销售，然而，要实现可持续的发展，还需要统一管理企业的服务，确保服务质量。格力服务的统一主要表现为体验、安装、维修服务的统一规范、统一要求与统一标准，在空调产品购买、安装、维修等各环节保证服务质量。

第一，基于统一标准规范体验服务。体验服务的规范性有赖于标准化建设的要求，简单来讲，是针对全国范围内建立的包括专卖店、体验店等实体服务网点所提出的统一服务标准，即"统一设计、统一装修、统一标志、统一服务标准、统一价格、统一着装、统一店容店貌"[⊖]，将统一的体验、购买服务真正落实到行动中去，以此在消费者群体中树立统一的品牌形象。

第二，建立统一安装标准，具体包括产品安装标准、安装人员服务标准和服务网点资质认证，其中，产品安装标准是格力具体针对每一类机型设置的安装质量要求，安装人员服务标准以安装人员持《房间空调安装培

⊖ 朱江洪. 朱江洪自传：我执掌格力的24年[M]. 北京：企业管理出版社，2017.

训合格证》和《格力空调安装资格证》双证上岗的形式提升服务水平，服务网点资质认证则是服务网点通过销售公司、格力总部双层评审获取服务认证授权，保障产品安装服务质量与水平。

第三，利用信息系统实现维修服务的统一管理。格力致力于做到24小时内完成维修㊀，即保证用户报修之后24小时内解决用户的问题。为此，格力利用包括呼叫中心、派工系统以及自助服务系统在内的信息系统，快速响应产品维修问题，保障及时完成维修工作。其中，呼叫中心是在区域销售网络基础上建立的电话网络，有效连接格力总部与区域销售公司及其下属服务网点，第一时间了解客户维修需求；派工系统以维修订单为单位，于移动端便捷整合企管部、质控部、客户服务中心等多部门的维修信息；自助服务系统则基于客户信息的反馈，通过网页链接，跳转至格力自助服务系统反馈客户信息，追踪产品维修进度。

方法47 全面提高服务水平，持续提升服务价值

"用服务赢得顾客。"㊁在董明珠看来，企业要赢得消费者的认可，让消费者满意，不仅产品要好，服务也要好。多年来，格力始终坚持"消费者的每一件小事都是格力的大事"的服务理念，通过打造专业化的体验服务、提供高水准的安装服务及开展主动式运维服务，实现了企业服务能力、服务价值的提升，使客户获得最大程度的满意。

1. 打造专业化体验服务

体验服务是企业以满足消费者的体验需求为目标，以有形产品为载

㊀ 调研访谈：格力客户服务中心胡主任，2016-04-14。
㊁ 格力内部资料：董明珠经典语录，2017。

体，创造并提供一个消费环境或条件，为消费者带来愉悦、畅快的体验感受的服务方式。商业世界里，体验服务的优劣深深影响着消费者对企业及其产品的感知与印象，消费者是否做出购买产品的决策，购买前的体验发挥着十分重要的作用。只有让消费者真切地感受企业的良好服务，才能真正实现企业价值的提升与传递。

打造优雅舒适的体验环境。 体验环境能够让消费者获得更直接的视觉体验和更舒适的心理感受。为此，格力不仅建立了专卖店，还专业化开设了生活馆、体验店，通过提供全品类的展示样品，设置体验产品功效、了解内部构造及感受企业文化的差异化功能区域，传递给消费者完整的产品感受和产品体验。

培养具备专业素养的导购队伍。 导购队伍是奋斗在销售第一线的员工，对销售的推动发挥着至关重要的作用。为提供专业化的体验服务，格力致力于打造具备专业素养的导购队伍，通过培训、竞赛等形式帮助他们更快速地熟悉产品品类、钻研销售技巧、完成销售任务。除对导购队伍进行日常培训外，格力自2015年8月起，还在全国范围内开展"明珠"销售精英大赛，并基于此构建常态化的技能竞赛机制，通过引导导购员积极自主地学习、激烈精彩地比拼，增强其专业素质。2016年，格力进一步推进销售公司终端培训体系建设，组织实施"明珠绽放"导购发展计划，为终端导购提供发展平台和资源支持，组织开展"明珠"导购训练营活动，助力提升导购员的销售水平。⊖

2. 提供高水准安装服务

空调产品的质量素有"三分产品，七分安装"的说法。产品能否长期

⊖ 格力电器：2016年年度报告。

稳定地运行，不仅取决于产品的质量，还有赖于安装。格力致力于为客户提供高水准的安装服务，其高水准体现在安装标准的多方面界定、安装人员行业领先的薪酬水平及安装服务监管力度的进一步加强。

多方面界定安装标准。 格力为提升安装服务水平，不仅针对每一类机型产品制定了差异化的安装标准，还对安装人员的服务工作规范做出了明确规定，要求安装人员必须持《房间空调安装培训合格证》和《格力空调安装资格证》双证上岗。为确保安装服务质量，格力要求各服务网点必须通过格力总部及其所属销售公司的双层评审，获得服务认证授权，才能为消费者提供安装服务。

提高安装人员薪酬水平。 为了调动安装人员的工作积极性，使安装人员在操作技术、综合素质及服务质量多方面得到全面提升，2016年，格力宣布给安装人员的家用空调安装费在原有标准的基础上每台套增加100元。然而，格力并未将增加的安装费用转嫁给消费者，仍然以原有的安装服务收费项目指导价为据，结合实际的产品品类和安装难度提供免费安装服务或收取一定的费用。格力的此项政策不仅提高了一线安装人员的收益及其服务积极性，让格力安装人员享受高于行业现行的劳动报酬，保证安装队伍的人员稳定性，为消费者提供更优质的服务，而且树立了行业服务的标杆，推动了行业安装服务的升级。

加大安装服务监管力度。 对安装服务落实过程进行监督，是增强执行力、提升服务质量的保障。为确保安装服务规范落实，格力建立了"安装巡视监督制度"，通过遍及全国各地的"安装巡视监督专员"对全国各销售服务网点的空调安装人员实行监督，为用户提供优质、专业、规范的安装服务。在强有力的监督下，格力的安装服务质量大幅提高，许多格力用户称赞，"产品质量好，安装质量也好，买格力空调格外放心。"

3. 开展主动式运维服务

主动式运维服务是指服务提供商由被动地维修产品，向主动担负产品的日常维护任务转变，实时监控产品运行的情况，并预测可能存在的隐患，及早排除潜在风险，消除消费者的后顾之忧。格力坚持"无需售后服务才是最好的服务"的理念，依托智能服务中心，时时采集市场上每一台空调的运行数据，并对其进行分析处理。一方面，及时获悉产品运营状态，并以报告的形式对关键运行数据加以记录，为产品改进提供数据支撑；另一方面，及时预测产品运行中可能存在的安全隐患，并加以处理，将维修的"纠正行为"转变为维护的"预防行为"，确保产品时刻保持最佳的运行状态，真正提供"无需售后的服务"，实实在在让客户满意、感动。

第7章
组织保障

任何企业的经营运作都离不开一定的基础条件,以组织架构、标准体系和信息系统为核心元素的基础层是格力模式成功运行的根基,是格力进行价值创造活动的基本条件,为格力的价值创造流程提供有力保障(如图7-1所示)。

第一,格力始终把基础建设作为发展要务,不断提升基础层的服务水平。组织架构的重构与优化也不断提升内部资源的利用效率和企业经营的稳定有序。

第二,标准化的应用和推广对价值创造活动进行了严格的管控,格力通过实施标准化战略,实现对企业技术标准和管理标准的制定,推动企业管理质量的持续改善。

第三,通过信息技术的引进和应用,格力运用新的信息化管理方法,搭建信息平台等,以全面信息化的管理模式不断推进流程管理的及时、精准和高效。

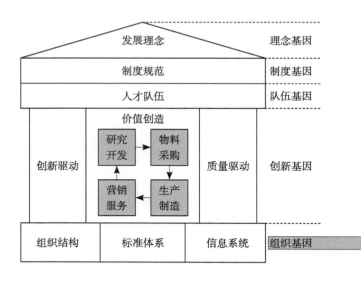

【原则18】 优化职能式组织结构，增强决策力和执行力
【方法48】强化部门专业性，提高工作水平
【方法49】完善组织建设，增强组织协同。完善职能式结构，精简管理层级，推动信息上通下达；增强内部顾客意识，建立重量级、轻量级以及自主型跨职能团队，加强横向沟通与协作；优化生产组织职权，推进生产管理扁平化
【方法50】优化权力结构，提高权力运行效率
【原则19】 以标准化战略推动持续改善，提高经营管理水平
【方法51】建立"严、全、新"的企业技术标准
【方法52】基于通用化、模块化、平台化理念实现降本增效
【方法53】制定具有科学性和适应性的管理标准
【方法54】实施技术标准和管理标准输出策略，引领行业发展
【原则20】 以全面信息化实现企业管理的及时、精准和高效
【方法55】闭环控制三步法实现精准管控
【方法56】研发数字化，提升研发设计效率：推进设计—工艺—制造全流程数据集成，加强数据模块化与条目化管理以及智能化推送，支持平台化设计以及协同设计，强化设计仿真优化，提升设计效率和质量
【方法57】全流程协同智能制造，实现提质增效：基于自动化，不断引进智能化解决方案，推动信息平台集成化，建立车间工业互联网，实现全流程协同智能制造，提升生产效率和质量
【方法58】以全方位服务提升用户体验：打造客户协同平台，深度挖掘消费者数据，提升产品智能化水平，提升服务水平和服务质量

图7-1　格力管理屋之组织基因

原则18　优化职能式组织结构，增强决策力和执行力

格力自成立以来能在竞争激烈的家电市场中脱颖而出，迅速成为行业巨头，除了在技术实力、产品质量上领先对手之外，还得益于其专业化程度高、部门高效协同的职能式组织结构和有效的组织管理。斯科特认为组织是一个正式化和目标具体化的系统，它有正式的结构和约束行为的规则。㊀那么，格力又是如何将如此庞大的组织系统正式化和目标具体化，发挥法约尔所强调的计划、组织、指挥、协调和控制五大职能的？格力主要从部门专业化、组织协同化和权力制衡化来加强组织管理。

方法48　强化部门专业性，提高工作水平

职能部门化是把承担相同职能的管理业务及其人员组合在一起，设立相应的职能部门。泰罗的科学管理理论认为，管理的中心问题是提高劳动生产率，效率至上。要提高效率，必须找出最适宜干这项工作的人，还要最大程度挖掘这个人的潜力。㊁马克斯·韦伯在他的行政组织理论中同样提出，组织为了达到目标，要把实现目标的全部活动进行划分，然后落实到组织的每个成员。㊂组织中的每个职位都应有明文规定、合法化的权利和义务，在组织工作的每个环节上都由专家来负责。因此，格力强调通过细化专业分工来推动职能部门化，在职能细化的基础上整合特定资源成立相应的职能部门，并明确职能部门的职责和权力，集中力量履行特定职

㊀ W 理查德·斯科特，杰拉尔德 F 戴维斯. 组织理论：理性、自然与开放的视角[M]. 高俊山，译. 北京：中国人民大学出版社，2011.
㊁ F W 泰罗. 科学管理原理[M]. 北京：中国社会科学出版社，1984.
㊂ 郭咸纲. 西方管理思想史[M]. 北京:经济管理出版社，2010.

能、解决特定领域内的问题。

1. 细化专业分工，增强研发能力

在格力发展初期，开利、约克、华宝、春兰等近百家空调厂商相互暗战，竞争十分激烈。为在夹缝中寻求一线生机，格力在生产部、技术部、经营部等近十个初始部门基础上加强专业分工，持续推进职能部门化。比如在 1995 年成立筛选分厂，在 1996 年从技术部拆分出工艺部（格力于 2012 年重新组建了新工艺部），有效解决了零部件与工艺质量问题。格力的专业分工，不仅在于实现泰罗所说的掌握标准和方法，提高熟练度，还在于通过整合专业领域内的资源来发挥资源的集中优势，通过分工明确以及权责一致、严格的制度化管理（原则6）和综合激励（原则9）来提高专业化程度和工作效率。

组织学习有探索式学习和开发式学习两类。开发只是利用已有知识来兑现在现有机器和技能上的投资，而探索则相反，探索是要寻找新的知识、新的学习思维和工作方式，提升组织环境适应能力，但是也意味着要冒更大的风险。⊖ 如果将所有研发资源机械式地放到一起，那么一旦技术探索失败，将严重影响产品开发的效率。为此，格力根据探索式与开发式创新的差异，将公司的基础及前瞻研究资源整合到一起，成立了 12 个研究院，专攻某一个专业领域的技术。各研究院在职能上与技术部门有本质上的差异，专注于中长期的基础研究与前瞻性研究，并定期与技术部门开展交流学习活动，避免技术探索与产品开发相脱节。通过前瞻性及基础性研究资源的整合汇聚，格力企业研究院很快突破了磁悬浮变频技术和环保冷媒技

⊖ March J G. Exploration and Exploitation in Organizational Learning.[J]. Organization Science, 1991, 2(1):71-87.

术、磁悬浮变频离心式压缩机及冷水机组、光伏中央空调等复杂技术。

2. 强化权责一致，确保目标实现

"责"是必须承担和履行的义务，"权"是履行任务所应有的决策、调度权。格力强调通过权力与职责的匹配来推动组织的有效运作，在成立职能部门时，通过管理制度来明确部门的职权，并且严格要求各部门必须将目标和任务落实到位。同时赋予领导干部与职责对等的权力，强化统一领导，确保同一目标的实现。

第一，以制度明确部门权责，以"经济责任任务书"强化执行力。成立至今，格力对每个部门均出台了相应的管理条例，明确规定了部门的基本职能、职责内容以及职权，并将部门的权责纳入企业管理标准体系进行管理。以机电技术研究院为例，在2007年成立之时，格力就明确其职能为：从事高新电机、压缩机技术的理论及实用技术的研究，组织中长期的电机、压缩机产品方向的基础研究及产品开发项目规划等。同时，为确保公司战略任务在各职能单位得到有效落实，格力依据战略目标和各单位的职责，按照权责对等的原则，将公司战略目标分解到各单位，并每年度与各单位签订经济责任任务书，明确各单位的年度工作任务及目标，通过目标管理方法和绩效管理系统强化部门考核与管控，推动各部门工作任务落实。

第二，领导干部权责匹配，强化统一领导。格力赋予每位高层及中层领导管辖部分职能部门的权力，同时也要求每位领导必须充分履行权责，尽心尽力、尽心负责谋划所管辖的职能工作。比如针对质量控制，为了强化各厂长的领导作用以及在产品质量控制中起到的关键作用，格力形成了独特的"质量部长（厂长）"制度，赋予各单位领导"质量一票否决"的权

力。㊀当出现质量问题,各单位领导可根据情况终止生产作业,进而强化质量安全管理。如果出现较大质量问题,部门领导首先要负经济责任。在每年的干部绩效考核中,都有一些领导因为质量问题而被扣减薪酬,幅度达到 20%~30%。领导干部的权责对等一方面对所管辖部门产生了约束作用,赋予领导与职责相应的权力,建立领导干部的权威,促使员工严格按照相应的制度和标准履行职能;另一方面增强了所管辖部门的责任主体意识。领导干部权责对等、以身作则为员工树立了责任担当的榜样,也调动了员工承担责任的积极性和工作热情。

方法49　完善组织建设,增强组织协同

巴纳德认为,正式组织是两个或两个以上的人有意识协调活动和效力的协作系统,每一个组成部分都以一定的方式与其他部分相联系。㊁员工唯有互相联系,才能达成共同的认识,并形成协作劳动,维持组织行为的连续性,提高组织的运行效率。针对传统职能式组织结构存在的管理层级冗余、信息传递失真现象,格力注重通过精简管理层级和引进信息技术来推动组织扁平化,加快信息传递,优化生产管理。同时,为打通部门边界,格力大力建设跨职能团队,强化内部顾客,进而促进部门的相互配合与联动。

1. 完善职能式结构,加强内部沟通协作

在传统的职能组织结构中,随着企业规模的不断扩大,企业的管理层

㊀ 格力内部资料:卓越绩效模式。
㊁ CI 巴纳德. 经理人员的职能[M]. 北京:中国社会科学出版社,1997.

级不断增加，上下级的信息沟通渠道延长，造成信息在传达的过程中发生遗漏和误解，导致信息失真。同时，各部门因专业分工形成了权责明确的组织，有时候部门工作效率至上的思想会导致各部门并未考虑到流程下一环节的可行性而自行其是，从而造成流程运行效率低下。比如在早期的格力，一些设计员不严谨、脱离实际的设计导致车间的生产费工费时，造成车间效率低下，并且生产出来的产品还得不到消费者认可。格力深刻意识到职能式结构的弊端严重阻碍了公司的发展，为此启动了职能式结构的改进工作，加强组织沟通与合作。

第一，精简管理层级，推动上通下达。格力实行公司级、部门级（制造分厂、子公司）、科室级（车间）三级管理，组织机构层次较少，结构相对扁平化。三层级管理结构有两个好处：一方面，缩短了公司的指挥链，有效提升了信息传递的时效性和准确性。在格力，每一位高层领导会直接管辖职能部门，信息在高层领导与对应的分管部门及科室之间传递，高层领导的决策能快速传递到基层员工并得到有效执行，有利于提高内部协调性和工作效率，也进一步增强基层的执行力。另一方面，由于等级的减少，高层领导更贴近第一线，因而能以最快的速度了解最真实的情况，并对问题做出迅速反应，可以避免较多的沟通层级而造成的迟缓、拖延，显著提升了决策力和执行力。

第二，增强内部顾客意识，提升流程运行效率。以内部顾客需求为导向，优化职能式结构是格力所遵循的原则。在格力，内部顾客是指流程中的下一环节以及相关部门。各部门将自己视作生产者，将其流程活动的产出视作一项产品，被其他部门使用。部门间的关系就如同企业与客户的关系，各部门把其他部门视为顾客，不因专业分工而局限在各自的职能范围内，而是相互配合和支持，积极为其他部门提供服务（如图7-2所示）。

例如，当一项产品进入开发设计阶段，技术部必须组织检测部门、工艺部门、生产分厂、科技管理部门等部门开展技术可行性论证，充分考虑产品设计的标准可行性、工艺可行性等，便于产品设计环节之后的生产制造流程顺利进行。比如充分考虑当前的生产线和生产工艺是否能满足生产，如果不能，如何和生产部门共同开发新的生产线。同时，各个部门也要积极配合技术部的工作，为产品开发提供服务。比如，工艺部门需要积极将工艺参数提供给设计部门，帮助产品设计部门做好设计，并在接收到产品设计部门下发的具体的新工艺需求后，进行生产工艺可行性分析，并根据实际情况进行专题立项，提前开展新工艺技术开发，保证新产品的试制和生产进度。

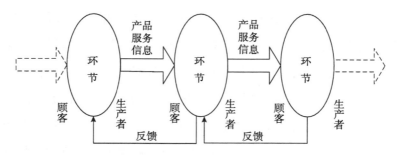

图7-2 内部顾客需求导向流程

2. 建立跨职能团队，提高协同化水平

格力各部门之间分工明确，各司其职。但是，其组织结构又以纵向专业化和横向专业化结合，开展部门协同为特征。格力鼓励并支持操作员工在执行任务的过程中培养更多的专业操作技能，坚持由某个部门来牵头和统筹某项工作开展及制度运行，这体现了其组织结构的横向专业化。同时，格力的纵向专业化体现在让业务人员精于自己所从事的专业，对自己负责的工作承担责任，但是操作人员和监督人员的直接决策职责被区分开

来，双方互相监督，各部门相互协同、相互制约。

格力按照其技术和产品开发的特点，建立了具有通用性和协同性的"产品规划体系、研究开发体系、中间试验体系"三大研发组织体系（原则14）。一是增强协同性。按照探索性创新与开发性创新职能建立的企业研究院与技术部门成为这三大研发子体系的成员，在这个组织架构的基础上，格力根据产品开发项目特点，从不同部门抽调专业人员，组建以项目管理为核心的矩阵组织团队。一方面推进各部门协同开展持续创新活动，实现专业知识、经验与技能的积累和共享，促进更深层次、更宽领域的技术探索，提升部门专业技术水平；另一方面有利于提升管理效率，针对各职能部门的独特性设立相应的制度、激励标准等，并赋予相应的权利，增强部门自主性和积极性。二是加强通用性。格力的三大研发体系必须具有很强的通用性，才能承担超过1万种产品的开发与升级的重任。在这三大体系下，格力建立了一套科学的、具有通用性的、产品概念模型—功能模型—原型样机—中试阶段—生产制造五个阶段紧密衔接的研发管理流程。例如，商用空调和家用空调技术部都有独特的产品开发流程，商用空调项目的开发要求技术员先到现场考察，进而确定需求方的特定需求，属于个性化定制产品。而家用空调项目的特点是批量生产，要求技术人员进行充分的市场调研。但是无论这些项目多么复杂，都可以在三个子体系下良好运行。

在格力，有四类常规项目，分别是产品开发项目、技术研究项目、工艺技术项目、管理技术项目。根据研发任务的性质，格力建立三大类型的跨职能开发团队负责项目开发。

● 轻量级团队，由一般资深研发人员担任负责人，负责普通小项目的产品改进。

- 重量级团队，负责重大产品项目开发，由公司高级管理人员挂帅负责协调统筹各种资源，推进项目开发。例如无稀土压缩机、多联机商用空调、大型太阳能空调，就是由公司组织重量级团队推进研发的。

- 自主型团队，一般由部门负责人牵头，根据市场反馈和生产实践中遇到的问题，自主寻找项目，开展研发活动。2012年，由机电院自主研发的A型号压缩机电机在小批生产中被发现定子不良率较高。压缩机是空调的核心部件，其质量高低直接决定了空调的性能是否优越、是否可靠。机电研究院马上组织员工向企管部申报跨单位的自主型研究项目团队，组建了由机电研究院、检测中心、试制分厂、质控部等多部门组成的跨职能团队开展研究。经过4个月的团队合作，他们大幅降低了压缩机电机定子的不良率。

3. 优化生产组织职权，推进生产管理扁平化

在传统的生产管理模式中，生产计划部门统筹生产计划，然后下发计划到工厂执行，各工厂根据总计划进行人工排产决策，统筹车间生产制造。但格力作为一家年产销量近5000万台套空调产品的大型企业，如果还按照传统的"部门计划—工厂决策—车间执行"生产管理方式，那么将难以在庞大的生产系统中动态响应细微变化，无法及时搜集各种生产数据，进行分析与规划，使规划人员应对众多突发状况，也无法动态实现生产资源与生产计划的协同。因此，格力通过运用先进的信息技术和工业物联网技术来推进扁平化管理，淡化"工厂"一级的职能，直接由总部的生产管理部门下达生产计划到车间。

第一，优化生产部门统筹权。在格力，生产计划部的主要职权是根据

销售及售后服务需要，科学制订生产计划，并通过合理调度，完成生产任务。随着生产规模日益增长，生产系统的管理压力也与日俱增，如何确保生产计划与订单实时相互协调，确保整个生产流程高效运行，确保采购、仓储、配送、制造各环节流程稳定运行？随着工业物联网、云计算、大数据等技术的发展，格力引进先进的信息技术来推进生产管理现代化。格力目前实现了产品生命周期全过程的信息化管理，生产部实时查看所有订单需求，结合信息系统快速准确地组织生产，快速分解生产计划并下达到分厂、采购及配送部门，并实时监控各分厂、各基地的生产情况，一旦发现问题，立即通知相关负责人。格力在生产管理数据、需求订单数据集成管理基础上，通过先进的信息技术极大优化了生产管理，使得生产统筹管控效率得到跨越式的提升。

第二，弱化分厂决策权。在格力，生产分厂（基地）的职能发生了很大的转变。在过去，分厂要根据公司下达的生产计划，编制相应的车间生产作业计划，有时候一旦公司的生产计划发生变动，分厂只能被动地与其他部门进行长时间的协调沟通，导致生产效率十分低下。如今，分厂的生产管理职权得到改进。格力于2006年引入制造执行系统（MES），于2017年导入高速排产系统（APS），使得生产计划部能直接将生产作业计划下发到车间，实现车间作业计划的自动排产，极大减轻了分厂的排产决策压力。在信息系统协助下，分厂得以集中精力来履行监督、考核、培训和协调职能，使得车间管理及作业更加专业化和规范化。

第三，强化车间执行权。当前，格力借助信息技术淡化分厂决策权，推进组织扁平化，使得生产计划信息能够快速传递到车间，极大地提高了车间的响应能力和生产执行力。信息系统作为格力实现信息在生产管理层级间有效传递的一个重要工具，不仅可以直接将生产计划部的决策指令下发给基层，还搭建快捷的向上沟通信息渠道，极大简化了车间的信息反馈流程，确保生产部甚至高层能够快速获取车间的反馈信息，并及时给出解决方案，从而增强车间对环境变化的感应能力和快速反应能力，增强车间的执行力。此外，格力还大力引进先进信息物理系统（CPS）、过程执行系统（PCS）、智能装备等技术实现制造自动化，使生产设备能够自动分析、判断、调整、生产，直至最后的产品完成，这极大地提升了车间执行力。

方法50　优化权力结构，提高权力运行效率

格力致力于平衡总部与子公司、高层与部门、部门与部门的三个权力关系，强调采取集权的管理方式来强化统一管控，最大限度地增强高层的决策力以及部门与子公司的执行力。同时，格力还注重分权制衡与权力监督，最大限度构建相互制约的权力结构，建立民主监督、机构监督以及巡视监督机制，发挥党组织的政治保障作用，保障权力运行的正常化和合法化。

1. 集权强化统一管控

格力通过集权来实现企业运作的高度统一。作为一个拥有众多部门及生产基地的大型企业，格力的集权管控主要体现在高层领导集权和总部作为决策中心两方面。

第一，以珠海总部为决策中心，增强统一管控。格力将公司的战略规划权、财务控制权、人事调配权、审计监察等较为关键的职权集中在总部，以总部为决策中心对子公司的经营方针、经营目标、战略规划、制度建设、重大决策、人事调配等进行统一制定、统一管控。而二级单位的

中长期战略规划需由总部审批，并由总部制定相应的管理制度和管理标准进行管理考核，确保各单位在战略及经营管理上与总部保持高度一致。例如，总部对子公司的财务、资金、规划、人事等的集权程度较高，子公司受总部制定的政策和管理制度的严格约束。再如总部对各个生产基地实行生产计划统一管控、物料统一采购、物流统一配送等，确保总部的战略规划、管理决策能得到严格、有效的落实。

第二，高层权力集中，增强决策力。高层领导权力集中是为了更高效率地统筹各方资源，实现经营目标。因此，在高层领导和部门的权力配置上，格力强调权力集中在高层领导。事关企业发展大局的决策，例如发展战略规划、经营方针制定和财务决策等，决策权集中在高层领导，而日常经营的职权，比如部门级项目计划制订、财务预算、质量控制、人事考核等权力配置到职能部门。集权化管理有利于格力领导人对企业的整个组织及经营活动进行全面控制，充分利用企业的资源来贯彻经营战略。关于如何处理集权与分权的辩证关系，董明珠有自己独到的见解："没有绝对的集权式管理，但是企业领导必须具备集权的能力，也必须明白该集权的时候要集权，该分权的时候要分权。"

第三，适当向下授权，增强部门自主性。为实现权责匹配，提高各单位的自我适应能力与自主性，格力还强调平衡集权与分权，适度地对各部门和子公司授权。比如各职能单位拥有内部成员的职责分配权、考核权、奖励权以及所负责职能领域的资源调度权等，由他们行使相应的权力，自主地解决某些问题。例如，在格力打造的区域销售公司营销模式中，格力实行总部对省级销售公司授权、省级销售公司对地级市销售子公司或办事处授权，实现适度授权，层层有权。总部有对销售子公司销售计划、销售管理政策的制定与执行监督权，各销售公司则有微调区域价格和制定区域销售策略的权力，并负责对当地市场的监控，规范价格体系和进货渠道。

2. 分权实现权力制衡

格力强调分权制衡，以权力制约权力。分权是制衡的前提，只有在权力分解之后，才可能形成不同权力之间的钳制。分权制衡的目的是控制权力、防止权力滥用，确保权力行使公平公正、公开透明、公私分明。

第一，高层领导权力制衡，增强决策科学性。格力强调高层领导权力的分化与制衡，并以此来增强决策和决策执行的科学性，避免权力过于集中带来决策风险和权力滥用。为了实现高层领导分权制衡，格力实行分权管理，集体商讨重大决策。在格力，每个高层领导拥有单个或多个业务领域的职权，而关于重大决策的制定，比如重要人事任免、重大项目安排和大额度资金运作事项，由所有高层领导集体商议决定，实现权力相互牵制。年度的干部会议以及不定期举行的办公会就是高层领导集体决策的重要场合。此外，格力强化高层领导权力的监督，高层领导不仅仅要受到监察室等相关监督机构以及全体员工的监督，不得越权行事，还要做到"一岗双责"，即除了"在其位谋其职"、严格审视自我之外，还需监督同级的其他领导，形成自省和互相监督的效应。

第二，部门权力分立，确保决策执行到位。分权制约是格力部门权力制衡的举措。在格力，一项完整的业务活动，必须有具有相互制约关系的两个部门或者相关职位人员参与，参与活动的部门或者人员之间必须受到其他部门或人员的制约。格力对物料外部采购建立了由职能部门企管部、业务部门采购中心和专业部门筛选分厂组成的矩阵跨部门职能团队，被公司赋予对供货商管理的权力，以及对供货物料检测、对供应商评估和资质考核三大职能。三个部门各司其职，团队成员定期轮换，有效地保障了物料采购"按质量、按价格、按时间、按批量"交货。

权力制衡的理念还贯彻于部门科室职权。格力在部门内设立科室时，也会重视科室权力的分离，确保决策在基层得到公正执行。物资采购中心设立科室就遵循了这样的原则。总部采购中心共设八个科室，科室下按照物料类型分班组，每一种类型物料的采购分为计划、商务、业务、结算、开发五个职能，但是并不是每一班组都能同时兼任五个职能，而是每一物料的职能都分散在不同科室的班组。以固件类物料为例，其计划职能在第六科室，业务职能在一科，商务职能在三科。物料采购科室权力的分离有效规避了供应商开发腐败问题。

3. 监督保障权力约束

董明珠曾说，"一个合理的管理架构需要一个链条式的监督体制。权力越大的领导，越要对其进行监督考核。"⊖领导干部正确行使权力对企业的发展至关重要，权力如若不能得到正确行使，将给企业带来一定程度的损失，甚至会阻碍企业的发展。实现链条式监督，格力强调全员化的民主监督、健全的机构监督、动态化的巡视监督，进而提高权力的透明度。

第一，加强党的领导，强化员工民主监督，强化廉政建设。格力加强党委和基层党组织的政治保障作用，定期组织各种学习活动。员工民主监督，是保证企业健康发展的有效途径，是保障员工主人翁地位的重要举措，同时也是企业治理体系建设和加强干部队伍建设、监督权力重要而有效的形式。当前，格力已经建立了以员工代表大会为基本形式的民主管理

⊖ 深圳新闻网. 董明珠: 一个完美主义者的坚守与追求[EB/OL]. (2014-15-15)[2018-04-03]. http://new.qq.com/cmsn/20141015/20141015030765.

制度，通过民主监督管理，规范员工董事、员工监事的产生程序，听取和审议公司经营计划、重大人事任免、员工培训与激励计划等重大决策，最大程度地发挥员工在参与公司决策和治理中的作用。同时，大力推进厂务公开，通过例会公布、电器报宣传、信息公告、设立总裁意见箱和改善提案机制等途径，保障员工知情权、参与权和监督权，约束领导干部的权力。比如，格力在每年召开的干部会议上组织民主评议，由员工对公司领导层提交的述职报告进行民主评议，员工反馈的各种信息经过分析汇总，用于评价公司领导层上一年度在组织和个人目标上的绩效，公司领导需充分吸收员工合理建议，纠正决策中的偏差，确保实施正确决策。

第二，强化权力机构监督，严格管控权力行使。格力赋予各大管理部门监督权，明确规定监督的内容和程序，使监督具有制度保障。比如格力设立以企业管理部与法律事务部、标准管理部与科技管理部、财务部与审计部为核心的监督与考核体系，主要解决三大类问题：如何发挥制度、标准与考核指标对各级单位的管控力，确保公司决策得到严格落实；如何协调流程中不同部门之间的利益冲突，确保流程高效运行；如何对部门跟踪评价、监督考核，并不断发现和解决决策落实过程中存在的问题，持续强化流程改善。例如企业管理部，对公司所有单位或个人执行管理体系要求的情况有监督检查和考核权，负责公司战略目标和经营规划目标完成情况的检查和绩效评定，并督促各单位持续改善，确保管理体系的受控运行，不断适应公司发展提出的新要求等。

第三，开展巡视监督，增强制度有效性。巡视监督是格力为保证公司制度的统一落实而开展的巡视督查活动。格力除了通过总部职能部门对子公司进行财务控制、人力资源配置控制等，还在各个职能领域设立了巡视工作小组，不定期到各子公司开展巡视活动，对其经营行为进行监督考核，对违反珠海总部管理制度和标准的行为进行通报与惩处，并责令整改，确保子公司遵守总部的管理制度，有效行使总部下放的权力。例如，家经部市场监察科室作为营销领域的巡视工作机构，需要随时到市场一线巡查，督促子公司遵守总部制度和政策，比如在销售价格、经销商利益分配、员工行为等方面是否符合总部要求，若发现存在违反管理制度和标准的行为，则强制子公司限期整改，确保市场稳定。

增强监督与考核，将权力置于阳光之下，对权力进行约束，防止权力滥用，这是企业健康发展的内在要求。格力坚决与违反企业纪律、徇私舞弊、贪污腐败等行为做斗争，在思想和机制建设上重视权力监督，并将监督与考核机制作为提升管理水平，促进企业发展的重要手段。格力不断优化企业内部监督体系，营造"公平公正、公开透明、公私分明"的文化环境，保证各项政策、制度及标准的顺利落实。

原则19　以标准化战略推动持续改善，提高经营管理水平

标准是对科学技术与管理经验的总结，是指导企业各项活动开展的依据。标准化是指为了提高经济效率和经济效益，通过制定、发布和实施标准，使重复性的事项达到统一的过程。科学管理之父泰勒在《科学管理原理》一书中指出，科学管理需要建立在明确的标准之上，标准化为企业科学管理提供了方法和途径。

格力自成立初期就充分认识到标准化的重要性，积极推进标准化管理工作，比如，格力于1998年实行标准电子网络化管理，开始了早期的标准化建设。随后，格力积极推进标准组织和标准化管理体系的建设工作，于2004年、2007年分别组建标准化技术管理委员会和标准管理部，形成

以标准管理部和企业管理部为领导核心、多部门共同参与的标准化管理体系。2010～2011年，格力开展先进标准体系建设试点项目，成为广东省首个通过验收的"先进标准体系建设试点单位"。2013年，随着格力标准管理部划归董事长直接管辖，标准化工作在格力的地位上升到了战略高度。格力将标准化作为工作重点写入公司战略目标管理的关键绩效指标（KPI）中，通过目标管理推动标准化工作的开展，从而实现提质增效、创新追赶的战略目标。

格力的标准化战略以满足顾客需求和承担社会责任为导向，以形成全覆盖的标准体系和全面深入开展标准落实为重点，通过对标准制定、执行、更新、输出等活动进行科学严格的管理，致力于提高管理效率、节约生产成本、保证产品质量、促进技术创新，从而获得长期竞争优势和持续创新源泉。格力技术标准具备严、全、新三个特点，管理标准具备科学性和适应性两个特点；标准战略有通用化、模块化、平台化三个抓手；标准输出有参与国际标准化活动、向供应链输出标准、参与标准化成果评奖活动三个途径。

- 格力致力于建立领先国家、行业标准水平，全面覆盖产品价值创造过程，持续更新完善的企业技术标准，形成"严、全、新"的企业技术标准。
- 格力以设计通用化节约设计成本，以研发平台化缩短开发周期，以工艺模块化实现高效生产。
- 格力通过引进国际管理标准体系、严格规范岗位职责和工作流程、科学制定财务管理制度，建立科学且适应自身实际发展情况的企业管理标准。

- 格力积极开展标准输出。一是加快将企业技术标准转化为国家、国际标准的进程，抢占行业技术制高点；二是积极向供应商等合作伙伴输出技术标准、管理标准，共同进步和成长；三是通过参与各级评奖活动，推动企业管理标准向外界传播，助力国家管理标准建设工作的进步。

方法51　建立"严、全、新"的企业技术标准

技术标准是指重复性的技术事项在一定范围内的统一规定，企业技术标准是为员工的技术活动制定的共同遵守的科学的、正确的、可行的准则。技术的进步和标准的更新之间是相互促进的，二者之间循环往复的螺旋式上升的过程实质上就是生产力的发展与进步。因此，加强技术标准的研究与制定，提高技术标准水平，是标准化战略的核心任务，也是实现技术领先和提高产品竞争力的基础。格力总结近30年的实践经验，建立起了"严、全、新"的企业技术标准体系，保障格力产品质量的持续改善。

1. 严格要求，建立领先的企业技术标准

以顾客需求为本，实现标准领先。 董明珠曾说，"最大限度地满足甚至引领消费者需求的标准才是最合适的标准。"格力以市场为驱动开展标准化活动，要求产品标准不仅要符合国家、国际标准，还要能够引领顾客需求，超出顾客期待。为此，格力深入研究市场现状、关注市场动态，认真了解各细分市场的顾客需求，以及竞争对手的产品特点与优点，以此作为标准制定的重要依据。具体而言，格力通过对顾客需求的售前市场调研分析、售后质量数据搜集分析等方式，结合企业内部技术标准执行过程中

发现的问题和外部国家、行业标准的制定、修订情况等,将搜集的信息分析、解读、转化,制定了大量领先于行业标准、国家标准、国际标准的企业技术标准。例如,为了满足用户舒适度要求,格力对空调高温制冷量、低温制热量、送风距离、扫风角度、温控精度等制定了严格的技术标准,并对在谐波电流等恶劣工况下的空调运作噪声进行严格规定,确保空调运作时更安静,给用户提供良好的睡眠环境。

以社会责任为导向,严格制定安全环保标准。在绿色发展、低碳发展的形势下,格力致力于"让天空更蓝,大地更绿",秉承"节能环保、舒适智能"的产品设计理念,建立了严于国家和地方政府监管要求的安全环保标准。例如,格力颁布了《限制物质过程管理办法》《产品中有害物质控制管理规定》等针对有害物质控制的技术标准文件,对有害物质的控制标准均严于国家和地方的要求。格力自主研发的1赫兹变频空调、R290环保冷媒空调、无稀土变频压缩机等一系列核心技术和产品,主要技术指标均达到甚至超越了国际标准,具有显著的节能、低碳、环保等特点。以格力1赫兹变频空调为例,其在最低功率下恒温运行,相比同冷量的传统空调,每台每年可节约电440度,大量减少了二氧化碳的排放。

格力以顾客需求和社会责任为导向,制定了领先于顾客需求和国际节能环保强制性要求的标准。严格的企业技术标准起到引领顾客需求、助力节能环保事业的积极作用,增强了格力的产品竞争力,提升了格力的品牌形象。

2. 全面覆盖,深入推进标准落实

格力建立了全面覆盖的企业技术标准体系,覆盖产品的研发、设计、采购、工艺、检验、安装服务的价值创造全过程。目前,拥有国际技术标

准、国家技术标准、企业技术标准文件上万份，其中企业技术标准占总技术标准的70%以上（如图7-3所示）。为了将价值创造过程全面覆盖的标准体系有效执行，格力一是开展价值创造全过程质量管控活动，二是开展全员化标准管理，强化员工的标准工作意识。

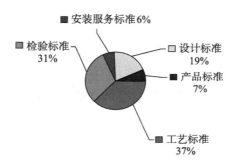

图7-3　格力技术标准体系分布

开展全过程质量管理，实现标准有效落实。格力内部流传着一句话，"质量关乎生命。"格力在发展的过程中始终将质量放在核心地位，而将全覆盖的标准有效落实在全面质量管理的全过程中，是产品质量得到保障的重要前提。在格力，新产品从研发设计到最终上市均需要经历严格的质量管理过程。

- 对于零部件质量，格力筛选分厂根据尺寸控制、过程控制、可靠性控制等方面的检验标准，对零部件进行来料全检，合格方可流入生产线。
- 对于产品研发质量，格力检测中心根据设计标准、工艺标准对研发产品所有项目进行测试，合格才能投入批量生产。
- 在产品出厂环节，格力质控部根据产品标准对出厂前的成品随机抽样并送至实验室进行专检，由实验室对产品各项性能的可靠性进行测试。例如，通过模拟下雪、台风、雷暴等恶劣天气，测试产品的运行稳定性等，并结合试验测量进行符合性评价。对于检查发现的问题，由质控部牵头组织分析研究。格力将技术标准落实到质量管理过程的方方面面，从而确保产品各项性能参数的准确、合格，保证产品质量。

强化全员标准化意识，全面推进标准化管理。全面推进、有效落实标准化管理工作的关键在于提高全员的自觉性，让标准化管理意识深入人心，成为每一名员工都自觉遵守的规范，自觉按照标准化的管理理念开展工作，实现"事事有标准、人人讲标准、处处达标准"的工作目标。为此，格力从以下两方面强化全员标准化意识。

一是从制度上保证多部门协同开展标准化工作。格力成立专门的标准管理部专职负责技术标准工作的开展，同时公司内部组建了跨部门的标准化技术管理委员会，下设2个技术委员会、33个分委会，各委员会的成员广泛来自于格力家用空调技术部、商用空调技术部、各大企业研究院、质量控制部、科技管理部、筛选分厂等十多个单位，从组织架构上建立起以格力标准管理委员会和标准管理部为核心的标准化工作的多部门参与机制。

二是重视对标准化工作的宣传普及与培训学习。格力通过定期开展标准化知识的普及活动、加强企业标准化管理工作的宣传教育、强化标准体系文件的发布培训与解读等方式，使标准化管理的观念深入全体格力人心，促进了全覆盖的标准体系在生产运营中的有效落实。

3. 持续更新，确保标准与时俱进

标准体系是一个动态的系统，企业要根据市场需求、国内外技术发展动态以及竞争者动态等情况适时修订和完善标准，始终保持标准的先进

性，促进企业技术水平的持续提升。

打造标准平台，实现知识沉淀。格力积极开发信息化标准平台，如出口标准查询系统、技术参数系统、售后配件查询系统、产品图样变更信息系统、研发标准化管理平台等，固化成熟的标准，实现标准数据的知识沉淀，从而使员工无须重复探索已成熟的方法和技术，提高员工工作效率。例如，格力标准管理部2015年主导开展的信息化项目——研发及标准化管理平台，主要以信息流与数据流两条主线贯穿产品研发的整个过程，信息化手段的运用实现了研发体系一体化，使得格力所有技术人员、相关单位在多年的工作中积累的经验都存于系统中，通过信息系统将研发知识经验以固定的模板与规则整理、编写出来，实现研发知识点的沉淀与统一管理。研发及标准化管理平台还为每份研发知识点增加属性词与属性值，并在系统导航中自动推送，便于相关技术人员在知识地图中查找相关内容。通过研发及标准化管理平台的统一管理，格力成功将隐性知识沉淀为企业标准，避免了隐性知识的流失。

将科技成果标准化，保证标准的先进性与时效性。在经济全球化时代，专利和标准逐渐成为企业获得市场竞争优势的重要因素。格力认为，要想掌握市场主动权，首先就要争取将自己的科研成果与专利技术转化为领先的标准，按照"固化标准—优化标准—新的标准化"的循环开展标准更新，保证企业标准在同行业中的先进性和时效性，占据行业发展制高点。格力已经将70%的科研成果和专利技术转化为各类标准，包括2次国家科学技术进步奖、1次国家技术发明奖、24项国际领先技术在内的重大科技成果。通过将科研成果和专利技术标准化，格力不断推进企业标准体系的更新，不仅使格力可以在市场竞争中处于优势地位，而且使专利技术通过标准的形式得到普及，并且不断将企业标准上升为国家、国际标准，进而推动行业技术标准的升级，真正实现"技术专利化、专利标准化、标准国际化"。

方法52 基于通用化、模块化、平台化理念实现降本增效

通用化、模块化和平台化是标准化的三种表现形式。通用化即选择和确定具备功能互换性或尺寸互换性的子系统或功能单元，从而最大限度地扩大统一单元的使用范围。模块化即对大规模生产的标准化产品进行功能分析和分解，分离出一系列具有相同或相似功能的单元，用标准化原理进行归并、简化，使其成为标准模块，从中选取补充新设计的专用模块或零件进行相应的组合。平台化是通用化和模块化更加集成化、信息化的阶段，是指将统一单元集成在重构平台上，通过增加、替换、去除某些统一单元来实现产品的快速生产与改良升级。格力灵活运用三种标准化形式，充分利用现有成果，以有限的品种、规格满足多样化的需求，从而达到降低成本、提高生产效率与效益的目的。

1. 设计标准通用化，节约研发设计成本

格力的产品开发以通用化为发展方向，将经常重复利用的要素，如部件、组件、零件等加以优选和整理，形成通用性强的结构，进而发展为标准结构，并建立相应的数据库实现资源共享，以减少通用结构的重复设计或设计错误，节约设计成本。

通过零件局部结构通用化、组部件模块通用化以及各模块接口统一化，推进产品结构设计的通用化，格力不仅显著缩短了产品开发周期，减少模具开支，节约设计成本，而且避免了生产线的频繁切换，降低了混料

风险，提高了生产效率。目前，格力加强局部结构通用化，加强不同部门之间产品结构的通用化，提高不同单位之间产品部件的通配性，使标准化结构可通用于不同技术部门的两种及两种以上产品。

自实施标准化战略以来，格力不断加强通用化研究，在提高产品质量、降低成本等方面取得了巨大进步。自2013年以来，格力标准管理部对公司物料和成品进行了大规模的精简，公司的产品设计通用化水平有了较大提升。例如，2014年，格力以整个公司为范围，建立以标准管理部、工业设计中心为核心的公司级产品颜色规划小组，专门承担产品外观颜色年度规划的发布、选型标准和通用化控制标准的制定修订。通过对注塑、钣金喷涂颜色实施通用化管理，格力形成产品的系列化颜色管理体系，使得注塑颜色、钣金喷涂颜色有效减少。颜色通用化管理体系的建立及有效执行，有效地解决了产品外观颜色不统一、难管理的问题，显著提高了生产效率，降低了管理成本。2015年，格力继续开展"颜色管理体系规划"工作，将空调及生活电器颜色系统合二为一，优化公司产品外观颜色管理体系，并从产品颜色标准化管理的角度对注塑、喷涂、钣金喷涂等生产工艺进行重新梳理，有效避免了因不同工艺带来的产品颜色色差问题。

2. 工艺标准模块化，实现高效生产

工艺标准是指依据产品标准要求，对产品生产过程中原材料、零部件、元器件进行正确的加工、制造和装配，使生产过程固定、稳定，生产出符合规定要求的产品。如今，顾客需求越来越具有多样性，希望企业能按照他们的偏好进行功能配置和外形设计。为此，企业必须提供更多型号、不同性能的产品，以满足顾客的多样化需求。格力将模块化的理念从生产逐步融入前端工艺，工艺部将不同产品具有的相同工艺、工序等信息

进行模块化，进而形成工艺标准，为不同产品的工艺设计提供标准借鉴，快速形成新产品所需的新工艺，并直接通过工艺信息平台传递到车间，指导车间快速生产，实现对顾客需求的快速响应。

运用制造过程管理系统（MPM），格力通过将所涉及的多个功能模块在一个系统中进行数据的传递，实现工艺设计管理变革，实现工艺制造过程的工艺、参数、信息模块化，不仅促使工艺标准更加精细、企业生产效率更高，也为数字化工厂、智能制造等高效生产模式打下了坚实基础。

3. 产品研发平台化，缩短开发周期

格力在开展设计结构通用化之后，将通用设计信息集中在平台上，实现了产品平台化研发。产品平台化研发是一系列产品中所共有的零件、子系统、模块、公共界面以及制造流程的集合，在基于模块平台的产品系列设计和开发过程中，产生出的一个重构的产品平台，通过增加、替换、去除模块来实现产品的快速改良与升级，从而获得具有共同特征、共享部分零件和子系统的产品系列。

格力积极推行产品平台化研发模式，利用产品平台化设计选型系统实现产品的标准化设计，使产品研发标准化提升到了新的水平。具体来讲，格力利用软件管理产品系列族谱，管理零部件模块数据库，以及它们之间的设计、选配规则，将现有产品分级管理，针对几十类产品规划了几百个产品平台和关键物料模块。

产品平台化研发模式的采用，极大地缩短了产品开发周期，降低了产品开发成本。首先，格力在平台产品的基础上，仅需根据顾客需求进行二次开发，并且在技术快速进步的情况下，仅需对平台产品的特定部分进行改进和替换，无须进行全面的重新设计，从而达到缩短产品开发周期的目

的。其次，组成产品的子系统和零部件均属于相同或相似功能的单元，这使得格力在大批量生产或采购这些零部件时，获得了显著的规模经济效益。再次，同一产品系列的产品生产工艺流程大同小异，可共享大部分加工设备，减少了格力对设备的投资。最后，利用平台还可以实现技术重用与技术转移，有效降低了格力开发新产品的创新风险等。

方法53 制定具有科学性和适应性的管理标准

管理标准化是对在管理实践中出现的各种具有重复性特征的管理活动，进行科学的总结，形成规范，用以指导人们更有效地从事管理活动。格力以科学的管理标准体系为指导，充分适应自身实际发展状况，有机整合了企业的各项管理体系、制度与规范，制定并贯彻具有科学性和适应性的企业管理标准，有效规范了企业的内部管理，使管理更加系统化和科学化。

1. 兼容并蓄，有效整合国际管理标准体系

国际管理标准体系是企业广泛采用的国际通用型体系标准，是企业建立科学有效的管理标准的指导原则和工具框架。格力自1995年开始推行ISO9000质量管理体系标准，并在其后导入ISO14000环境管理体系标准、OHSAS18000职业健康安全管理体系标准等，在导入早期根据公司实际情况进行消化吸收，做好与格力企业管理标准体系的兼容整合，使两者相互支持、相互补充，从而形成了一套精练、高效的管理标准体系，有效指导格力内部的管理工作。格力将国际管理标准体系融入格力企业标准体系遵循以下过程。

第一，识别、制定、评估、完善企业标准。为了规范公司标准化运作，格力按照国际管理标准体系的规范，重新制定了科学的企业标准编号规则和企业标准编写格式，按照 ISO9000、ISO9001、ISO14001 等标准体系的具体要求，制定体系表及结构图，进行查漏补缺工作。其中，对于可以直接上升为标准的文件，直接纳入体系表；对存在不足的管理制度，进行修订和整合；针对识别出风险却没有应对措施的管理制度，进行控制和改善，通过各部门分工制定、评审、会审，逐步补齐。

第二，有机整合国际管理标准体系和格力企业标准体系。格力在国际管理标准体系的总体框架内，对质量、环境、职业健康安全等多个管理体系及公司原有的企业标准、规章制度等进行体系整合，按照国际管理标准体系的要素、格式与要求进行分类，建立并修改完善相关的企业标准，汇总编制企业标准明细表。格力在建立与完善企业标准体系的过程中，既重视保留公司原有的管理特色和历史，又注重将企业标准体系与国际管理标准体系统一，从而做到企业管理活动的科学性、完整性和统一性。

2. 科学规划，明确各级工作流程标准

科学地规划和设计管理制度，明确企业各部门、各岗位工作流程标准，可以使有限的资源发挥出最优的效益。

首先，优化部门工作流程标准。作为传统的大型生产制造型企业，格力具有规模大、部门多的特点，因此明确与完善各部门的标准化管理，对实现企业的高效管理是十分重要的。格力要求各部门必须参照企业标准体系，不断规范和完善部门内部企业标准管理工作；组织制定、实施与本部门有关的企业标准，负责本部门企业标准的复审；负责建立归口本部门管理的企业标准档案，建立本部门的《标准体系明细表》等，确保流程高效

运转以发挥资源效益。

其次，重视对各岗位工作的标准化管理。格力将组织架构与岗位职责纳入管理标准化体系，公司整体组织结构、各单位二级组织结构、岗位职责设置和人员编制等均要通过专业的设计及审核流程，由企业管理部针对格力公司内部各部门制定了相应的职责条例，并详细规定了各岗位的工作内容、工作职责和权限，以及本岗位与组织内部其他岗位纵向和横向的联系、本岗位与外部的联系、岗位工作人员的能力和资格要求等，进而形成标准和制度，最后面向全公司公布，实现各层级、各岗位责任清晰、分工明确。例如，格力工艺部、人力资源部等部门，结合产能目标、效率目标、库存消化计划、岗位标配，合作完成各分厂一线生产人员的定编标准制定及人员需求评估工作。2015年度，格力持续强化定岗定编及岗位标准化管理，根据公司人员管控政策，本着精益用人、提升管理的理念，在严格受控定岗定编标准基础上，严格审核各单位人员需求申请，驳回几百名不合理人员需求，促使各单位进一步重视内部挖潜增效，消除人员浪费，通过定岗定编机制，各单位用人日趋规范。

最后，明确规定具体岗位作业标准。格力的作业标准主要针对工作内容和作业方法，涵盖岗位环境、设施、设备、加工或装配对象、工作顺序、操作方法、作业动作等作业标准，以此指导员工正确地做好每个岗位上的工作。工艺部结合现场情况和工艺仿真过程，做好工序、物流、装配的排布工作，制定流程、设置岗位、安排人员，并对一线员工进行培训，让其按照标准执行工作，通过明确标准确保工作效率最大化；各分厂会将上级下发的工艺流程等文件具体分解、落实，并出台《岗位应知应会》文件，提示员工生产制造过程的工艺操作程序和方法。

格力对各部门、各岗位工作流程标准的严格规定，确保了格力内部各项工作有标准、有沟通、有分工、有责任,将各项工作执行到位。

3. 强化管控,合理制定财务管理标准

正确处理各种经济关系,制定合理的财务管理标准,是企业经济效益提高的重要保证。在国内经济发展进入新常态,制造行业整体处于结构调整、转型升级关口的重要时期,格力以"夯实基础工作、预防财务风险、强化分析管控"为工作重心,建立了合理的财务管理标准体系,以最大限度地控制生产经营风险、防范成本管控问题、提高经济效益。

创建财务制度文件,保障财务活动的高效规范开展。格力建立了较为完善的企业财务管理制度与管理流程,编写了覆盖资金管理、资产管理、权证管理、会计档案管理、科技项目经费管理等领域的一系列财务管理制度文件,以及关于会计核算、发票、资金开支、财务收款等财务活动的一系列流程管理文件,把财务管理的每一个业务环节都进行流程固化,从而保障财务管理标准的规范高效执行。

推进财务信息化建设,实现财务信息的有效整合和充分利用。格力注重信息化在财务管理中的应用,例如,建立产品设计成本分析平台,从产品功能成本角度分析产品成本,一方面能使产品生产成本严格符合标准,并持续挖掘产品成本的改善空间,另一方面能促进产品设计模块化、通用化管理;建立开发小家电差价核价系统及钣金原材料标准耗用自动计算系统,实现风险防控、成本管控、子分公司业绩评价及信息共享;完善借款及费用报销电子系统,全面实现无合同费用类的线上管理,提升工作效率,防范人工操作风险等。格力财务管理从手工作业向信息化、程序化管理的转变,有利于财务信息在统一的标准下产生、汇总、分析、分享和利用。

方法54　实施技术标准和管理标准输出策略，引领行业发展

标准是重要的竞争要素，一个企业的标准一旦被市场所接受、采用，往往能使得该企业在相关行业领域内掌握主动权，创造巨大的经济效益。格力积极实施技术标准和管理标准输出策略。技术标准的输出一方面通过参与国际标准化活动，加快将企业技术标准转化为国家、国际标准的进程，抢占行业发展制高点；另一方面通过向供应商输出技术标准，推动供应链标准化管理水平升级。管理标准的输出主要通过参与标准化项目的评奖活动，传播企业在管理标准化工作中创新的理念和成功的实践经验，促进成功的管理标准在行业内普遍推广与持续改进。

1. 参与国际标准化活动，抢占行业制高点

格力积极参与国际标准化活动，着力推动企业自主创新技术和标准的国际化进程，致力于在国际标准化工作中不断取得新突破和新优势。首先，格力积极参加标准化组织，目前已参与国内外的标准化技术委员会及标准化组织61个。其次，格力积极参加行业协会，比如作为美国制冷学会（AHRI）、美国保险商试验所（UL）、美国家用电器制造商协会（AHAM）会员，直接参与AHRI标准、UL标准、AHAM标准的制定与修订。最后，格力也积极参与其他国家或地区的标准化活动，比如参与美国能效、欧盟环保指令、欧盟能效等多次WTO通报评议会，从而参与国际标准的制修订。格力跟踪国际标准化活动的信息，积极参与国际标准化活动，把握技术发展的最新动向，加大主导与参与国际、国家和行业标准的编制力度，进而抢占国际制冷行业发展制高点。截至2016年年底，格力共主导国际标准3项，主导或参与制修订国家标准和行业标准169项，

参与国际标准化组织52个，完成重要标准化研究项目1200多项。

2. 向合作伙伴输出标准成果，加强供应链标准化管理

作为国家和行业标准的引领者，格力除了将严格的技术标准、管理标准落实到生产经营环节之外，还将部分技术标准、管理标准向长期合作的企业输出，推动供应链标准化管理水平升级。例如，格力为了保证产品质量及可靠性，建立了一套系统的零部件检验标准体系，检验指标远高于国家标准、行业标准，并将零部件检验标准向供应商输出，严格的标准有效提升了配套4000多家供应商的技术水平与供货质量，极大地推动了供应链标准化管理水平的升级。再如，格力为了提高产品质量管理水平，成立了质量管理小组，规定由质量管理小组对暴露出的质量问题开展改进研究，并将研究成果落实到各部门进行限期整改，格力也积极将上述质量管理理念输出给供应商，确保供应商能够快速研究、分析、解决格力反馈的质量问题，实现格力与供应商的共同成长。

3. 参与标准化成果评奖活动，推广企业管理实践经验

科学的管理标准的引入、实践、总结、创新一直伴随着格力的发展，格力不仅依靠这些管理标准取得了卓越的绩效，还通过积极参与评奖活动的途径输出管理标准，促进管理实践经验的外部推广。一方面，参与评奖活动能够让更多企业了解格力的标准，学习格力的管理经验，也能够让消费者了解格力的标准，提高对格力管理水平的认知，从而提升格力的品牌价值。例如，深具格力特色的"T9全面质量控制模式的构建与实施"项目获得2014年度中国质量协会质量技术奖一等奖，"'让世界爱上中国造'格力'完美质量'管理模式"成果于2017年获得第三届中国质量奖，项

目获奖促进了社会对格力产品质量控制标准的了解。另一方面，参与评奖活动能够使格力管理标准得到国家标准化研究院等部门的认可，促进将企业管理标准转化为国家标准、行业标准的进程。例如，董明珠于2016年在韩国举办的全球制造和质量创新大会上首次公开提出的关于质量管理问题解决的闭环管理方法——质量创新循环 D-CTFP，从顾客需求引领、检测技术驱动、失效机理研究和过程系统优化四个环节逆向驱动质量问题的持续改善，目前该方法正在转化为国家标准。

正如当下企业界流行的说法，"四流企业做产品，三流企业卖技术，二流企业做品牌，一流企业定标准"，可谓"得标准者得天下"！格力通过认真严谨的标准制定、科学合理的内控指标、程序严密的标准实施，建立起具有自身特色的标准化管理体系，持续推动标准化战略，为产品质量提供了重要保证，为掌握核心技术提供了良好的基础条件。格力标准化发展战略成绩显著，不仅帮助格力提升了技术水平和管理水平，还推动了行业内其他企业标准化管理体系的建设步伐，带动了行业的协同发展。格力为中国制造业建立标准化管理体系、实施标准化战略树立了标杆。

原则20　以全面信息化促进企业管理的及时、精准和高效

格力作为一家千亿级的工业集团，其生产系统极为复杂，若信息管理系统瘫痪，整个公司的生产管理就会停滞。现代化的信息技术管理已经成为格力提升企业资源效率和能力的重要方式。当前，信息技术已经广泛应用在格力的研发、生产、营销、人力资源等各个领域，成为格力经营运作和管理控制的支撑平台，为所有部门开展价值创造活动和管理活动提供服务，是协助员工执行任务必不可少的工具。在调研时，格力的一位高管向

我们反映，"如果信息系统停止时间超过5秒钟，整个生产系统的运行就会中断。"信息化管理如此重要，以至于格力不惜重金建立了一套备用的信息系统，避免常规信息系统瘫痪给运营带来破坏性影响。

当前格力以"精准化管理、数字化研发、智能化制造、全方位服务"为抓手，致力于推进工业化与信息化深度融合，持续改善企业运作流程。

- 构建"动态集成数据、量化支持决策、在线自动控制"的闭环管控体系，实现生产管理精准化。
- 推进研发数字化，打通研发设计到生产制造的数据流，建立产品全生命周期数据集成的研发信息平台，推进数据的模块化、条目化以及智能化推送管理，提升产品和工艺设计质量及效率。
- 从"平台集成化—车间网络化—生产自动化"三方面不断引进智能化制造方案，打造智能制造示范工厂，实现车间智能化高效运作。
- 借助信息平台和大数据、智能产品，向客户提供精准化、便捷化、全天候的服务，提升客户体验。

方法55 闭环控制三步法实现精准管控

闭环控制三步法是格力在信息化管理中实现准时、精准管控的重要方法，普遍应用于整个价值创造过程以及公司的管理决策，强调借助严格而有序的三个过程控制——"动态集成数据、量化支持决策、在线自动控制"来管理价值创造活动（如图7-4所示），以增强管理的有效性和准确性，实现管理的快速响应。

图7-4 闭环控制三步法

1. 动态集成数据，推进数据及信息共享

集成数据即将企业经营管理产生的数据按照一定的规则进行收集、集中管理与共享。在格力，集成数据是信息化管理的重要工作，为价值创造活动和管理活动提供有价值的信息和知识。企业每天的活动都会产生大量的数据，若是缺乏动态化的数据集成，企业将无法实时获取有效的信息，也无法实时共享信息，容易造成部门沟通不顺畅，相互之间无法协同运作等问题。为此，格力重视引进工业物联网技术与信息技术来推进数据的动态集成管理。比如，工艺数据的动态集成管理，格力实时追踪工艺信息平台数据的变化以及车间现场数据变动，只要设计环节产生新的产品图文参数和模块化数据、工艺图文、仿真等数据，信息平台就会同步将数据信息化并归类保存，只要车间设备参数、物料信息、工序、产品质量、车间能耗及效率指标等数据发生变动，车间集控系统就会实时采集车间现场的生产数据并及时传送到信息平台，进而实现设计—工艺—制造全流程的数据共享。

- 设计部门可以通过信息平台获取车间制造数据、产品质量数据，以及通用化、模块化的工艺数据，开展平台化设计、协同设计等活动。

- 加快工艺部门与生产部及分厂数据联通，实现工艺方案与车间现场数据的实时传达，提升工艺设计与生产制造效率。
- 设计员可根据相应权限获取并学习先前的工艺设计案例，从中获得前人的成功或失败经验，汲取知识并获得启发，进而增强设计能力。

2. 量化支持决策，增强管理决策科学性

量化支持决策就是对数据洞察分析，将集成的数据进行处理和分析，使得整个公司所有流程及设备运行的品质、能耗、效率等都可以通过报表数据查看，为管理决策者提供参考依据。格力认为，正确而有效的决策离不开客观、可靠的数据。因为客观且可视化的数据能加深决策者对企业经营状况、客户和市场的了解，看清企业经营存在的问题和未来发展的趋势，促使管理决策更加有理可依，做出的决策更加符合企业经营管理的现实性。为广泛推进量化支持决策的做法，格力从2005年开始不断加大对数据分析工具等产品的开发力度，主要涉及对产品开发、生产、营销，以及成本管理、人力资源管理等方面的数据处理和分析。

比如在生产管理工作中，主管生产工作副总的办公室里安装了一套生产关键指标实时监控系统，帮助高层领导对生产状况有更直观、整体的了解，为管理决策提供真实有效的依据。现在生产部门无须与营销部门、工厂进行繁杂的组织沟通，便可借助高速排产系统（APS）进行高效、准确的生产排产。量化决策的做法也广泛应用于车间现场管理，生产线运行过程的设备状态信息、工艺参数、物料齐套配送等关键数据能在电子看板与集控系统等终端显示屏上实时显示，员工可基于可视化的车间现场数据进行执行判定、生产操作。以生产智能防错为例，如何配料、上料、换料是防止出错的重点内容。在做出决策之前，工作人员必须将订单的进度、物

料信息、作业员信息、生产起止时间、生产异常情况等数据输入系统进行判定，基于系统给出的工艺参数进行相应的操作。

3. 在线自动控制，提高流程运行准确性

要在复杂的生产系统中生产出产量高、质量好的产品，需实时严格管控整个生产过程。如果全部依赖人力，将耗费大量的生产成本，并且导致生产效率低下。格力的自动在线控制是通过信息系统来管控业务流程，包括流程固化和异常监控两部分。流程固化是在线过程控制的基础，是将管理标准、技术标准以及管理制度固化到信息管理系统，用系统来约束流程，实现规范化管控。例如，在物流中心，物流人员的工作程序有严格的约束，每一物料人员对物料的管理和配送必须按照系统中的程序严格执行。

异常监控则是基于规范化的运行，防患于未然，全程监控并及时将不稳定因素和异常情况暴露。比如在生产线，有时候员工会因为失误输入错误的设备参数，导致投料数量、切换频率等不合理，造成严重的产品质量问题。因此，各大分厂都会引进各类集控系统，对生产线进行检测预警，使得每一条总装线的运行状态都能在集控系统内得到准确控制。例如，总部中央空调生产基地的多条大型生产线都配备了在线监测系统。三套多功能空调生产线的在线监测系统可同时对8台不同类型的机组进行安检、制冷制热热量测试、电参数测试、管路应力应变以及噪声振动等部分重要工艺参数测试，有效消除了人工主观判断失误的风险，使产品质量更有保障。

当前，闭环控制三步法在生产管理工作中得到全面应用，包括物料定额配送、物流仓储以及生产线的精准管控等。在总装车间，格力自主开发了一套装配自动化生产线系统，实现了空调组装自动化。在批量装配前，

技术员根据以往采集的生产线运行数据,结合组装目标与要求制定装配工艺方案,包括前装、焊接、检测、包装等一系列工序及相应的设备参数,以及物料批次与投放量的确定。格力通过信息系统实现物料的齐套排产,并结合智能传送系统自动配送物料。在装配过程中,通过各类过程控制系统进行在线控制,指令智能输送设备、智能机器人、机械手等装配设备完成不同的装配工序,最终完成所有工序的自动装配等。在装配过程中,引进监测报警系统对工序上的异常进行全过程在线监测,一旦发生异常情况,监测系统就会发生报警信息,方便员工随时查看生产线的运行状况,同时实时将数据反馈到相关技术员进行数据分析,以修正相关错误或修改装配工艺方案,确保生产线持续稳定。

方法56 研发数字化,提升研发设计效率

格力自2004年起以PDM(产品数据管理)、CAD(计算机辅助设计)/CAM(计算机辅助制造)两大信息技术为基础推进工艺数据集成管理、数字化协同设计。通过打通"设计—工艺—制造"全流程数据壁垒,实现工艺数据的集成与共享,使得设计工作可以并行开展,最终实现数字化协同设计,提升研发设计效率和水平。

1. 推进数据集成管理,提升设计效率

"产品全生命周期的研发设计平台"是格力打造的实现设计协同、工艺与制造端数据互通的统一平台,支持从用户需求、订单信息、产品开发、工艺设计、生产制造到售后服务整个产品生命周期的数据集成管理,通过模块化与条目化数据管理,以及智能化推送知识,有力支持了技术部

门开展平台化设计以及研发流程管控。

第一，数据模块化管理，支持平台化设计。模块化数据管理是指从产品性能、加工、管理等不同角度将产品划分成不同模块，并将相关数据导入信息平台进行管理。技术部根据不同细分市场的产品需求，划分功能模块来建立产品架构，然后根据模块化策略对零部件进行组合形成模块系统，再在模块系统中选取基本功能的模块建立产品平台。当需要开发产品时，技术人员可根据实际需求，按照产品的功能与性能参数要求，选择适合的产品平台，添加相应的模块实体，进而组成产品，无须从头开始设计，这极大地提升了产品设计的效率。

第二，数据条目化管理，实现智能化推送。研发设计平台实现了需求、设计、工艺、生产、质量等领域数据的分类管理，以及3D设计模型、2D工程图档、仿真分析数据、一般图文档资料、零部件库等数据的分类管理，对每一业务、每一流程的数据和经验性知识按类别属性进行了条目化管理，即把冗长的各类数据拆分成具体应用的数据条目，再按系统中的具体属性进行归类管理。此外，研发设计平台被技术员称为"研发大脑"，其中的缘由在于数据通过条目化后被存入平台中的知识管理系统，而知识管理系统能根据属性词智能地向技术员推送所需数据和知识，减少技术员在海量数据中进行手动检索的次数，这极大地提高了研发设计效率。

第三，点检数据控制，严格管控设计过程。格力强调用点检数据来严格管控产品设计过程，以增强设计质量。所谓点检数据，就是包含了控制点以及相关技术标准信息的数据。在产品开发过程中，设计部门在研发设计平台中将整个产品设计流程划分成多个阶段，在每个阶段设置控制节点并制定相应的技术标准，并将所有相关数据导入研发设计平台进行检测和控制。当阶段性设计工作完成时，研发设计平台会参照标准要求对每个阶段的设计质量进行评价,从而形成闭环控制。点检数据控制将产品数据与其相关的过程紧密结合起来,实现了对有关的设计活动与设计流程的协调和控制。

2. 强化设计仿真优化,缩短开发周期

格力坚持精品制造,不仅严控制造环节的质量问题,还强调设计源头的严格控制,注重从设计源头提高产品设计质量。在格力,所有产品在设计环节,必须经过一系列严格的试验、测试、检测以及环境模拟,以验证产品的可靠性及稳定性,确保产品的高质量。而在实际环境中,若要实现上述质量保障工作,需要大量的检测程序及严格的试验环境,这将耗费大量的资源,并且人为操作存在误差的可能性大,将导致设计质量问题难以解决、设计成本攀升、产品开发周期延长。因此,格力从2010年起加快工艺仿真平台、系统仿真软件的研发进度,在设计环节使用了大量的仿真软件,帮助开发人员在虚拟环境中进行高效率的设计活动。

借助工艺仿真平台,工艺技术员能充分利用"设计—工艺—制造"全流程的数据,接收设计平台的产品信息与数据,在计算机虚拟的环境中真实再现生产制造系统,快速有效地分析和验证复杂的制造体系并快速建模,虚拟化车间布局、生产线规划、作业流程,甚至是空调运行状态以及环境,实施工艺模拟验证、可制造性验证、产品可靠性验证等,最后生成工艺设计方案,通过信息化平台受控传递至生产车间,指导产品制造。

当前,仿真软件在空调核心部件的设计活动中发挥了重要作用,包括"空调系统仿真软件""换热器仿真设计软件""基于可靠性约束的管路设计仿真软件"等工具都有效支持了相关部件的设计。设计员借助仿真技术、快速成型技术,可立体化、可视化展现自己的构思和想法,或者虚拟空调

运行状态以及环境，快速凸显影响空调运行稳定的因素，极利于解决复杂产品的设计与优化中的难题，大大提高了产品设计的质量，缩短了产品开发周期。例如，仿真软件在管路设计的应用将系统管路的可靠性设计、验证时间从原来的 15 天减少至 2 小时，大大缩短了管路设计周期。

方法57　全流程协同智能制造，实现提质增效

　　2015 年，格力向工信部申报"空调行业全流程协同智能制造新模式"项目并成功获批，2017 年长沙格力获批 2017 年国家级智能制造试点示范项目，两个项目明确指出格力要打造全面的空调行业智能制造管控平台和智能制造示范工厂，实现生产制造的智能高效。在格力看来，智能制造不只是把机器人引入生产线，用机器换人。智能制造的目的也不仅是减少人工成本，而是在于信息化与工业化的深度融合，在于信息平台集成化、车间网络化、生产自动化。通过信息平台的集成，打通全流程数据流，强化生产管理协同性；通过车间网络化，实现车间人与生产资料的互联互通，提升各车间的协同制造能力；通过生产自动化，实现制造过程数据实时采集和处理，以及柔性化生产，提升制造效率和质量。通过高度的"三化"，最终实现对庞大的生产系统的有效管理，全面提升生产管理水平和生产质量。

1. 加快平台集成化，提升生产管理协同性

　　2004 年，格力的计算机中心联合技术部门开展了一场持续至今的信息化革命——推进信息平台集成管理，影响范围涉及公司所有部门及外协厂商。为何如此大动干戈？计算机中心主任颇有感慨："产品全生命周期

数据集成管理是数字化研发及智能制造的基础，是信息化建设必须攻克的一个关卡。公司曾经面临各系统之间不相融的问题，导致业务流程衔接不顺畅。产品开发部门获取不到营销系统的产品相关数据，就不能深入洞察用户需求，无法进一步优化产品和市场布局。工艺设计部门不能及时分析生产现场的数据，便无法在产品下线前发现制造质量问题，无法进一步优化制造系统。如果各系统进一步形成自身信息孤岛，就会影响公司发展。"格力致力于建成互联互通的数字神经系统，打造一个集成化信息平台，实现对企业计划、产品订单、研发、供应链、生产制造、质量检验、产品销售及服务的全过程信息化管理，通过数据集成与共享强化企业计划与执行、控制，以及各职能部门和业务模块的协同效应。

第一，推进信息平台纵向集成化，提升生产决策力和执行力。格力不断在管理层、执行层、控制层全面引进信息管理系统，在公司级管理层全面推广 ERP（企业资源计划）系统，在生产执行层面引进 MES（制造执行系统），并在 MES 的基础上导入高速排产系统（APS），同时向控制层延伸出信息物理系统、过程控制系统等，建成了智能化制造平台。通过集成的智能化制造平台，生产计划部得以在考虑企业资源计划（主要为物料与产能）限制条件与生产现场的控制与排程规则的前提下，快速做出可行的物料需求计划和生产排程计划。各分厂和基地得以对生产计划数据集成分解，形成操作指令传递给车间制造系统，实现车间生产执行的快速响应。

第二，强化产品全生命周期的数据集成，实现设计与制造高效协同。打通设计到制造端的数据流是推进智能制造的关键所在。正如格力主管生产的一位副总裁所言："只有消除了'信息孤岛'才能实现从供应商到市场的一体化交互，只有通过一体化的交互才能直接管理生产过程。"目前格力已成功建成产品全生命周期的研发设计与工艺仿真平台，实现了设计端到制造端数据的集成管理，也在逐步实现与客户协同平台、供应管理平台的集成，使得研发、供应链、生产制造、售后服务全过程信息化管理。通过信息平台，工艺部等部门不仅可以直接、及时、快速地向车间传递工艺方案，还能实时获取车间即时数据，获取产品质量信息以及售后服务信息，实现全流程一体化交互，极大地提高了设计和制造效率[⊖]，其中产品研制周期缩短 30% 以上，生产效率提升 20% 以上[⊜]。

2. 推进车间网络化，增强协同制造能力

近年来，格力不断向车间导入自主研发的智能机器人、机械手、智能传感器、RFID 等智能设备与工业物联网技术，推进车间工业物联网建设以及现场集成互联和数据贯通，将离散的生产资料、生产现场与人紧密相连，通过智能集控系统、大数据和物料网技术、智能可视化终端，实现人与人、人与设备、设备与设备之间的实时互联；借助智能物流供应链，串联钣金、喷涂、注塑、管路两器、控制器、总装等一批数字化车间，提高车间制造效率。在长沙的数字化工厂，关键设备实现了 100% 互联互通，物流和信息流高度融合，可实现远程调度管理。[⊝]以物料配送为例，当物料入厂时，必须通过物料及其订单的条码化管理，将物料及其匹配的供应商的所有信息录入系统。信息系统结合条码/RFID 等技术动态采集物料数据，在排产前对生产订单的物流齐套情况进行检查，根据检查结果自动排产，不齐套不排产，避免缺料停线，确保生产过程顺畅运行。在物料配送环节，借助工业物联网技术，集控系统自动指挥智能物料仓库、分拣机

⊖ 格力电器：2016年度社会责任报告。
⊜ 搜狐科技. 全面解读格力智能制造示范工厂的建设! [EB/OL]. (2018-02-19)[2018-04-12]. http://www.sohu.com/a/222099369_488176.
⊝ 刘勇. 长沙格力：引领湖南家电制造业复兴[N]. 湖南日报，2017-12-15.

器人、传送带、智能导引运输车（AGV），智能化地完成物料从仓库到生产线的存储、分拣、配送、发送等一系列流转动作，并根据生产线实时需求，精准地实现物料自动下库并到达生产线，预防呆滞料，降低错料风险。几乎无须人员在现场进行烦琐的物料计划、分拣及配送活动，极大地提高了生产的协同制造能力。

3. 加强生产自动化，提高制造效率和质量

自动化是格力实现全面信息化、打造智能制造工厂的前提，只有借助自动化才能快速而有效地集成海量数据，为信息化及智能化管理提供数据来源，才能快速有效地执行智能系统发来的生产指令。2003年，针对自动化水平低、设备智能化还远未实现、制造过程信息难以采集和共享、精细化管控难以实现等一系列不利于发展的问题，格力在四期工程竣工投产，成为全球最大的专业化空调生产基地之时，开始启动车间自动化改造，并在近几年，持续引进自主发展的智能装备和射频识别、智能传感器等工业物联网技术，深入推进车间生产自动化。至今，在高度应用自动化及智能化装备的车间里，安装有各种能够自动调换的加工工具，从加工部件到装配以至最后一道成品检查的工序，都可在少人甚至是无人的情况下自动完成。现在，总部空四分厂的总装线体可以实现48小时无人化操作，两器分厂505片区实现自动化仓储、自动拣选管理、自动化垂直物流。在总装车间，过程控制系统成为智能生产线、机器人、机械手和无轨小车的大脑，引导各类智能设备自动完成产品的焊接、穿管、组装等过程，并且机器人操作可以精细到毫米级，将产品质量控制到接近完美的程度。

方法58 以全方位服务提升用户体验

"为消费者提供高质量、高品质的产品和服务"是格力坚持不懈的追求，同时也是其开展价值创造活动必须遵守的原则。随着服务经济时代的到来，企业的竞争优势不再局限在产品本身，市场服务在企业构建竞争优势的过程中发挥着重要的作用。信息技术不仅能让传统企业更好地为客户提供服务，快速地接触客户的需求，还能帮助研发人员收集客户信息、产品运行状态及用户环境信息，通过数据挖掘开发出更加符合客户需求的产品和服务。格力在发展过程中，坚持使用信息技术向消费者提供全方位服务。在格力看来，全方位的服务就是要准确地知道消费者的需求，并提供快速化、精准化、全天候服务。

1. 打造客户协同平台，加快售后服务响应

格力的客户协同平台包括电商平台客服中心、客户服务管理系统、呼叫中心、派工系统、配件系统等服务信息系统。客户协同平台高度利用互联网技术来帮助格力巩固和维系客户关系，进而提高客户服务水平、实现服务价值增值。比如当客户有需求时，可以通过客服中心、派工系统等信息管理平台提供服务申请，信息管理平台根据客户需求类型、地点等信息，可快速向技术员或销售员发出通知，技术员能即刻上门为客户提供专门的服务。另外，技术员可通过信息管理平台，与客户建立长期、稳定、密切的关系，及时与客户进行有效的沟通，及时了解客户需求并快速提供解决方案。

2. 深度挖掘消费者数据，提供精准化服务

为消费者提供更高质量及更高品质的产品和服务是当今国际市场竞争

的主要趋势，企业更加注重对消费者行为和个性化需求进行分析。格力高度重视利用消费者与企业互动产生的数据以及消费特征数据，进而准确地挖掘消费者需求，从而更好地将消费者对产品的需求与喜好融入产品设计和研发等创新活动中，开发出更高质量、更高品质的产品和服务。

例如，格力依据大量的消费者睡眠数据，打破了以年龄和人群为维度划分市场的传统，以用户睡眠需求为导向，致力于从更多样化、更智能化、更人性化等角度，提升消费者睡眠质量，由此开发了一款植入了新一代"智能优眠系统"的睡梦宝-Ⅱ家用空调。格力睡梦宝-Ⅲ家用空调植入了新一代"智能优眠系统"，涵括4种睡眠模式、6种湿度控制模式、智能呼吸换气等功能，系统化地为卧室睡眠营造健康舒适的环境。

3. 提升产品智能化水平，实现全天候服务

在互联网时代，为客户提供全天候服务是提升客户体验的关键。格力的全天候服务体现在时刻响应并满足客户的服务需求。在过去，格力售后服务的一般程序是：在接到空调坏了的投诉之后，才上门执行维修服务，最后发现问题的根源不在于产品而在安装操作，于是维修员还要再回去拿配件等，这种程序并不能及时解决客户的问题，并且整个过程耗时长，维修效率不高。现在，借助互联网等信息技术，格力可以向客户提供全天候的远程服务。通过智能化控制系统实时监控空调产品的运行状态，如若发现异常情况，可提前帮助客户解决问题。

例如，格力自主开发的中央空调智能管理系统（GIMS）由"格力电器远程智能服务中心""格力电器远程监控系统""格力电器群控系统"等五大系统组成。其中，以"格力电器远程智能服务中心"为例，"格力电器远程智能服务中心"可以接收来自全国各地的工程数据、数据分析报表，

并指导维保工作。"格力电器远程智能服务中心"在任何时候都可以利用无线网络将分布于全国的格力中央空调的数据进行集中管理，随时查看各机组的适时运行状态。通过分析机组的实时数据能够自动判断机组是否存在某种发生故障的风险，并及时提示客户，帮助客户在机组出现问题的第一时间做出准确诊断和及时处理，从而减少和杜绝故障的发生。

全面信息化已成为格力的长期性、系统性工程，是缔造全球先进工业集团、成就格力百年世界品牌的必要之举。当前，格力的全面信息化建设取得了巨大的成就，信息化俨然已全面深入格力的方方面面，有效地支持了公司的研发管理、生产管理、市场拓展、人力资源开发等所有价值创造活动，将公司的每一部门、每一员工以及每一流程都紧密地联系在一起。2015年，格力构建的《家电制造企业基于综合信息平台的生产物料闭环管理》荣获第二十一届国家级企业管理现代化创新成果一等奖。工信部对此做出高度评价："格力电器的这一管理创新实践标志着大型家电制造企业的信息化管理水平已进入精细化、精准化的发展阶段，对于一般制造企业利用信息技术推进精益生产也具有重要的指导意义和推广价值。"

未来，处于开放、激烈竞争的市场环境中的格力将长期并广泛地应用现代信息技术，把先进的技术和管理理念引入公司的流程变革及管理变革，持续深入推进两化融合，构建数字化工厂，实现智能制造；坚持构建互联一体的数字神经系统，加快上下游及企业内部资源的整合和协同；致力于将先进信息技术融入制造过程、服务管理及产品中，不断提升产品及服务的质量，为广大客户创造更多的价值。

结语
变革时代下继往开来的格力

纵观格力近三十载，格力人用其坚定的精神向往与价值追求，凝聚沉淀丰富的经营智慧，奉行"让世界爱上中国造"的崇高使命，铸造了一座管理思想、理论和实践的大厦，成就了格力在空调行业内的领导地位。

理念、制度、队伍、创新、组织，这五层建筑层层搭建，相互依存，相互联系，交相辉映，格力的这座管理的思想大厦就此巍然耸立。

理念为脊，定位方向

履行企业的庄严使命，创经济环境社会价值。
自主发展掌自我命运，开放合作集多方资源。
专注主义造极致精品，多元发展强整体实力。
立足当下葆基业长青，着眼长远建百年大业。
个人和集体六个世界，承载格力人创造价值。
思想学术实践三智慧，激励企业家勇攀高峰。

制度为梁，健全稳当

三公三讲、五个相互关系，科学建设制度。

八严方针、两任总裁禁令，狠抓制度落实。

队伍为柱，壮实整齐

干部要讲担当、敢挑战，廉洁自律；能者上、庸者下，德才兼备。

员工需格力化、专业化，自主培养；先奉献、后回报，实现价值。

双核驱动，提供动力

推进创新战略，构建创新体系，掌握核心科技，奏响创新三部曲。

实施精品战略，建立质控体系，追求完美质量，唱响质控四重奏。

四元循环，共创价值

构建三大研发体系，投入不设上限，健全研发流程。

建立采购管理机制，设立三权结构，遵循四项协议。

定额领料落地反冲，智能齐套排产，降本提质增效。

服务周延价值，品牌提升价值，营销双向传递价值。

创新质控营销，效果效率效能效益，三管四效奇迹。

台基坚实，承重载荷

信息化战略促进精准化管理、数字化研发、智能化制造、全方位服务。

标准化战略建立严全新体系、设计通用化、研发平台化、工艺模块化。

职能结构权责一致专业分工、部门协同强、生产扁平化、权力制衡好。

格力的发展理念似苍穹之顶，建筑之脊，定位方向，映射出格力智慧的光芒，照亮着格力前行的道路。"**履行使命，创造价值**"，格力将实施精品战略和技术创新战略一以贯之于企业的整个发展过程。从追求零缺陷到追求完美质量，格力的一系列精品战略措施成就了"好空调，格力造"的品牌声誉。从模仿战略，到自主创新战略，再到领先者战略，格力掌握核心科技，为国家、社会和消费者创造了巨大的经济、环境和社会价值。**"自主发展，开放合作"**，格力坚持自强、自主、自立的精神，自主创新、自主培养优秀人才、自主生产、自主营销，强调企业的命运要自己掌握；同时，格力十分重视同科研院校等外部主体开展合作，集多方资源，实现协同发展。**"坚守专注，多元拓展"**，格力做任何事情都要求认真严谨、精益求精，坚守专注主义，以敬业的精神、乐业的状态、专业的能力将工作做到极致。同时，格力关注时代变化，将专注主义应用到多元化拓展下新的业务领域，力求"干一行，爱一行，专一行，精一行"。**"立足当下，着眼长远"**，格力为永葆基业长青，脚踏实地做好每一件事，着眼企业的长远发展，追求完美质量、开展技术创新，为缔造百年企业夯实基础。

格力人使命驱动的价值创造活动，需要一个创新世界来承载。为此，格力人作为个体，努力打造**勇于挑战困难的精神世界、善于探索未知的知识世界、乐于爱岗敬业的工作世界**；格力人作为集体，在努力构建**激发智慧、释放潜能的创意世界，联系实际、预测未来的技术世界，奉献社会、诚信共赢的商业世界**。这是格力让世界爱上中国造的力量源泉。

格力领导人胸怀天下，用不凡的**思想智慧、理论智慧和实践智慧**，带领格力人攀越一个又一个高峰。

"制度建设遵循两个辩证关系和三个协同关系"，格力以"公平公正、公开透明、公私分明，讲真话、讲奉献、讲原则"为导向，开展制度建设，致力于处理两个辩证关系，坚持过程导向与结果导向的统一，坚持组织承诺与个体承诺的统一，致力于建设三个协同关系，让格力员工与员工之间在讲真话、做实事，讲原则、做好事的过程中，建立起真诚相处，恪守原则的协同关系。让格力员工在讲真话中培养对组织的忠诚之心；在讲奉献中，强化员工的责任担当意识；在公私分明中，使得人们在工作中廉洁奉公，忠于职守。让部门与部门之间在讲真话中，使格力内部各部门之间坦诚相待；在公开透明的过程中，使得各部门之间能够有效开展平行沟通，协同工作，共创未来。"**制度化管理要严字当头**"，格力建立了严格的制度体系，提出"八严方针"，并将严格管理和精细化管理的思想融入其中；通过监督与检查将制度严格落实到位，重视"责任与绩效论功过"的考核与约束并行的激励机制，为落实制度提供保障。

"**培养德才兼备的干部**"，格力要求党员干部有担当，具备"讲奉献、敢挑战、勇创新"的精神，时刻保持廉洁自律，率先垂范，带动员工创造价值。格力设立"能者上，庸者下"的晋升淘汰机制对员工进行考核。"**自主建设人才队伍**"，格力通过建设"三自主"的培养体系，建立分类培养机制，为企业挑选最合适的人才。"**鼓励员工在为企业做贡献中实现个人价值**"，格力高度重视对人力资源的素质规划，以达到人岗匹配的效果；同时，设立三通道职业发展路径，为员工搭建事业发展平台，并鼓励员工"先奉献后回报，有奉献必回报"，让每一位员工能通过自己的努力实现人生的目标。"**打造学习型组织**"，格力致力于**提供条件和制度两个保障**，帮助员工完善**自我激励、专业知识和协调沟通三个心智**，提高**自我超越、共享愿景和团队合作三种能力**。

两种元方法，两个大体系，正确引导和有力支撑格力的创新和质量活动。"**创新三部曲**"指导格力人坚持新问题、新方法、新成绩的价值导向，恪守现人、现时、现地的三现原则，遵循观察、灵感、试验的三项步骤，开展创新实践。"**质控四重奏**"指导格力人"从顾客需求引领、检测技术驱动、失效机理研究到过程系统优化"，以闭环管理推动质量问题持续改善。格力还构建了国内领先的两个大体系。"**一心二链三基四有的自主创新工程体系**"中，格力掌握核心科技的根本在于四位一体的综合集成——

培育了创新的企业文化,构建了支撑创新的健全体系,拥有一大批领先的科技,生产全系列广受市场欢迎的优质产品。"**一核四纵五横质量控制体系**",包含了遵循三个核心理念,严控四大价值创造流程,夯实五个质量基石的质量方针。

格力的价值创造是保证企业经久不衰、基业永存的源泉。**研究开发**流程,格力构建"产品规划、研究开发、中间试验"三大研发体系决策做什么产品,做出产品和保障做出好产品,以五方提问凝练研究方向、三项论证拟定研发方案、四道评审把控研发流程的"534"法则确保研发高效、高质、高标准地进行,对研发活动坚持按需投入、不设上限,为项目开展开辟畅通无阻的道路;**采购物料**流程,格力建立以筛选分厂为核心的"三权结构、四项协议"采购管理机制,公开透明采购过程,降低采购风险,保障物料质量;**生产制造**流程,格力坚持持续改善从而优化生产制造流程,实行齐套排产、定额领料、落地反冲结算,从而精准生产,排除浪费,提高效率,严格控制生产成本;**营销服务**流程,格力坚持"先款后货""淡季返利""经销商持股""主动参与国家品牌计划"等一系列独特的自主营销模式,通过服务创新,周到延伸产品价值;通过营销创新,进行价值的双向传递与提升。

格力的组织系统基础厚实,保障价值创造活动的有序开展,推动企业平稳发展。"**以职能式管理强化决策执行**",格力奉行职能部门化,采用按职能实行专业分工的管理方法以及构建扁平化的三层级职能式结构,强化格力的决策力与执行力,实现高层决策的有效落实。发挥党支部的战斗堡垒作用,贯彻党的方针政策,弘扬正能量,提升战斗力。"**以标准化战略提升竞争水平**",通过建立"严、全、新"的企业技术标准推动产品质量的持续改善,通过组合化和模块化的灵活运用完成标准化任务,通过实施标准输出战略在竞争中占据主动地位，通过制定科学有效的管理标准规范企业内部管理。"**以信息化管控促进企业管理**"，构建了"动态集成数据、量化支持决策、在线自动控制"的信息化管控模式，致力于实现生产管理的精准、高效。

格力开展创新管理、质量管理和市场营销管理等卓越的"**三管**"，有效地促进了企业管理效果、效率、效能和效益的"**四效**"提升，创造了巨大的经济、社会和环境效益。第一，效果。取得好效果的关键是做了正确的事情。一个企业，首先要选择对的事情来做，这样才可能获得好的效果。在格力的四个价值创造流程中，研究开发居于流程之首。技术创新可以宽容失败，但产品开发不能失败，否则将会造成重大损失。人类推理容易出现错误，而这正是与人类认知器官的优势共生的。既然人为的错误不可能完全避免，那剩下的问题就是如何预防错误，如何进行错误管理。德国吉森大学教授迈克尔·弗里斯的研究证实，一种积极的错误管理文化和机制会带来更高的利润率。美国学者埃德蒙森的研究还证实，当组织的员工相信，他们犯错不会遭到指责或嘲笑的时候，组织的创新能力会更高。为此，格力创建了一套防错机制。例如，格力制定了多方参与的"五方提问、三层论证、四道评审"的研发项目立项流程，设法保证前端的研究开发流程不出错，并建成产品规划、研究开发和中间试验三大子体系来决策做什么产品，努力做出产品和确保做出好产品，保障产品开发获得成功。又如，格力还创造性地建立了一套产品设计纠错台账管理系统，将公司的知识积累起来，智能化地推送给相关研发人员，不犯重复的错误，少犯新的错误。再如，物料采购流程也很重要，采购的物料质量不过关，后面的流程再好，也只能是把前面的错误通过价值流程在后端放大了而已。格力除制定了物料采购的"三权结构""四项协议"等管理制度严把采购流程，更重要的是，建立了行业内唯一一家筛选分厂：格力拿着"放大镜"对从外部采购的物料进行严格的检测和筛选，确保优质的物料进入工厂。还有，在营销服务流程方面，格力对"最后一公里"也看得很重。董明珠说，"空调三分制造，七分安装。"产品服务是要把好的最后一道关，从而保证格力的产品以优质的状态交到消费者手中。格力建立了一套严格的安装标准规范，防止安装出错，还于2016年给安装工加薪：每台空调的安装费增加100元，安装薪酬标准的提高激发了安装工人的工作积极性，格力空调安装服务质量得到了有效的保障。

第二，效率。获得高效率的关键是正确地做事情。如果说效果是企业成功的前提，那么，效率则是在企业取得成功之后，继续求得生存和发展的必要条件。格力每年生产12 700多种规格、近5000万台套产品，可见效率是多么重要！每个环节减少一点浪费，每个流程节省一点时间，每个工艺降低一点成本，就会产生巨大的经济效益。格力的筛选分厂对重要的核心零部件采取全检的方式检测。为了提高检测效率，筛选分厂注重方法创新，不断改进检测流程和方法。2015年，我去格力筛选分厂调研，看到墙上贴有每个季度获得检测专利授权的列表。听厂长介绍，他们已经获得了200多项检测方法方面的专利授权。在生产流程领域，格力把厉行节约、减少浪费和成本控制发挥到极致。在企业文化层面，格力从节约"一张纸一滴水"做起的成本控制文化已经深入人心，并得到每位格力人的身体力行。董明珠经常将这样的话挂在嘴边：格力有8万多员工[一]，每人每天节约一块钱不必要的支出，一年就可以节省2000多万元的支出。格力在生产制造过程采用的"落地反冲结算""齐套排产"等方法，将零件配送精确到每一个螺丝钉，同时也大大提高了生产效率。

[一] 格力电器：2017年年度报告。

第三，效能。产生高效能的关键是合作协同地做事情，把组织的资源利用最大化，把组织成员的潜力发挥到最大化，充分发挥和调动组织的积极因素，极大地提高和发挥企业的潜能。企业内部之间的协同，需要完善制度来保障。1993年之前，格力销售人员的收入远远高于科研人员的收入，导致科研人员人心涣散，无心搞科研，有的甚至想去当销售员。朱江洪审时度势，果断下调了销售人员的提成比例，提高了科研人员的收入。科研人员的积极性和创造性得到了很大的提高，这项改革也为后来的"格力，掌握核心科技"打下了坚实的基础。在市场营销方面，在朱江洪的大力支持下，董明珠通过创造性地制定"先款后货""淡季返利""经销商持股""建立区域销售公司"等机制，有效地调动了销售渠道各合作伙伴的积极性，为格力每年把数以千万计的设备送到消费者手中，发挥了巨大的作用。格力还重视协同整合外部资源，开展组织间合作。2013年，我和董明珠董事长参加了广东省省长与专家座谈会。在会上，我当众向她请教："格力是如何带动配套的中小企业供应商一起发展的？"董明珠回答："格力不仅要求供应商按质、按价、按时、按量供货，而且重视加强与供应商的合作。一是与供应商开展技术合作，不断提高供货质量；二是加强对供应商的培训，把格力的质量文化、质量标准、管理流程等向对方传播，在带动供应商发展的同时，也促进了格力自身的发展。"

第四，效益。效益是效果、效率、效能提升，以及经济、社会、环境价值创造的综合化体现，是企业家系统思考企业发展，综合集成各种资源，有效管理企业，进行价值创造的结晶。效益创造是一个系统工程。格力从文化建设、制度建设、人才队伍建设到技术创新体系建设和质量管控体系建设，都以让世界爱上中国造为使命，进行科学规划和系统建构并取得了显著的成效。近几年来，格力的科技创新体系和质量管理体系先后获得国家科技进步奖和中国质量奖。格力在经营管理中,通过大力开展科技创新、管理创新和营销创新,加强成本管理、质量管理和绩效考核,将经济价值创造最大化,在获取良好经济收益、促进企业发展的同时,也为国家贡献了巨额税收,2014~2017年四年累计向国家缴税576.37亿元,创造了良好的经济效益。通过履行"让天空更蓝,大地更绿"的使命,格力开发出一大批国际领先的绿色制冷技术,成功地大规模生产无稀土压缩机空调和太阳能空调,为保护环境做出了重要贡献,创造了良好的环境效益。通过履行"让世界爱上中国造"的伟大使命,格力牵头制定了一系列技术和质量管理国家标准,有效促进了行业的发展;通过建立行业知识产权联盟,有力地推进了企业开展技术创新的环境建设;通过实施领先者战略,创造了24项国际领先技术,有效地带动了行业的技术进步和发展,创造了良好的社会效益。

在格力的四个价值创造流程中,是"三管"之因产生了显著的经济、社会和环境价值创造"四效"之果。首先是创新管理。创新不同于发明。德鲁克认为,创新是一种经济上的术语,而不是技术上的术语。非技术创新,如流程创新、管理创新、市场营销创新与技术创新同等重要。创新不能只看成是一项独立的职能,它并非局限于研究开发部门,而是涉及整个企业所有职能部门和所有活动类型。格力设立的公司级科技进步奖分为科技创新奖、工艺技术奖、管理创新奖3大类、12个小类,每类获奖项目都会在公司内部进行红头文件公布,涵盖了格力企业管理的方方面面。其次是质量管理。董明珠说,"质量管理是企业的根本,没有质量做保障的产品营销,是对消费者的欺骗。"她要求格力员工拿出"鸡蛋里面挑骨头"的作风,以高于行业的标准打造极致精品。最后是市场营销管理。格力的市场营销是价值流程的放大器和变现器,它不仅销售产品,还向消费者提供服务和传递价值，将格力所创造的价值"放大"和及时"变现"。

每一块砖瓦，每一个构件，每一层建筑，都是这近30年来格力人用满腔的热血、用没日没夜的汗水铸造而成的。每一个方法，每一条原则，每一个基因，都经历了大量的实践检验，如同一颗颗耐得住岁月打磨的珍珠，经过格力模式的连接，连成一串珠宝，美轮美奂。

制造业是一个国家国民经济的重要组成部分，在各工业国的经济增长中起着发动机的作用，是衡量一个国家综合国力的重要标志。百年来，从被裹挟进世界市场，到主动拥抱全球，中国制造业进行了"三个转变"，前景一片美好。

回首格力走来这一路，它展现了一个中国制造的传奇。在前进的道路上，遭遇困难与险阻在所难免，但格力从未退缩。在大变革的时代，一个企业的坚守变得非常重要，对格力而言，市场永远在变，但不变的是对消费者、对员工乃至对国家和社会的责任与担当。格力正是因为拥有做强中国制造业企业的初心，才能在这样一个许多人都想着赚快钱的年代，耐住寂寞，专注于自主创新，自主发展，紧握时代脉搏，塑造世界品牌，创造出具有中国特色的中国制造企业发展模式。

无论是在中国还是在全球，对其他企业而言，格力发展壮大的历程是难以复刻的。但是，格力优秀的管理思想、崇高的价值追求以及先进的发展模式等，却可以为中国更多的制造企业所借鉴。我们相信，中国必将有更多像格力一样优秀的企业成为后起之秀，在世界崛起，让世界真正爱上中国造。

我们拭目以待，格力在迎接中国制造又一个繁花盛开的春天。

后　记

本书的出版，得到了格力广大领导干部和员工的大力支持与指导，这是有关格力经营实践的最新研究成果。多年来，我带领华南理工大学的一个研究团队走进格力，扎根于格力的管理部门、研究院所和生产车间，深入到格力的广大领导干部和员工当中，开展了大量的调研访谈工作。在这一过程中，我们不仅收获了有关格力的丰富案例素材，也更深切地感受到格力人心系家国的情怀、改变掌控未来的信念、拼搏进取的勇气、勇于创新的精神和追求卓越的品质。

董明珠董事长多次与我们长时间会谈，向我们全面系统地介绍了格力的发展情况，对我们开展格力经营实践研究提供了思想指引、方法论指导、一手的企业经营心得以及她对格力模式的深刻思考。她多次与我们在格力会议室一边吃着工作餐、一边讨论着问题的情景至今依然历历在目。黄辉执行总裁多次向我们讲述格力开展科技创新与生产管理的方法和模式，并向我们介绍了中国家电的发展史。方祥建助理总裁自始至终关心、支持和指导格力模式研究项目的开展，并做了大量卓有成效的协调工作。他多次向我们介绍大量有关格力的企业管理、生产质量管理知识、方法和经验，让我们获益良多。他对于本书的总体写作提出了许多宝贵意见，提供了大量建设性的高水平指导，为此付出了许多心血。原总裁助理张伟、企管部黄辉部长、质控部施清清部长、企管部的干部王蔺、付鑫等对我们开展格力模式研究提供了周到的组织协调、调研安排和资料收集等帮助和支持。王蔺反复审阅书稿并提出了许多宝贵的修改意见。本书由格力各相关部门反复提出修改意见，不断完善，最终成稿经过格力企管部、法务部进行精心校对和最终审定，在此对格力广大领导干部和员工一直以来的支持和帮助表示由衷的感谢和深深的敬意！

本书是我和我的研究团队通力合作的结晶。沈鹤博士研究生参与了本书的大多数调研和研讨活动，从2016年8月开始协助我开展本书的研究工作，努力协助我组织人员去企业调研和收集资料，同时协助我组织与本书相关的研讨会；他经常加班加点，努力工作，做了大量卓有成效的研究统筹和促进工作，提出了许多富有建设性的意见和建议，付出了辛勤的劳动和心血，为本书的出版做出了积极而重要的贡献。李云健博士为本书的实地调研访谈，做了大量的组织和促进工作。在由我主持的关于如何创作本书的50多次学术研讨会上，他都积极提出了宝贵的意见，为本书的出版做出了积极的贡献。余传鹏博士2013年就开始协助我研究格力，参与我和格力的合作项目，配合我一起协助格力梳理和构建"格力基于掌握核心科技的自主创新工程体系"的理论体系，协助格力梳理与凝炼无稀土压缩机科技创新的理论和实践成果，协助格力梳理和提炼"一核四纵五横质量管控体系"。他协助我组织并参加了本书许多调研和研讨活动，对于本书的前期研究和写作，做了大量的工作，提出了很多富有建设性的意见和建议，为本书的出版做出了积极的贡献。尚钰博士研究生参与了本书的大多数调研和研讨活动，在本书的出版过程中，做了大量细致而卓有成效的协调工作，做出了积极的贡献。高晓波教授、林春培教授、王福涛教授也参加了本书赴珠海格力调研和研讨工作，并提出了积极的建议。机械工业出版社华章分社的吴亚军先生对本书的出版，给予了指导和帮助，在此一并表示衷心的感谢！